認識生死學
——生死有涯【第二版】

曾煥棠◎著

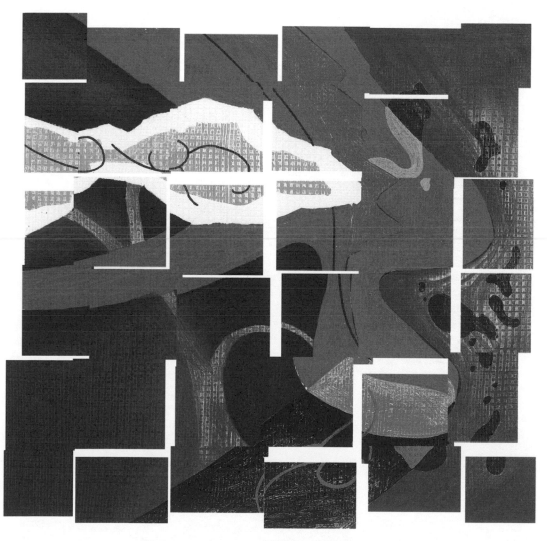

Encounters with Life and Death

〈二版序〉

生死有涯

　　認識生死學出版多年，在講授時接觸到許多新的資料，也覺得各章節的前後順序有必要調整，期能夠更符合生死教育的教學目標。死亡一直都是禁忌，但是它卻是生命過程中的一部分。生死學的研究與運用是從醫學、宗教、社會、心理與倫理的整合觀點來探討死亡歷程、對個人的影響、與死亡相關的儀式及其對社會組織的影響。希望經由本書深入淺出的安排，讓社會中的每個人能夠擁有生命尊嚴與死亡尊嚴。

　　本書的副標題取為「生死有涯」，是聯想到莊子〈養生主〉提到「吾生也有涯，而知也無涯，以有涯隨無涯，殆矣」。生死問題是需要有藉由智慧來面對。西方聖經也好、東方佛經也罷，若能讓我們開悟生智明白生死的意涵就夠了。要感謝的人很多，除了本系的林綺雲、李佩怡之外，北護生死所研究生史晶瑩、彭桂玲、蕭伊吟、林君妤、王佳玲、藍佩蓉、周麗玲、秀美、張立青，以及學分班學員林維君、莉君、吳英傑、謝美慧、涂麗君、惠君、翟婉如等，謝謝他們提供許多寶貴的資料。

　　第二版的主題有四：省思死亡、失落悲傷、安寧療護、死亡關注。各單元的教學目標是希望在「生死一線牽」的前提下，每一個人能夠去思索我的生死觀是什麼？我期望在這個領域中得到什麼？或者改變什麼想法？我害怕看見死亡嗎？若是，又是為什麼？未來我是否可以和別人談論死亡話題？

一、省思死亡

1. 「死亡教育」讓學員瞭解死亡教育的定義、目的與發展，以及死亡教育的重要性、認識學習提早做準備、體驗生命有限的教育。

2. 「死亡對社會產生的衝擊」讓我們從瞭解死亡和瀕死在社會上被重視的一些爭議，從而思索這些議題對社會造成的衝擊有哪些，這些衝擊對社會產生了什麼影響，等待我們去解決。

3. 「生命長短調」是藉由生死學的一項教學活動——「計算壽命」，經由活動進行當中協助學員正視生命餘命、個人差異及影響的因素，協助學員正視自己的生活方式、生活型態與生活品質的選擇。使學員瞭解生命長短的許多因素，進而重視個人的餘命並珍視性命。

4. 「超越死亡」協助學員瞭解不同信仰的生死觀、瞭解不同信仰對生命意義的追尋，能分享個人對死後世界的看法、能接納與其不同的死後世界的看法。

5. 「別闖陰陽界」讓學員能認識形成死亡的禁忌的原因、台灣喪葬禮俗的種類、新時代葬禮的訴求。

二、失落悲傷

1. 「生死大事」協助學員瞭解死亡及瀕死的定義、協助學員認清自己死亡的態度是正面或負面、協助學員認清正面的死亡態度如何影響行為、負面的死亡態度如何影響行為。

2. 「失落與喪親之痛」列舉出生命中大大小小的失落及對失落的生理、心理反應。說明悲傷的本質，使學員瞭解健康地表達悲傷之重要性。

3. 「長壽俱樂部」探討台灣的老年潮、牽動台灣老人化的因素、提出面對人口老化我們的社會應該有何因應之道。

4.「自殺議題與防治」讓學員瞭解自殺議題的現況、影響自殺的因素、認識自殺的理論與研究、釐清錯誤的自殺概念與態度、各宗教對自殺的看法、明白自殺的可能原因及其後果,增進對自殺的敏覺度、自殺迷思、自殺防治,學習正確的問題解決途徑。

三、安寧療護

1.「臨終關懷」介紹臨終關懷的理念、台灣安寧療護的現況、學習面對瀕死病人應有的態度與應用、瞭解臨終陪伴、瞭解緩和醫療與安寧療護。

2.「生命回顧之旅」將引導你認識生命回顧的內涵、緣起和功能。藉由活動使你思考自己的過去、現在與未來,並且反省生命的價值與意義,進而表達感謝與其共同參與生命的人。

3.「追尋生命意義」期待引導你開始去思考自己存在的目的,能瞭解自己生命的有限,進而能把握生命,認真努力去思考自己的價值,朝向自己想要存活的樣子,勇敢踏步賣力去爭取、去實現,進而完成自己的生命樣態,追尋自我的實現。

4.「幽谷伴行——協助哀悼」介紹如何與病人談死亡?如何將病情告知病人?多數的病人在臨終以前會自尋生命意義、生命回顧、自我歸屬與反省,為的是尋求寧靜走完生命的最後階段。

四、死亡關注

1.「死亡概念與發展」介紹發展階段的死亡概念理論、影響兒童死亡認知與生死態度的因素、面對不同情況之死亡遭遇的感受與反應、協助發展階段中青少年面對死亡、教導兒童及青少年正確死亡知識。

2.「一死值千金」讓學員瞭解喪葬的定義與功能,促使學員從喪葬的發展來思索對社會造成的衝擊有哪些?讓學員瞭解台灣及

國外殯葬業者的發展與趨勢。

3.「生命發展階段的死亡關注」以文獻探討從人類發展的五個階段來討論各階段的死亡關注。死亡關注為死亡遭遇、死亡原因、死亡相關經驗與概念的發展、影響這階段死亡態度的因素、這階段罹患重症者的反應、這階段罹患重症者的社會心理需求、這階段痛失親友者可能面臨的問題、協助這階段痛失親友者的原則等項目。

4.「生命最後規劃」說明何謂生前預囑、生命最後規劃的意義、教學活動效果、如何書寫生前預囑。經由彼此的經驗分享，激盪出個人未想到的部分，使學員更認識生命的意義和價值，減輕談論死亡時的焦慮，而更能坦然面對死亡。

曾煥棠　謹誌

目　錄

〈二版序〉生死有涯　i

 死亡教育　1

　　一、死亡教育的緣起　**2**
　　二、何謂死亡教育？　**2**
　　三、一般人研習生死議題學科的因素　**3**
　　四、死亡教育發展與現況　**4**
　　五、生死學教學目標　**9**
　　六、生死學教學方法　**11**

2 **死亡對社會產生的衝擊**　21

　　一、在家中談論死亡話題是一種禁忌　**22**
　　二、悲傷　**23**
　　三、長期照護　**24**
　　四、瀕死前的準備社會化　**25**
　　五、安寧照護　**25**
　　六、自殺　**27**
　　七、愛滋病防治　**28**
　　八、廢除死刑　**29**
　　九、生命意義追尋的社會運動　**30**

3 生命長短調 37

一、生命、死亡知多少？ 38
二、影響生命長短的因素 39
三、「計算壽命」教學活動 47

4 超越死亡 53

一、本土文化的生死觀 54
二、儒家 55
三、道家 56
四、佛陀信仰 57
五、道教 59
六、基督信仰 60
七、原住民的宗教信仰 62
八、一般民間信仰 62
九、新興宗教：天帝教 65
十、伊斯蘭教（回教）的生死觀 66

5 別闖陰陽界 73

一、死亡禁忌在哪裡？ 74
二、台灣的喪葬禮俗種類 75
三、新時代的喪葬 88

生死人事　95

一、死亡及瀕死的定義　**97**

二、生與死的各面關係　**99**

三、探討新死亡之定義　**101**

四、臨死覺知　**102**

五、沒有死亡的世界　**103**

六、死亡的社會議題　**104**

七、瀕死經驗的現象　**108**

失落與喪親之痛　117

一、認識各種形式的失落　**118**

二、悲傷的身心靈反應　**120**

三、認識各種形式的悲傷　**121**

四、瀕死者的失落與需求　**122**

五、悲傷者的失落　**123**

六、悲傷的意義建構　**124**

七、悲傷的健康的觀點　**125**

八、悲傷權利被剝奪的現象　**126**

九、悲傷治療與意義重建　**126**

十、關懷喪親者的原則　**128**

8 長壽俱樂部──高齡化社會的需求 133

一、台灣的老年潮來了 **134**

二、高齡化社會的需求 **138**

三、結語 **147**

9 自殺議題與防治 149

一、自殺問題對現代社會的影響及盛行情形 **151**

二、自殺的定義 **152**

三、自殺的社會現象分析 **153**

四、宗教對自殺的看法 **154**

五、台灣地區自殺現況探討 **156**

六、自殺原因 **158**

七、自殺的過程 **160**

八、自殺迷思 **161**

九、自殺的防治 **162**

十、自殺的處理 **171**

十一、自殺者的評估與治療 **172**

十二、結語 **173**

臨終關懷 175

一、HOSPICE　177
二、台灣安寧療護的現況　180
三、安寧療護的臨終關懷　181
四、臨終陪伴　184
五、緩和醫療vs.安寧療護　185
六、安寧療護的理念與原則　188
七、對以階段為取向照護模式的批判　191

 生命回顧之旅　195

一、生命回顧的內涵　196
二、生命回顧的功能　197
三、生命回顧的活動　201
四、其他的生命回顧運用技巧　207
五、結語　208

追尋生命意義　211

一、生命的意義　213
二、生命意義的尋找　218
三、誰在探索生命意義　220
四、對生命意義的見解　222
五、死亡對生命意義的啓發　227
六、如何展現自己的生命意義　229
七、生命意義的尋求是每個人一生的課題　231

幽谷伴行──協助哀悼 233

一、如何與癌末病人談死亡 **234**
二、病人對病情的認知 **235**
三、病情告知指南 **235**
四、病人得知病情後可能有的情緒反應 **238**
五、陪伴者的悲傷因應 **239**
六、寧靜地走完最後階段 **240**
七、如何為瀕死的父母預備 **241**
八、認識臨終關懷的重要名詞 **245**

 死亡概念與發展 249

一、發展階段的死亡概念理論 **250**
二、影響兒童死亡認知與生死態度的因素 **255**
三、面對不同情況之死亡遭遇的感受與反應 **257**
四、協助發展階段中青少年面對死亡 **262**
五、與死亡情境相關書籍之介紹 **263**

 一死值千金 269

一、為何要有喪葬禮儀？ **270**
二、殯葬從業人員對生死關懷應有的認識與作為 **271**
三、生死教育對喪葬的訴求 **272**
四、民眾對殯葬的認知與需求 **273**
五、消費者的意識抬頭 **274**
六、台灣殯葬業者的角色與功能 **275**

七、殯葬禮儀師的由來與發展　**276**

八、殯葬禮儀師的職責　**276**

九、台灣現行喪葬服務教育與考照　**278**

十、國外喪葬服務教育的現況與發展　**282**

十一、殯葬教育政策認知與期待　**283**

 生命發展階段的死亡關注　291

一、嬰兒期（0～1歲）的死亡關注　**294**

二、兒童期（1～14歲）的死亡關注　**296**

三、青春期（15～24歲）的死亡關注　**301**

四、成人期的死亡關注　**305**

五、老年期的死亡關注　**312**

 生命最後規劃　319

一、何謂生命的最後規劃？　**321**

二、生命最後規劃的由來　**322**

三、認識生前預囑　**329**

四、遺囑的相關知識　**332**

五、生前預囑撰寫簡表　**335**

附錄一　教學觀摩　339

附錄二　病人自主權利法　345

參考文獻　351

死亡教育

- 死亡教育的緣起
- 何謂死亡教育?
- 一般人研習生死議題學科的因素
- 死亡教育發展與現況
- 生死學教學目標
- 生死學教學方法

> 對於出生與死亡沒有任何補救的方法，好好享受中間的生命吧！
>
> ——喬治・桑塔亞那

 一、死亡教育的緣起

死亡教育（Education about Death）是從先從死亡學（Thanatology）擴展到生死學（Life and Death Studies），然後在1976年由死亡教育與諮商協會（Association for Death Education and Counseling, ADEC）開始以死亡教育Death Education向全世界推廣。死亡學是由Élie Metchnikoff在他的著作*The Nature of Man*指出，以研究死亡與老人可以減少人類承受痛苦的過程，並且改善人類生活的本質，後來Roswell Park在1912年的《美國醫學協會期刊》指出，死亡學是研究死亡的本質及原因開啓了死亡學研究。死亡學是跨科際的學科，Herman Feifel在*The Meaning of Death*一書中就以人類學、藝術、文學、醫學、哲學、生理學、心理分析、精神醫學及宗教學等領域，以全面性的角度探討死亡現象開啓死亡教育的蓬勃發展。

 二、何謂死亡教育？

死亡教育的定義從不同年代、專業領域有不一樣的解釋：1982年Quint認爲死亡教育是讓人們瞭解死亡與瀕臨死亡是有限生命必經的過程。Leviton認爲應包括西方哲學對死亡及瀕死的觀點、宗教的死亡觀、死亡的理論觀點、醫學和法律上的死亡觀點，以及死亡和瀕死有關的態度及情緒、兒童及青少年對死亡正確的認知。J. D. Morgan認爲死亡教育有三個層面：(1)教導人們要有死亡準備的策略；(2)提供給那

些會實際或可能受到死亡影響者處理的策略；(3)探討死亡意義、死亡態度、處理死亡方式的學科。

1997年Corr等人認為探討與死亡（death）、瀕死（dying）及哀慟（bereavement）的教育就是死亡教育。2000年以後Corr等人將生命（life）、生活（living）加入原先的教材當中，這正是反映出美國的死亡教育學者也和傅偉勳教授一樣，認為教導死亡的目的是要讓人學習認識生命的意義與重要、如何在有限的年歲裡活出燦爛的生命。死亡教育學者認為死亡教育有三大目標是：(1)資訊的分享，知識的獲得：主要是探討死亡的本質；(2)自我意識，價值態度的澄清；(3)哀傷調適。趙可式針對大部分死亡是在醫療機構中發生，而倡導醫護人員的死亡教育應著重在領悟醫學的極限，從自身的參考架構來領悟死亡，認知如何照顧臨終病人與家屬，澄清面對遺體應有尊重生命的態度，藉著認識死亡更重視以人為本位的醫學（曾煥棠，2000a）。

死亡學在80年代末期傳入台灣，由傅偉勳先生提出生死學一詞，他認為死亡學的說法仍不足以正視相關死亡現象的意義，因為生與死是一體的兩面，因此，他以現代生死學的概念來代替傳統死亡學及臨終精神醫學的不足。其實我國在民國68年就有學者撰文介紹生死學議題，之後陸續有學者針對此問題進行研究。有關生死學的文章、著作、翻譯書籍更是不斷湧出，由此可知，生死學教育已經逐漸受到國內教育界及一般人的關心。

三、一般人研習生死議題學科的因素

Corr（2003）以他多年從事生死教學的經驗談到對研習生死議題有興趣的人歸納為下列幾項：

1.從事相關工作（例如老師、醫護人員、社工等）：求助者的問

題同時也是助人者須面對的，因此死亡教育牽涉專業及個人雙面向，不但可用於助人，也適用於自己。

2.自己正面臨死亡相關經驗，想用以幫助自己因應：此種學習者特別脆弱易受傷，因此死亡教育發展出對於參與者及研究者的敏感、同情及關心。

3.對於媒體報導有關死亡的現象感到好奇，可能是意識到沒人能避免死亡，想要為未來的遭遇作準備。

 # 四、死亡教育發展與現況

(一)國外死亡教育發展與現況

◆美國

Pine曾經著文說明死亡教育的發源地是在美國，並歸納出幾個階段：

1.1928～1957年的探索期：這段期間主要的文獻當中多探討喪禮、殯儀館功能的改進和價值的確立。另有從死亡概念的發展、死亡禁忌和精神治療的相關研究，開啟了以後喪禮與哀傷，成為死亡教育教案的課題，主要的領域包括社會學、心理學和精神醫學。

2.1958～1967年的發展期：1963年大學中第一門正式的死亡教育課程由Robert Fulton在Minnesota大學開始授講，學術期刊 *American Behavioral Scientist* 有死亡專題報導，以及瀕死病人的地位、角色及照護的探討。

3.1968～1977年的興盛期：1973年高等教育機構中至少有六百門

死亡教育的課程，1974年有一千一百所以上的中學有死亡教育課程，死亡教育的內容與教法成為1975年後死亡教育的改革重點，1976年死亡教育與諮商協會（ADEC）成立，推廣死亡教育與諮商工作。

4.1978～1985年的成熟期：ADEC建立了死亡教育師（death educator）及死亡諮商師（death counselor）的證照制度，但此時期醫護院校開設的死亡課程尚未普遍，專門職業訓練機構（如安寧病房、葬儀社）品質仍待檢證，中學死亡教育實施反而比1970年代少。

5.1986年後的發展：美國最少有五個死亡學碩士課程，第一是Brooklyn College的Department of Health Education；第二是New York University, School of Education, Health, Nursing and Arts Professions, Department of Psychology Programs in Counseling；第三是University of Florida的Department of Psychology；第四是Hood College的Human Sciences中的死亡學碩士課程；第五是University of Wisconsin-La Crosse教育學院的Center for Death Education & Bioethics提供死亡教育的專業發展課程。此外，位於Massachusetts的Mount Ida College提供悲傷輔導（bereavement counseling）及殯儀館管理（funeral home management）學士課程，並準備針對心理衛生工作人員提供悲傷輔導碩士課程。

◆加拿大

加拿大University of Western Ontario的King's College死亡和諮商教育中心（Centre for Education about Grief and Bereavement）於1976年開始成立，該中心自1982年開始舉辦年會，參加會議的學者專家來自美國、加拿大、亞洲及歐洲。作者曾經參加1999年的年會，主題是兒童與死亡（Children and Death），當年有三千多位學員到此研習過死亡學概論、緩和疼痛照顧、悲傷輔導、兒童與死亡、自殺等課程。此

次國際會議有許多相關工作的專業人士（護士、社工、諮商人員、牧靈人員、教師、志工、失喪者、醫師、學生、殯喪師）。該年的特色是要求發表者要：(1)以互動式的演講，運用多媒體、有趣的故事、幽默語氣來吸引參加者；(2)學術性的研究報告減少到20%左右；(3)每場次都有評量作為對下次邀請及舉辦題目的參考；(4)重視悲傷輔導技巧的運用及重視臨床上的應用與推展。這個中心的負責人是Professor J. D. Morgan，他的專長是死亡哲學（Philosophical Thanatology），其著作包括*Readings in Thanatology*、*Ethical Issues in the Care of the Dying and the Bereaved Aged*、*Death and Spirituality*及*Personal Care in an Impersonal World: A Multidimensional Look at Bereavement*。

◆英國

英國方面，1959年臨終關懷機構St. Christopher's Hospice在英國創辦，開啓臨終病人、安樂死、照護方法的關注。威爾斯大學（University of Wales, Lampeter）的「死亡與永恆」（Death and Immortality）碩士課程偏向理論，必修課程是「死後生命的哲學論證」，選修課程包括「死亡和生命的意義」、「聖經中有關死亡及死後生命觀」、「古希臘中的靈魂、自我及死亡觀」、「基督教思想中的復活、永恆及永生觀」、「輪迴與哲學」、「回教的死亡與永恆觀」、「印度哲學人生觀」。2000年大英博物館開啓24號展覽廳，以生與死為主題分別說明人類如何面對生老病死在身心靈上的因應。

(二)國內大學的死亡教育

國內死亡教育的發展可以從學校死亡教育實施、研究論文發表、相關機構的成立及書籍期刊的發行來說：各級學校的死亡教育的實施是從大學開始，民國80年以前有中興大學的「死亡問題」，輔仁大學「死亡社會學」，民國82年台灣大學開設「生死學」通識課程後，各

大專院校就陸續展開生死學教育，如有國立台北護理健康大學生死與
健康心理諮商系、南華大學生死學系所、國立台北師範大學教育系的
生命教育組及台灣師範大學衛教研究所博士班開設死亡教育專題研
究。其他多所的大學和醫護院校則開設生死學的選修課。靜宜大學在
小學教育及中學教育學程中設有死亡教育學分，以順應教育部於85年
度起將實施國小、國中新課程。死亡教育的研究中開始多偏重在「死
亡概念」、「死亡態度」、「死亡焦慮」與「臨終關懷」的探討，以
及有關死亡教育成效的實施（曾煥棠，2000a）。

(三)死亡教育對護理學生的意義

護理人員面對病人死亡及瀕死的機會愈來愈多，隨著疾病的轉
型（如急性感染死亡的型態轉變成慢性病及癌症死亡的型態），使得
很多疾病的治療與生命的急救都進行到死亡的最後一分鐘，而且有三
分之二的死亡會發生在醫院。護生若在實習中首次遇到病人死亡，
加上又缺乏同輩、教師或其他醫護人員的協助與支持，便可能會是一
次負面、痛苦、恐懼或害怕的經驗，造成日後面對死亡產生逃避反應
（Degner, 1988）。趙可式博士指出，「生死學是護理教育的一個基礎
課程，此課程的目標是要讓護理人員能夠對死亡的各種不同層面加以
瞭解與認識，從而建立正確、積極的態度」，又說「有些護理人員認
為臨終病人是歹死，覺得在這個工作上很痛苦，想改行」。那是因為
那些護理人員不瞭解工作臨終照護工作的意義，他們的自我價值沒有
釐清，生命倫理道德判斷有困難，沒有成熟的生死觀及沒有參透生命
的意義所致，所以這些面臨困境的護理人員無法每天去面對生死，並
與臨終病人一起成長。

死亡教育對護理學生有幾項意義：

1.死亡教育在教學過程當中有助於護生早期確認及面對自己的死
亡反應，發展對死亡的自知，從而在畢業後是能夠協助他們瞭

解瀕死病人的有效方法，護理人員必須先在照護臨終病人之前心理已經有所準備，亦即接受死亡教育，瞭解死亡的意義、本質及重視自己的死亡態度和反應，才比較具有正面照護行為的傾向。

2.醫護專業人員的死亡教育是除了讓他們瞭解病人死亡與瀕臨死亡是有限生命必經的過程之外，還要讓他們瞭解病人的個人價值和意識是受到社會、文化、歷史、環境的影響，而且會影響個人職業的選擇與人生方向，其內容包括個人對死亡的感受反應，要瞭解到別人對生命抉擇所呈現的複雜性能，所以課程可以包括倫理與法律的議題，面對不同死亡事件的反應，對個人或家人提供的團隊照護，臨床上的兩難議題，對個人、家庭及醫護專業人員的支持系統。

3.死亡教育是一種協助他們瞭解臨終病人的有效方法，也可以讓護理人員更有意願及效率去照護臨終病人。護理工作中照顧瀕死病人及面對病人死亡產生的衝擊是護理人員工作壓力的主要來源之一，這是因為護理人員將救助病人生命並協助其復元的照護行動給予很高而神聖的評價，但是他們往往很難從照護臨終病人的工作情境中獲得滿足（曾煥棠，2000a）。

(四)四種群體的死亡教育

趙可式博士特別指出國內的死亡教育可以區分為四種群體，包括：

1.醫護人員的死亡教育：著重在領悟醫學的極限，從自身的參考架構來領悟死亡，認知如何照顧臨終病人與家屬，澄清面對遺體應有尊重生命的態度，藉著認識死亡更重視以人為本位的醫學。

2.病人的死亡教育：面對病房中的病人藉著陪伴、關懷、症狀緩

和、抒解疼痛，協助靈性成長，發現和體驗生命的意義，認知
生命的終極意義跟出路，儘早接受為死亡做準備。

3. 病人家屬的生死教育：藉由家屬哀傷的愛結與依戀投注轉換到
   其他事物上，藉此領悟生命的有限，善加利用生命及重新整理
   價值次序。

4. 一般民眾的生死教育：平時建立起個人的死亡準備，包括預立
   遺囑，交代喪禮、遺物、遺言等物質上的準備及重新評量統整
   生命意義，人生觀及價值觀的反省和確立，面對擁有及失落的
   態度與處理，導正喪葬禮俗的正規化，死後世界信念的思索。

世界宗教博物館是台灣最具盛名的生命教育教育場地。展示共分
兩大部分：一為「生命之旅」廳，是介紹各宗教對人生各階段的禮儀
與意義；另一為「世界宗教展示」廳，是介紹各宗教之象徵及信仰。
前者是對生命的闡釋，展示人從出生、成長、中年、老年、死亡，一
直到死後的世界的人生縮影。藉此瞭解宗教對人們成長的協助及生
活、文化的影響，激勵人們善用生命，廣結善緣，共創美好的生命。

五、生死學教學目標

Corr（2003）在他的教科書中建議，進行死亡教育至少應該要有
下列六項目標：(1)豐富人生——藉由瞭解生命的限制，使人瞭解到
「不僅要活，還要活得好」；(2)教導個人如何與社會共處——告知可
獲得的服務、可選擇的臨終照護、喪葬和紀念儀式之安排方式；(3)培
養公民角色及對社會議題的瞭解——例如健康照護、協助自殺、安樂
死、器官捐贈等；(4)對於個人的專業及職業角色提供支援（醫護、教
育、臨終、悲傷輔導從事人員）；(5)加強個人在死亡相關議題上的溝
通能力，使其更有效率；(6)協助個人賞析——人類的生命發展歷程

與死亡議題的交互作用，因為各年齡層面臨的問題與因應方式皆有不同。

作者從1994年開始在學院教授生死學，該科的教學目標包括：(1)讓學生瞭解自己對死亡及瀕死問題的觀點，願意對死亡進行思考；(2)讓學生討論死亡的語彙、委婉說法、死亡的象徵物、文化傳統的迷信，引導學生打破禁忌，可以談論死亡；(3)讓學生瞭解自己死亡態度並建立面對死亡時的適當接受態度；(4)進行臨死覺知教育，讓學生瞭解死亡的歷程、階段、方式，並認知瀕死病人的情緒及需要；(5)瞭解死亡所造成的失落感及瞭解哀傷造成的身心社會反應，獲得處理失落勝任感；(6)讓學生瞭解預立遺囑的時代意義與要件，對生命進行反省，建立起死亡準備的行為；(7)瞭解台灣社會處理死亡相關的機構，不同信仰中處理死亡相關的儀式與意義，學習自我規劃葬禮，進而具備協助處理喪葬的能力。

生死學教育的目的：(1)使學生適切地認識死亡的各種情境與反應；(2)引導學生對生死的思維，並經由其個人宗教信仰的指引、哲學的思考在生死學課程中促使警醒與覺察；(3)降低他們對死亡的恐懼或潛意識地逃避死亡課題；(4)盡可能的降低學生對死亡的害怕、恐懼與逃避；(5)能夠以坦然、積極的態度面對死亡；(6)賦予學生自己對生命意義的重新體驗；(7)讓學生珍惜自己擁有的生存時光並且提高生前的生活品質；(8)讓學生對其人生做最後旅程的事前規劃。

在95學年度實施的普通高級中學「生命教育類—生死關懷科」就是沿用多年來在各大專院校實施的生死學作為該科課程綱要明定的參考依據。該科的教學目標包括：(1)從死亡探討生命，引導學生反省思考生物有死之必然性及生命之有限性，使能更加珍惜生命；(2)引導學生建立對死亡積極的認知與態度；(3)探討中西重要文化與宗教的生死觀，形成個人正面的生命信念；(4)透過各種重要的生死問題與現象的討論，使學生瞭解善生與善終的關係，使建立積極的人生觀；(5)介紹臨終關懷的觀念與實施，並教導初步之陪伴技巧；(6)說明失落與悲傷

的本質與因應，並教導走過悲傷的基本方法；(7)激發學生對生命的愛與關懷，活出生命的意義與價值。

該科的核心能力包括下列幾項：(1)思考死亡和生命的關係與涵義；(2)認識死亡概念的內涵與發展；(3)健康看待死亡；(4)省思宗教文化的生死觀；(5)瞭解失落與悲傷的本質與因應；(6)瞭解自殺與學習防治自殺；(7)探討喪葬文化之意涵；(8)認識臨終關懷的理念與實施；(9)釐清死亡相關議題；(10)從死亡的必然性省思生命的意義與價值。

六、生死學教學方法

在教學上教師可以依照不同授課對象的學習需求或市場需求的調查，加以調整教學內容來達到最佳的適當性。透過放映影片進行死亡相關主題的認知分享，採取小組討論方式分享個人的感覺與反應，也能夠促使學生的情緒能夠得到抒解與支持。任課教師提供宗教、哲學與科學等知識，並引導學生研讀推薦的生死學書籍，有助於學生檢視自己對死亡及生命價值的體認。學生從面對自己的死亡的「生前預囑」作業上進行自我反省、臨終照護方式、生命財產規劃及對器官捐贈的自我表達產生相當好的教學效果。教學內容改進調查發現，生死態度轉變的教學效果主要是來自於學生從面對自己的「生前預囑」作業上，進行自我反省與認知分享，或在不同單元的小組討論時分享個人的感覺與反應，讓學生的不安與悲傷情緒能夠得到同組同學的支持獲得抒解。大多數的學生從「生前預囑」的作業當中，都能夠很認真、仔細、謹慎地正視自己的假設性死亡，他們在書寫之前有很多負擔，害怕不知如何下筆，寫完以後反而覺得如釋重負，即使自己即將面臨死亡也不會無所適從，已經有所準備，繼而更加把握時間與機會。此外，也發現學期中仍從事護理工作的在職學生，其學習動機比較高，經常能夠在課堂上分享個人意見與經驗，並提出問題讓師生一

起思考與討論，有可能是因為他們曾在工作中面對或聽到瀕死病人及病人死亡的實際經驗與需要。

此外，教師應該運用適切的教學方法激發學生學習的動機，並且對自己的教學效果進行評量以作為改進教學成效的參考，例如對生命意義、死亡接受度、家中談論死亡來打破死亡禁忌、生命最後旅程規劃、臨終關懷處理能力等進行學習表現的評分。教學內容改進調查發現，生死學的不同教學模式對學生生命最後規劃具有不同的影響力，教學中運用小組討論法及實施教學活動時學生的改變較多，包括規劃生前預囑及安排葬禮有助於降低死亡恐懼，渴望學習技能、編寫生命成長回憶錄、盡早投入護理工作及回到故鄉尋找舊識上的個人意願較多、投入公益活動來留下生命光輝，有較深入的討論與回響。作者認為生死學、安寧療護、癌症護理、臨終關懷、專業倫理、悲傷輔導等有部分同質性的課程應該進行整合，成為初階、進階課程等，或是有其他的統整方式。採用以生死學為基礎的課程，因為生死學應是強調對生死問題的基本理念認識，以及覺察個人對生命的態度，當體驗與瞭解自我的生命價值觀之後，再繼續學習如何照顧病人、家人及朋友，因此就需要進階的安寧療護及悲傷輔導的課程。

教學策略上教師可以運用下列四類：第一類講演式，就是只應用教師口述、專題演講影片放映、投影片或幻燈片，或參考讀物等教學方法；第二類是引導式，除了第一類的方法外，還包括小組討論、遺囑寫作、辯論、角色扮演、個別指導及戶外教學等；第三類是編序式，依照教學方案的單元提供循序漸進式的個別學習指引與教學活動；第四類是協同教學（team teaching）。

(一)生死教育課程設計的原則

一些有經驗的生死教育學者（例如Leviton）建議課程設計時要考慮到受教對象、教學取向、學生人數、開課科系、教學方法、教學

目標。在美國紐澤西州招中任教多年的Stevenson建議教師應該瞭解要提供給學生什麼樣的訓練內容、如何規劃（單獨或融入）、選修或必修、實施中可能的風險（悲傷反應、對死亡高度關切）。 至於課程設計的內涵與要素，一般來說包括下列幾項：Whom（受教的對象）、Why（目標爲何）、What（內容爲何）、Where（實施場所）、Who（教師的知能與條件）、When（授課時機？正式或隨機教學）、How（教學模式與方法？如何考評？學習成果、教學成果）。

(二)生死教育教學者之素養

生死學的教學和一般的科目是有一些差異的。因此建議講授的教師應該在講授之前有下面的歷練：(1)已經檢視過自己對死亡的感受和情緒的反應；(2)能夠在課堂上坦然地面對學生說出或表達出死亡議題；(3)對死亡有關議題與知識要不斷地充實；(4)瞭解受教對象對死亡的感受以及可能的情緒反應；(5)配合受教對象的需求給予適當的課程安排；(6)覺察社會中的脈動與變遷，如法律、制度對死亡事件的影響；(7)從多元的信仰下討論死亡，給受教對象有選擇適合自己的心靈寄託；(8)具備關懷輔導的能力，能夠運用同理心和受教對象溝通。

(三)談死亡與禁忌相關話題之導引技巧

在課堂上談死亡與禁忌的相關話題時，教師導引學生討論的技巧有下列幾項：教師分享自己的經驗、利用影像資料引起注意、剪輯影片傳遞學習信息、運用社會時勢新聞、請學生分享自己的經驗、運用辯論讓學生表達立場、給予專題報告主題提供蒐集資料與討論、進行角色扮演。

(四)新課程規劃與進行

　　任課教師擬負責編訂不同單元目標教材大綱、教學活動與討論內容，作為研究與教學改進之參考。教學時可以在課前檢視以便預先瞭解學生對有關死亡和悲傷的經驗，以避免在上課進行當中產生不預期的悲傷。教學活動可以進行生死探索活動，例如描述死亡、計算壽命、假想死亡證、心靈地圖、悲傷地圖「個人失落的調適」、愛與成長之路。另外安排聆聽演講、參觀探訪、音樂欣賞、繪畫創作、影片欣賞、閱讀治療、體驗活動、園藝欣賞、戶外教學（例如參觀訪問藝術墓園、安寧病房、殯儀館等）。探討學生學習表現的層面內容，如對生命意義、死亡接受度、家中談論死亡（死亡禁忌）、生命最後旅程規劃、臨終關懷處理能力等學習表現作為日後課程評估與修訂的參考。

　　進行悲傷地圖的活動目標是希望藉此檢視參與者失落的經驗、探索情緒順序回憶及未解決的失落、發現學生因失落導致成長的失而復得現象。園藝治療（horticultural therapy）是一種藉由接觸植物、園藝操作活動，以及接近自然的心所產生的感覺，來得到心理慰藉治療。園藝治療也是結合生命教育要讓參加研習活動的孩童，接受新的生命意義刺激以後對人生有了更多理性的思考方向。瞭解人的一生不是空虛毫無意義，人不完全受制於遺傳與外在環境，有完全選擇的自由。

導讀《生死教育與研究的省思》
(*Death Education and Research: Critical Perspectives*)

　　這本書的作者在1989年以Gerontology and Geriatrics Education作為期刊第9期的專刊，可見這個主題在當時有多麼受重視，尤其是在哲學、心理學、社會學和教育學再加上老人學的領域。這本書應該可以作為死亡教育工作者的重要指引，尤其是瞭解死亡教育內涵的發展。

　　作者首先回顧心理學對死亡教育的看法，引用了Herman Feifel、Deutsch、Freued、Lindermann、Kübler-Ross以及Leviton等人對當時死亡教育的主題提出四個方向的思考。雖然這是一本1989年出版的書了，由於作者強調這本書是從哲學、心理學、社會學、意識形態上和教育學的領域來考量如何進行人性關懷，而不只是對課程上的意見。因此，當我們閱讀這本書時，我認為可以從作者在書中所提出的論點加以整理與歸納，作為檢視現階段中國內外死亡教育的發展、死亡教育的教科書或教材、臨終關懷是否都對這些考量做了交代。此外，一些有爭議的議題現在是被迫放棄討論、依舊不變地在進行還是已經找到了兩全其美的教學方式。

　　閱讀這本書對於死亡教育工作者的幫助至少有四方面。比方說，作者提出的死亡教育的哲學層面乃是以探討生命和死亡的權利與價值為核心，因此死亡教育工作者在教學的過程中要帶領學生進行討論與反省「人為什麼存在？存在面臨哪些問題與挑戰？如何解決？」、「死亡既是每個人所不可以避免，如何面對？」的基本議題。死亡教育的心理學層面乃是以探討不同生命階段的死亡認知與態度為核心，從而要死亡教育工作者在教學的過程中要帶領學生進行討論與反省「面對死亡或瀕死的議題時產生的各種態度反應中，要如何去因應與處理」。死亡教育的社會學層面是以「社會調查資料呈現了哪些社會意涵」和「從那些社會意涵中探討死亡教育的社會責任」是什麼作為核心，從而要死亡教育工作者在教學的過程中要帶領學生進行討論與反省「死亡對社會的衝擊有哪些」或像是「死後有來生」的類似議題是受到哪些文化和價值觀的影響，其影響又如何。最後在應用的層面上，他建議死亡教育工作者在教學的過程中要帶領學生從「人性關懷」來思考臨終或終極關懷的本質是什麼。

　　總之，這一本稍有歷史的書對於要進入死亡教育的工作者仍是相當有助益，希望讀者能在閱讀藉由作者提出的意見和想法，引發自己在死亡教育的工作中許多的反省與思路。

死亡教育的網站介紹

◎死亡教育

The Death Clock，http://www.deathclock.com/index2.html

WEBster's Death, Dying and Grief Guide，http://www.katsden.com/death

International Work Group on Death, Dying, and Bereavement，http://users.imag.net/~lon.death/iwg/iwg.html

Kearl's Guide to Sociological Thanatology，http://www.trinity.edu/~mkearl/death.html

King's College Center for Education about Death and Bereavement，http://www.wwdc.com/death

Thanatolinks death related links on the web，http://www.lsds.com/death

mount ida NCDE，http://mountida.edu/Secure-Server-01/schools-programs/index.html

Association for Death Education and Counseling，http://www.adec.org

北護生與死研究室，http://death.care.ntcn.edu.tw

南華生死學，http://www.nhmc.edu.tw/html/department.html

為失去所愛或面臨死亡的人提供一個舒適、支持、教育、處理震驚、困惑與難過的地方，http://www.death-dying.com/

◎生命關懷（悲傷、失落）

天堂花園，http://www.heavengarden.com.tw/index.htm

器官捐贈協會，http://www.taconet.com.tw/donate/organ.html

◎臨終照護

安寧照顧基金會，http://www.hospice.org.tw

美國安寧基金會，http://www.nho.org/

◎宗教

台灣眾召會全球資訊網，www.recovery.org.tw

台北靈糧堂全球資訊網，http://www.lingleung.org.tw/98new/frameset.htm

回教生活面面觀，http://163.13.176.20/Student/B_class/回教/index.htm

佛光山全球資訊網，www.fgs.org.tw

佛教慈濟文化中心——全球資訊網，http://taipei.tzuchi.org.tw

網路弘揚佛法，http://www.a112.com/

◎殯葬

Norris Funeral Home, St. Charles, IL，http://www.norrisfh.com

台北市殯葬管理處，http://www.fbm.taipei.gov.tw

金寶山集團，http://www.memory.com.tw

龍巖集團，https://www.lungyengroup.com.tw

◎曾煥棠老師

http://www.chinesecare.com.tw

◎死亡經驗、自然死

介紹自殺和安樂死在信仰、倫理、宗教、輿論、法律的議題，http://www.
religioustolerance.org/

介紹有關死亡、瀕死、重病、悲傷、殯葬議題的網站，http://www. growthhouse.org/

探討接近死亡經驗及相關學術研究，http://www.iands.org/

沉默記憶的日記簿，描述失去的愛、心中的失落，及如何幫助支持失落的人，http://www.silentmemories.net/

生死學第四屆年會，斯德哥爾摩，http://www.his.ki.se/dds2000

死亡之鐘，http://www.deathclock.com/

介紹墳場的文化與藝術，http://alsirat.com/city.htm

法國尊嚴死亡協會，http://perso.club-internet.fr/admd/introa.htm

有關悲痛、死亡、失落並提供支援和幫助的網站，http://www.griefnet.org/

探討臨終前的最後權利及如何面對死亡，並有真實故事分享，http://www.last-rights.com/

英國丹帝（Dundee）大學與馬密連（Macmillan）癌症減緩基金會合作建立網站，http://www.dundee.ac.uk/meded/help/

填寫問卷，預測自己的死亡日期、活潑指數、純潔指數，http://test.thespark.com/deathtest/

為美國年老榮民建立的網站，http://www.npr.org/

英國自然死亡中心，介紹死亡品質和葬禮安排，http://www.globalideasbank.org/naturaldeath.html

1863年7月3日費城與蓋茲堡的戰爭記錄，http://www.valleyofdeath.com/

1949年普立茲戲劇獎得主亞瑟‧米勒（Arthur Miller）的戲劇「推銷員之死」，http://www.geocities.com/southbeach/canal/5687/salesman/main.html

◎兒童死亡

美國HOPE IN HEAVEN基金會（HIH）為一位罹癌的4歲小朋友解釋「死亡」意義建立的網站，http://www.hopeinheaven.org/home.htm/

◎倫理議題

「自殺資訊與教育中心」網站，有豐富的危機管理、諮商資料，挑戰自殺，http://www.siec.com.ca/

提供諮商與協助，探討疾病與死亡，http://www.thecentre.org/

介紹安寧照護與相關訊息，http://www.teleport.com/~hospice

網路上有關死亡的網站列表連結及相關新聞消息，http://dying.miningco.com/health/dying/

介紹有關接近死亡的經驗及死後的來生問題，http://near-death.com/

關於死亡教育與輔導，安寧照護、器官捐贈等主題，http://www.adec.org/

協助人們如何從悲傷中度過，http://www.survivingsorrow.org/

問題與討論

1.請概略說明國內外生死學的發展過程？

2.沒有死亡的世界是對死亡的豁免嗎？

3.當人們不會因為生病或老化而死亡時？這個世界會有什麼變化？對個人會有什麼影響？所以死亡有必要存在嗎？

網站拾萃

死亡教育與諮商協會（https://www.adec.org/）

　　美國「死亡教育與諮商協會」（Association for Death Education and Counseling）從1976年開始致力於死亡教育、喪親諮詢以及對死亡關懷之推動，到2018年已經邁入第四十年。這個網站中有專文介紹喪親創傷的心理發展過程與因應方式、如何告知孩童親人死亡的消息。此外，該網站提供許多關於死亡學與教育諮詢的相關文章、名詞釋義、研討會活動報導、影音教材、各地死亡諮商組織、網路連結資源等豐富資訊。試問：

1. 你知道2018年舉辦的年會主題是什麼？在哪裡舉行？
2. 從2010年到2017年分別舉辦過哪些議題的研討會？
3. 怎樣才能獲得這個協會頒發的死亡教育教師證書？
4. 這個協會有哪些出版物？怎樣才能獲得？

 閱讀書籍

曾煥棠、林慧珍、陳錫琦、李佩怡、方蕙玲著，林綺雲主編（2007）。〈生命的尊嚴與死亡尊嚴〉。《生死學》，頁43-52。台北：洪葉文化。

死亡對社會產生的衝擊

- 在家中談論死亡話題是一種禁忌
- 悲傷
- 長期照護
- 瀕死前的準備社會化
- 安寧照護
- 自殺
- 愛滋病防治
- 廢除死刑
- 生命意義追尋的社會運動

> 人生猶如一本書。愚蠢的人將它草草翻過，聰明的人卻
> 會將它細細閱讀，因為聰明人知道只能讀一次。
>
> ──德國作家尚保羅

中國人受孔子「未知生，焉知死」這句話的影響，三千年來避諱談論「死亡」。但是，傅偉勳教授在《死亡的尊嚴與生命的尊嚴》這本書一開始就強調「世上最公平的事，就是每一個人都會死亡」。

然而目前社會已趨向高齡化，如何安頓退休以後長年衰弱的老年人，或患有嚴重病症甚至絕症老年人的日常生活，使他們不致感到孤離無依，在精神上仍能安身立命（生命的尊嚴），而死神來臨之時不致感到恐懼不安，反而能從容自然地接受死亡（死亡的尊嚴），已是先進國家不可忽視的社會福利問題。他又舉海德格「人是向死的存在」來說明就整個生命而言，死亡不是威脅，是一種挑戰，是內在生命繼續成長不休，且更能深化的積極正面的人生階段。

一、在家中談論死亡話題是一種禁忌

台灣社會的家庭中普遍的現象是不可以在家裡談論死亡話題，這種避諱談論死亡，或因害怕不吉利而產生對談論死亡的禁忌主要是來自下列幾點：(1)怕談論死亡是因為不知如何談起才不會惹人討厭；(2)談論死亡會引起悲傷或遭受責備；(3)對生命禮俗的相關事宜不熟悉，例如生前預囑、喪葬進行、善終場所、遺產的分配、臨終照護、哀傷輔導瞭解有限；(4)生命禮俗的進行是由黃曆上選定日子，怕犯沖、發生不吉祥的事情。

社會當中和死亡有關的機關團體很多。若是家中有喪事大多數人

會以自家庭院、馬路或空地來辦，這時會和警察機關、環保單位、民政單位有關。喪葬服務專業化之後，在殯儀館辦理喪事是比較符合社會的期待。醫院是委由葬儀社對屍體的處理和搬運。但是以往醫院的太平間及擺設位置缺乏人性尊嚴，常讓家屬有恐懼不安的感覺。現在都會區中有許多較具規模的醫院都將太平間取名為「往生室」，並對室內整修，以落實醫院尊重生命，提供人性化服務。

　　文化人類學研究顯示，喪事規模代表家族在地方上的聲望人氣，透過儀式的進行重新確認人倫關係及傳輸道德意識。社會學者比較重視喪葬轉變所代表的社會演變的意義，例如火葬的倡導。喪葬儀式過度受到商業利益的影響，使得殯喪費用高居不下形成厚葬風氣。簡化喪葬活動儀式及建立殯葬證照制度是政府的政策。

二、悲傷

　　過去悲傷研究可以分為三個領域：(1)研究悲傷對生理疾病的影響；(2)研究悲傷對心理疾病的影響；(3)研究喪偶與死亡率的關係。然而悲傷這個詞常被定義為「對失落的情緒性反應」。心理諮商學者建議當我們在理解這個詞的定義時我們要很小心的使用，要讓人能夠瞭解我們是在說什麼，如同Elias所說，從廣義而言，情緒（emotion）的組成有三種成分。因此，在心理諮商專業討論中，情緒這個詞彙的使用就有兩種不同的涵義。它可以同時被使用在廣義和狹義的範疇中。在廣義上，這個字用於泛指整體的反應模式，包含了身體的、行為的及感覺的層面。而狹義上的用法則是只有用於感覺層面的症候。悲傷可以透過各種的方式來經歷及表達。Worden（1991）認為悲傷包含了身體知覺、感覺、心理（情感／認知）及行為的向度。以下就為這幾部分說明：(1)身體知覺：如胃寒、喉嚨有痰、胸部鬱悶、肢體疼痛、對噪音太過敏感、呼吸短促、人格解離、缺乏精力、肌肉無力、口乾

舌燥、肢體不協調；(2)感覺：如悲傷、憤怒、罪惡、自責、焦慮、寂寞、疲倦、無助、震驚、渴望、解除、解脫、麻木；(3)心理：不相信、混亂、心神不定、感到逝者重現、些微異常（幻覺）經驗；(4)行為：睡眠或飲食困擾、心不在焉、社會性退出、對過去滿意感主要來由的活動失去興趣、夢到已逝者、哭泣、避免任何會想起逝者的事物、搜尋和呼喚、嘆息、躁動、舊地重遊。此外，悲傷也有其社會與靈性的向度，如：(1)社會性困難：人際關係困難、組織內運作問題；(2)靈性追尋：生命意義的追尋、對上帝存有恨意，或是明瞭到個人的價值體系無法應付特殊性的失落。

三、長期照護

　　中華民國長期照護專業協會以台閩地區已立案的長期照護相關機構為對象，依民眾較常使用之機構分為八項類別：(1)護理之家（由資深護理人員負責，入住對象為生活無法自理且需醫護照顧者，主管機關為衛生局）；(2)老人養護機構（入住對象為生活無法自理者，無需技術性護理照顧者）；(3)老人長期照護機構（入住對象為生活無法自理且需醫護照顧者，主管機關為社會局（科））；(4)日間照護（受託對象為輕、中度失能或失智者）；(5)居家護理（由護理人員到家中提供技術性護理服務與指導，每月以兩次為原則）；(6)老人公寓（入住對象為生活可自理之老人）；(7)老人安養機構（入住對象為生活可自理者，又稱仁愛之家）；(8)居家服務（由居家服務員到家中提供失能者家事服務或日常生活活動之協助）（中華民國長期照護專業協會網頁，http://www.ltcpa.org.tw/search_data.php3）。

四、瀕死前的準備社會化

瞭解病人臨終時是什麼樣子？瀕死的徵象為何？病人持續昏迷、不吃不喝怎麼辦？危急時要不要急救？可以和臨終病人家屬談論什麼，談論的目的是期待在哀慟、悲傷的過程中走出悲痛時間仍是最好的療藥。透過葬禮的安排，完成死者生前願望，改變生活情境，立下新的工作或生活目標，調適於新的環境。因為當時許多病危者因說話辭不達意，經常提陳年往事，或喃喃自語，使旁邊照顧者聽不懂，感到莫名其妙，一頭霧水，許多人發現是我們不瞭解臨終者想要談談他們的想法和心意，於是探討臨終者對死亡的想法為何？哪些因素可以使人們走得平靜安詳？讓一般人瞭解臨終者接近死亡時應有的認識與態度。

五、安寧照護

國民健康局於92年6月14日發布的新聞稿標題「因應國人主要死因的預防政策」指出，「92年國人十大死因排行榜，惡性腫瘤已連續二十二年成為榜首，此外，腦血管、糖尿病、高血壓等疾病及意外事故傷害等亦年年上榜，為了對抗這些健康殺手，除了需要政府在癌症及各項疾病的防治宣導與提升醫療品質外，國人也應力行健康的生活習慣及飲食，才能免於疾病的纏身。」而且還提出「為因應國內癌症問題，本署國民健康局已於92年通過『癌症防治法』，內容包括：整合癌症防治架構、建立健康生活型態、推動癌症篩檢早期發現早期治療、課責醫院落實癌症診療管理、推廣安寧療護、建立癌症防治資料庫，持續監測及評估癌症防治計畫、整體評估癌症防治人力供給與需

求等」。此外，國民健康局業已規劃「國家癌症防治五年計畫」，以持續推動菸害防制、檳榔危害防制、防癌飲食宣導、肝炎防治、人類乳突病毒感染防治，來宣導民眾健康生活型態，以落實癌症之預防，本局期能藉由這諸多防治規劃，逐年降低癌症死亡率。」

　　由於過去臨終病人在醫院都要接受許多嚴苛的規定，癌症病人最難以忍受的疼痛無法得到適當的處置、軀體外形的改變甚至產生惡臭沒有妥善的人性處理，以至於病人就不想會見親友，怕讓別人害怕。當時就是因為醫療專業人員欠缺處理癌症的知識與技術所造成的，於是一種針對癌症病人有組織、有理念、注重團隊精神照顧的醫護方案就這樣產生。安寧照顧的十個理念包括：(1)它是一個著重於臨終照顧的理念；(2)安寧理念正視的是生命，而非死亡；(3)安寧理念爭取的是當下最好的生活品質；(4)安寧療護提供的是以病人與家屬為一體的全家照顧；(5)安寧療護是全人的照顧；(6)安寧療護是持續全程的，包括病人往生後對於他所愛的親友的支持；(7)安寧療護是結合專業技術與人性尊嚴，透過跨領域的團隊作全隊的服務；(8)安寧療護是全天二十四小時，一個星期七天，全年無休的服務；(9)參與安寧計畫的成員要相互支持，給予更多的關注；(10)安寧療護理念同樣也可以運用在其他各種面臨重症疾病、瀕死、死亡事件或哀慟處境的人和他們的家人。

　　安寧照顧最重要就是要維護緩和照護的品質，包括：疼痛緩和治療以及失喪的心理悲痛的輔導；宣導並執行不做急救處理（DNR）的合法性；安寧病房是創造一個「公開覺察」的情境；生命最後階段中分享彼此的感受及支持；讓癌症病人在疼痛、噁心嘔吐、呼吸困難、身體虛弱、食慾不振、吞嚥困難、失禁等方面也獲得良好的改善。

六、自殺

　　一般社會上的自殺研究首推涂爾幹的社會自殺論，他是從社會整合的角度對社會中自殺現象進行分類與說明。然而造成自殺行為的原因很多，家庭及學校的預防工作應是最重要的。根據某一年的調查，當中只有14%的青少年願與師長分享心情，還有大約20%的人不願意說出自己的心事。這個結果深深令人警惕。作為家長和教師的我們，面對孩子的種種問題時若是肯退讓一步、肯坐下來好好溝通，冷靜為孩子們想一想、聽一聽孩子們的心聲，而不要一味的否定、堅持己見、甚至破口大罵，讓每件事都可以經由慢慢商量，說不定會減少許多衝突、甚至自殺行為的發生。

　　傅偉勳教授在《死亡的尊嚴與生命的尊嚴》提出「自殺與安樂死的問題考察」，強調隨著經濟繁榮、科技發展與生活水準的提高，現代人逐漸注意到「生活品質」的重要性；由於「生活品質」包括物質與精神層面，也必須聯貫到「死亡品質」，而所謂「死亡品質」，基本上所講求的是「死亡的尊嚴」。由於傳統觀念的人生觀、價值觀、文化觀、社會觀等影響下，想到自殺，就有一種罪疚感，總覺得自殺是對不起自己、也對不起社會的負面影響。現代人的觀念、生活方式與思想文化日益多元化、開放化、自由化的今日社會，認為自殺的是非對錯不能一概而論，在許多的生命情境、精神境況或外在境況下，自殺反而可看成正當合理且有人生意義的個人行為。

　　贊成安樂死的基本理據有三點：(1)每個人都有自由選擇的權利；(2)醫療科技的高速發達；(3)絕症患者的病痛極難忍受，也非患者的家屬所能承受。反對安樂死的基本理據有三：(1)根據「人類生命神聖性」；(2)如果准許安樂死，就很容易助長醫生、家屬或其他相關人士的權利濫用；(3)有生命處就有希望。

　　有許多人是受了社會上所發生事件的刺激而影響他們決定自己的死亡時間，就如同自殺。許多的研究在驗證「死亡暗潮」（death dip），意即社會上某些事件或安排一開始的時候死亡率都比較低，但後來就高了起來。

七、愛滋病防治

　　政府對愛滋病防治不遺餘力。衛生署於民國79年12月17日就公布實施「後天免疫缺乏症候群防治條例」、民國80年9月27日公布實施「後天免疫缺乏症候群防治條例施行細則」、民國81年9月19日衛生署公告「應接受人類免疫缺乏病毒檢查者之範圍」。由於台灣境外移入的外國人越來越多，加上為了避免境外移入，民國90年1月29日衛生署疾病管制局函告「感染人類免疫缺乏病毒之外國人再入國申覆」。

　　教育部軍訓處民國93年12月9日發布即時新聞，說明訂定「各級學校防治後天免疫缺乏症候群處理要點」是為了執行衛生署「後天免疫缺乏症候群防治條例」，尊重及保障感染人類免疫缺乏病毒者之人格與就學、就醫、就業或避免其受到其他不公平之待遇，及防止感染人類免疫缺乏病毒之感染，維護學校人員健康等而訂定的，以便各級學校有所遵循，並請各級學校對自己校內感染人類免疫缺乏者給予最大之關懷與協助。《聯合報》也刊登「學生感染愛滋病被迫休學、轉學或不得住校的歧視性規定，將全面取消。教育部公布『各級學校防治後天免疫缺乏症候群處理要點』，各級學校不得藉故要求感染愛滋病學生、教職員退學、轉學、休學、退休、離職、不得到校或記過。」陽明大學的愛滋病防治及研究中心也曾經進行「愛滋教育與諮商需求評估及建議」研究計畫。

八、廢除死刑

國內有一個團體名為「替代死刑推動聯盟」，是由包括民間司改會、台權會、台北律師公會、輔大和平研究中心、東吳張佛泉人權研究中心等單位所組成。成立的目的是「因為長期以來，台灣社會對於廢除死刑議題，一直缺少對話空間，即使聯盟本身，成員之間也有不同的考量」，台灣廢除死刑推動聯盟執行長林欣怡表示，為了嚴肅思考死刑的意義，「替代死刑推動聯盟」曾經舉辦「殺人影展」，希望藉著十部片子的放映，帶領社會大眾思考死刑的意義，探討生命及人權的問題。此影展放映了六部紀錄片，包括《回家》、《島國1》與《島國2》、《正義難伸》、《缺席》、《死亡線》；其中前兩部的導演分別是吳秀菁及蔡崇隆兩位本土導演；《回家》談的是救贖與原諒；《島國1》訴說的是島國台灣的司法制度如何草率地面對生命；《島國2》則是展現出國家機器錯誤殺人的顢頇及之後的不認錯。四部劇情片則是《末日戲碼》、《女魔頭》、《真相拼圖》及《鐵案疑雲》。「廢除死刑」在國外已經漸漸成為社會改革的主要運動之一，台灣是否有必要重新省思死刑此一嚴肅議題。同意死刑存在的人是相信也同意刑法對社會治安的重要性，讓死刑存在無非也是希望能夠讓人民不再對所處的生活環境害怕，然而事實是死刑的存在能否帶來這樣的效果令人質疑。林欣怡舉歐洲國家為例，他們已經沒有死刑了，可是也沒有變得比較糟糕。到目前為止，儘管世界先進國家只有日本及美國還有死刑，可是日本已經不執行了，而美國也只有少數幾個州還有執行死刑。林欣怡強調，社會大眾更應該關心的是，要如何幫助這些被害人家屬，提供包括經濟、心靈的援助，「我們應該要有一套配套措施，讓這群被害人家屬受到照顧。」

九、生命意義追尋的社會運動

(一)安寧療護運動

　　中世紀歐洲，基督宗教修道院所附設的安寧院（Hospice，源於拉丁語之「招待所」），死亡安寧照護的觀念，是在1842年的法國開始萌芽，但由英國女爵士桑德絲籌建並於1967年落成的聖克里斯多福安寧院（St. Christopher's Hospice），則是大多數人開始認識「安寧療護」意義與工作內涵的起站。自此而後，歐洲、加拿大、美國、澳洲、紐西蘭和世界其他國家均漸次加入安寧療護的行列，如今，Hospice的名稱在現代醫療機構中，已成為照顧癌症末期病人設施的通稱，而在世界各地如雨後春筍般地發展。

　　回看台灣，已於1990年由淡水馬偕紀念醫院成立了國內首座安寧病房，其後，安寧照顧基金會、康泰醫療教育基金會、佛教蓮花臨終關懷基金會、護持大乘法脈基金會等民間團體紛紛成立，加上眾多醫療機構陸續開辦安寧病房，持續推廣安寧療護的概念，「安寧療護」這個字詞，才慢慢打入台灣民眾的印象裡，使得人們面對臨終病患的處境時，有了全新的、尊重生命的觀照視野。趙可式表示：「當你在幫病患作生命回顧時，是拿你的生命和病人交換……」「幫患者作生命回顧，是在其回顧中，尋找出其生命的意義……」（高雄榮民總醫院家醫科，http://www.vghks.gov.tw/fm/print88/nurse5.htm）。鄭曉江教授列舉佛家、儒家、道家及民間信仰等死亡論點之後，指出：藉宗教、哲學、文化作為臨終者的靈性輔導，可以提升死亡品質。他來台灣參觀發現，台灣各大安寧醫療院所相當重視病人的靈性照顧，值得讚許；不過他也提醒：靈性照顧必須視病人的文化背景而定，靈性關

懷的重點可以是宗教信仰，但對於沒有任何宗教信仰的臨終病人，則不妨從中國各家學派中汲取智慧。生命的價值並非由壽命、財富等有形物質決定，鄭教授認為進行靈性照顧時，可以藉由「生命回顧」的方式引導病人回溯生命中具積極意義的部分，即使是生養子女、參與社會服務等，都是對病人的肯定，在面對死亡時便能感到心安，不枉此生。

此外，傅偉勳教授以十九世紀最偉大的死亡文學名著托爾斯泰小說《伊凡‧伊里奇之死》來說明當時臨終者內心的掙扎、心理的各種反應。西方文學史上幾乎找不到一個作家，像托爾斯泰那樣懼怕死亡，也沒有一個作家像他那樣自幼幻想死亡，凝視死亡，並想盡辦法超越死亡。《伊凡‧伊里奇之死》共分十二節，開頭第一句常被死亡學專家引為名言：「伊凡‧伊里奇生活最是單純，且最為平凡，故是最恐怖可怕的。」托爾斯泰以寫實描述的手法，敘述伊凡患病前的安定生活。他順利升為高等法官，一切如意，社會地位令人羨慕；有子女與大房子，過的是無憂無慮而有規律的日常生活。如此「最是單純且又最為平凡」的日常生活，豈不就是我們大家企盼的人間生活？然而，等到伊凡患上不治之症，他才有機會，能在「單純不凡」的日常世俗，發現「最恐怖可怕」的「向死存在」。作為「向死存在」的我們，在面臨死亡之際，總會探索死亡的真相與意義。伊凡的故事提醒人們為何不在「最單純平凡」的日常時刻就去探索，何必等到最後關頭才去探索「死亡的意義」呢？

「末期精神患者的精神狀態」是由庫布勒‧羅斯醫師提出的「五階段」模型。庫布勒‧羅斯醫師將末期精神患者的精神狀態分為五階段：

1. 否認及孤離：患者總想否認說「不，絕不是我，不可能是真的。」但否認多半是暫時的心理防衛，此時也常有一種孤離或被隔絕的感覺。

2.憤怒：患者會自問「爲什麼偏偏是我？爲什麼我這麼倒楣？」患者的負面情緒是很難應付的，只要能夠體諒、有耐心與誠意，患者會逐漸恢復平靜，並感到有生存的價值。

3.討價還價：患者會自內心的發誓康復之後「願意重新做個好人」、「爲社會終身服務」等，充分反映出末期患者陷於完全無依、無靠、無力，而又同時需要藉外力維持自我生存的特殊狀態。

4.消沉抑鬱：此刻，不必說太多話，讓病患表達悲傷，並與他分享悲傷，讓他們感覺到人間的溫暖。

5.接受：即是「長途旅行之前的最後歇息」。此刻，家屬比患者更需要幫助、瞭解與支持。因末期患者能心平氣和接受死亡，他只希望不被外界干擾。

(二)死亡教育運動

1982年Quint認爲死亡教育是讓人們瞭解死亡與瀕臨死亡是有限生命必經的過程，1997年Corr等人認爲探討與死亡（death）、瀕死（dying）及哀慟（bereavement）的教育就是死亡教育，Leviton認爲應包括西方哲學對死亡及瀕死的觀點、宗教的死亡觀、死亡的理論觀點、醫學和法律上的死亡觀點、死亡和瀕死有關的態度及情緒、兒童及青少年對死亡正確的認知。J. D. Morgan認爲死亡教育有三個層面：(1)教導人們要有死亡準備的策略；(2)提供給那些會實際或可能受到死亡影響者處理的策略；(3)探討死亡意義、死亡態度、處理死亡方式的學科。

與死亡教育有關的學科有死亡學（Thanatology）及生死學（Life and Death Studies）。死亡學是由Elie Metchnikoff以研究死亡與老人可以減少人類承受痛苦的過程，並且改善人類生活的本質，後來Roswell Park及Herman Feifel等二位主張全方位各學術領域來探討死亡現象開

啓死亡教育的蓬勃發展（吳庶深，1997）。死亡教育的發源地是在美國，Pine（1977）將美國死亡教育演進與推廣劃分為五個時期。

傅偉勳教授以黑澤明電影《活下去》闡釋生命的啓示。黑澤明談到製作該片的動機說：「有時候我想到自己的死亡，想到自己停止生存。我想到，我怎能呼吸生命最後片刻的一口氣呢？我還在過我的人生之時，我怎麼離開它？我覺得有太多的事待我去做，我總在想我活得太少。」這部片子的主角是知道自己患有癌症的東京政府市民科科長渡邊勘治，故事主題是渡邊死前幾個月之間，對於生命意義的自我探索，以及透過積極善行（促成一個全新的兒童公園）的自我肯定、人生肯定。該片的「死亡學」教訓在生命的存在與肯定就是充分的意義，我們生命存在的一天，就是我們必須充分生活下去的一天，直到我們告別人間為止；我們只有透過積極正面的人生態度與行為表現，才能體認我們對於生命真實的肯定，才能真正完成我們人生的自我責任。

傅教授又以聶爾玲的著作《美好人生的摯愛與告別》來說明自然死的過程是如何的平和與安詳，面對親人的老邁如何相隨陪伴度餘年。本書著者聶爾玲於85歲，寫下這部帶有自傳性質的作品，敘述她與比她年長21歲的丈夫斯克特，所過半個世紀以上「摯愛美好人生」的恩愛生活，重點擺在1985年斯克特過百歲誕辰時，由聶爾玲從旁協助，自行了斷的生死因緣。聶爾玲夫婦一直對於生死問題表示關注，尤其斯克特過了90歲之後，更是如此，他們共同閱讀大量有關死亡的著述，分享死亡學的知識與瞭解。他們夫妻相信生命與意識採取某些形式繼續存在，認為死亡只是一種過渡，不是生命的終結，它是兩個生命領域之間的出口與入口。斯克特將過百歲誕辰的一個月前開始絕食，一個半月後，他的身體終於停頓，身體終於離脫，有如樹上枯葉落地一般。聶爾玲在書中認為死亡的定義：「沒有死亡的人生是不能忍受的。死亡讓我們輕鬆，它是一天的結束，是肉體生命的一個休假，是新的轉捩點。當一天的工作結束，夜間就齎來睡眠的祝福；死

亡很可能是更大一天的開端。」

(三)生命教育運動

J. D. Waters在1968創辦Ananda School，倡導生命教育的改革教育。1979年澳洲生命教育中心（Life Education Center）成立，爲防制藥物濫用、暴力和愛滋病。台灣地區從「生活與倫理」課程到民國86年曉明女中規劃「生命教育」課程。民國89年「生命教育內涵與建構」研討會初步確立生命教育的發展雛型。21世紀的學校教育應以「生命教育」爲基石。學校應透過有形與無形的「生命教育」課程來整合人生哲學、宗教教育與道德教育的三大內涵（孫效智，2000）：

1. 生命意義、目標與理想的探問與追求。這屬於人生哲學與宗教哲學所關懷的課題。人生除了食、衣、住、行、育、樂、政治、經濟、社會之外，還有生死意義問題有待安頓。因此，教育整體的目標不該只是幫助孩子找到一份工作或職業，而該去教導他們體悟人生的意義、追求人生的理想，從而面對人生的各種挑戰。

2. 成熟的道德思維與擇善能力的培養。道德教育必須融合道德哲學的思辨深度與理性反省，才能真正做到說理而不說教，並培養出成熟而具自律精神的人來。

3. 知情意行的整合。價值理念內在化之後（誠於中），必須要能夠活出來，落實於外在的實踐中（形於外）。

問題與討論

1. 台灣社會中存在哪些死亡議題？
2. 台灣社會中存在哪些瀕死議題？
3. 台灣社會中安寧照護運動的發展與現況，你知道多少？
4. 在你的經驗裡，有哪些字詞是可以描述死亡？
5. 請以生與死二字造句。
6. 你知道有什麼詞句可以用來安慰或勉勵臨終的人？

網站拾萃

衛生福利部疾病管制局（http://www.cdc.gov.tw/）

　　主管傳染病防制業務，提供許多疫情報導與傳染病相關資訊。提供快速查詢大規模有關健康統計的線上資料庫。由廣泛的目錄開始，選擇並查閱你感興趣的項目，但要確定涵蓋以下主題：愛滋病／人類免疫缺乏病毒、酗酒、死亡／死亡率、健康保險制度、免疫力、男性健康及女性健康。試問：

1. 根據統計資料所列年表，台灣有多少人死於愛滋病／人類免疫缺乏病毒？有多少新增的案例？
2. 2016年台灣死亡人口有多少？以重要性順序列出台灣人死亡之十大死因。
3. 哪一些疾病是疾病管制局所負責監控的？

閱讀書籍

劉俊麟（1999）。《台灣生死書──婚喪習俗及法律知識》。台北：聯經出版公司。

傅偉勳（1993）。《生命的尊嚴與死亡的尊嚴》。台北：正中書局。

曾煥棠、林慧珍、陳錫琦、李佩怡、方蕙玲著，林綺雲主編（2007）。《生死學》。台北：洪葉文化。

生命長短調

- 生命、死亡知多少？
- 影響生命長短的因素
- 「計算壽命」教學活動

你不能決定生命的長度，但是你可以控制它的寬度。

你不能左右天氣，但是你可以改變心情。

你不能選擇容貌，但是你可以展現笑容。

你不能影響他人，但是你可以掌握自己。

你不能預知明天，但是你可以利用今天。

你不能樣樣順利，但是你可以事事盡力。

你不能凡事盡如己意，但是你可以因盡了力而無怨無悔。

——五餅二魚

 # 一、生命、死亡知多少？

你對生命瞭解多少？依照內政部民國91年統計數字顯示：(1)全世界每一秒有3位嬰兒誕生；(2)台灣地區人口的平均壽命為75.58；(3)其中男性平均壽命為73.03；女性平均壽命為78.82。

你對死亡又瞭解多少？(1)全世界每一秒有1.6人死亡；(2)台灣地區每天有334人死亡；(3)台灣地區每四分鐘有1人死亡。

WHO公布的2002年世界健康報告指出，經過三年研究調查，全球191個國家每年總共560萬的死亡人口中，有40%是因這十大死因而死，第一名是飢荒，不安全性行為排名第二，第三到五名為高血壓、抽菸、喝酒，第六到十名為不潔淨飲水和衛生設備、膽固醇過高、營養不良（如缺鐵）和肥胖，此外，在室內烹煮食物產生的油煙對健康的傷害，也是前十大死因之一。

衛生福利部全球網站中文版公布105年國人死因統計結果顯示，

105年死亡人數計172,418人，較上（104）年增8,844人或5.4%（近十年平均年增2.5%）；男性102,985人，為女性69,433人的1.5倍。105年死亡率（死亡人數除以年中人口數）為每十萬人口733.2人，較上年增5.2%；以2000年WHO之世界人口結構調整後之標準化死亡率為每十萬人口439.4人，增1.8%（近十年平均年減1.2%），其中男性為569.1人，增2.1%，女性為321.2人，增1.6%，男性為女性之1.8倍。

 # 二、影響生命長短的因素

　　計算壽命是要提醒影響生命長短的危險因子，例如性別、結婚與否、原住民、長壽的遺傳因子、遺傳的疾病（癌症或心臟疾病）、學歷高低、居住地點（偏遠的地區）、工作的繁重（很勞心）、做一些緩和的運動、睡眠、開朗的性格、超速、罹患癌症的因素（喝酒、抽菸、吃檳榔）、體重超重、定期健康檢查、定期使用鎮定藥物治療、血壓、膽固醇、單身、親近的朋友、從事危險的活動、潛水、賽車等等。

　　依照許多研究和文獻解釋影響壽命長短的因素或關聯，簡略敘述如下：

(一)為什麼女性的預期壽命比男性長？

　　加拿大蒙特婁大學人口統計中心的研究者戴賈丹曾說「生物因素與社會因素」都會影響預期壽命，但是生物因素對壽命長短的影響顯然比社會因素來的早。在沒有任何外來因素介入的狀況下，雖然男嬰與女嬰的出生率比例大約是105：100，但是嬰兒出生後的十二個月內，男嬰的死亡率比女嬰高出25～30%。以出生人口來看，這使得到達生育年齡時，男女人口大致相同。女性還有一項生物優勢，就是擁有兩條X染色體。如果在某條X染色體上發生基因突變，女性的另一條

X染色體便可以補償。相較之下，男性X染色體上的基因全部都會表現出來，即使是致命的突變也一樣。激素也在壽命上扮演一角。雌性激素「動情素」可幫忙除去低密度脂蛋白這類壞膽固醇，因而提供一些保護來對抗心臟病。相對的，男性身上較多睪固酮，可能使他們較容易捲入暴力事件或高危險行為。女性身體適應懷孕與哺乳的能力，似乎也使她們比較能夠處理掉過多的熱量。

除了生物因素之外，社會因素對壽命的影響也是相當具有決定性。尤其是工業化國家，男女兩性生活的方式已趨向一致性並又不是那麼的絕對。例如，女性還是比男性較少抽菸、喝酒，開車時也比較小心，職業災害的發生也較少；平均而言，她們的職業活動對健康的損害是比男性輕微許多。

最後，女性的社會地位與生活條件會抵消她們的生物優勢，例如職場上有關同工不同酬的艱苦與風險，某些國家，這些影響至今依然存在。1990年代，孟加拉女性壽命只比男性多0.1年，印度女性也只比男性多活0.6年。然而，至今工業化國家，經濟與社會的民主進步，大幅消除了男女地位的不均等，女性的預期壽命便比男性長。例如1990年代，美國女性比男性多活6.7年，在英國與法國則分別是5.3年與7.8年。

(二)原住民的平均壽命較短

平地原住民男性平均壽命只有63歲，女性則是69歲，比起台灣地區少了十歲以上。主要原因有吃檳榔、酗酒問題、從事高危險的職業，因此意外事故、肝硬化、痛風等慢性病盛行率較高。

(三)長壽的期望和父母或祖父母輩的壽命有關

一般的人相信，我們對長壽的期望和自己父母或祖父母輩的壽命

長短有關，在某個程度來說，這樣的看法是正確的，例如《突破生命極限》一書作者席德曼就以性別、種族和國籍等方面的統計資料和研究報告來證明的確有以上的趨勢。

(四)中風或心臟疾病和遺傳有關

有一項研究的主題是「你會不會心臟病或中風，看你爸媽就知道」。這是由2004年《美國醫學學會期刊》報導馬里蘭州國家健康學會專家的一項研究指出，父母若有心臟病或中風病史，子女罹患這類疾病的機率是常人的兩倍。研究人員將心血管疾病的其他風險因子（如抽菸）也都考慮進去之後，發現結果還是一樣。該項研究是以2,300名志願參加者作為觀察對象，他們的平均年齡是44歲，研究剛開始時，大家都未罹患心血管疾病。在接下來的八年追蹤期間，有164名男子和79名女子心臟病發作或中風。據分析，雙親中至少有一人有心血管疾病者，其罹患這類疾病的機率會增加一倍；更值得注意的是：父母若在較年輕時得到心血管疾病，其兒女的罹病風險也最高。這裡所指「較年輕」的標準是：父親在55歲以前發病、母親在65歲以前發病。這項研究一方面是在提醒父母有心血管病史的人要加強保健，及早做好預防工作，另一方面也在建議醫師協助民眾及早防範。

(五)癌症、糖尿病和遺傳也有關

與遺傳有密切關係的腫瘤可以分為兩類：一是完全由遺傳基因決定的遺傳性腫瘤；另一類是沒有發現遺傳的物質基礎，但是有明顯遺傳傾向，即有所謂「癌症素質」遺傳的癌症。遺傳性腫瘤不多，常見於某些兒童腫瘤，如Wilm氏瘤（即兒童腎母細胞瘤）、視網膜母細胞瘤，它們均屬遺傳性疾病，由異常的基因決定，帶有異常基因的人，80～90%將患該類癌症。另一類具有遺傳傾向的腫瘤，是由遺傳性發

育障礙引起的，如家族性環結腸息肉、遺傳性免疫缺陷綜合徵，這些癌前病變本身具有遺傳性，但不一定都會發展成為癌症，只是有發展為癌症的危險。有家族性環結腸息肉者，如不予治療，容易發展為結腸癌；遺傳性免疫缺陷綜合徵患者因其免疫功能低下，容易患淋巴網狀系統腫瘤，如白血病、淋巴肉瘤。還有些癌症，雖然沒有發現確切的致癌基因和染色體等遺傳證據，但其發病有時表現出明顯的家族聚集性，即某一家族中的多名成員具有「癌症素質」，家族中多代或一代中多人患同樣的癌症，目前已知的癌症包括胃癌、大腸癌、乳腺癌、子宮癌、肝癌、肺癌、食道癌都有所謂「高癌家族」的報導。胃癌病人的一等親屬（即父母和兄弟姐妹）罹患胃癌的危險性比一般人群平均高3倍；乳腺癌、子宮癌、肝癌和食道癌也具有較強的遺傳性。因此，具有腫瘤家族史的病人應更加注意患腫瘤的可能性。

此外，糖尿病是與年老及生活習慣有關，例如肥胖或缺乏運動。而香港中文大學的研究發現遺傳是糖尿病一個重要因素，對在40歲以下發病的病人尤其如此。根據最近一項統計，到香港威爾斯親王醫院就診的3,427名糖尿病患者，28%是在40歲前被發現有病，而病者的平均年齡亦由1990年的57歲，下降至50歲。當中56%有早發性糖尿病的病人有家族遺傳，而在40歲後才發病的病人，其家族遺傳的百分比僅是40%。

(六)60歲還能愉快的運動或工作

研究人員發現65歲以上的老年人，不管是採用快走、溜冰、游泳、騎腳踏車或是慢跑等運動，即使一星期只運動一次也沒關係，因為一星期運動一次的人，會比從來都不運動的人長壽。在瑞典的一項研究報告指出，空暇時做做運動能減少65歲以上男女的各種原因的死亡率，這些運動包括散步一小時、每年溜冰幾次、游泳。瑞典斯德哥爾摩市的Karolinska協會Kristina Sundquist醫師和同事們指出，一星

期運動一次的人，跟努力運動及常運動的人相比，所獲得的好處差不多；這項發現刊載於《預防藥物期刊》（*American Journal of Preventive Medicine*）中。Sundquist醫師和同事們表示，空暇時做做運動能減少65歲以上男女的各種原因的死亡率，而那些一星期運動兩次或是至少一星期做兩次激烈運動的人，讓各種原因死亡率降低的程度，和一星期運動一次的人一樣多；甚至只要偶爾運動就可以減少28%的死亡率。

(七)睡眠與壽命

睡眠多少和壽命長短到底有沒有關係？許多研究的結果呈現不一致的情形。有的研究說「每晚一般睡六到七小時的人，比每晚起碼要睡八小時的人長壽」，或者「每天睡眠超過七小時會導致人短壽」，但是也有的說「睡眠時間越長，死亡機率越大」。這樣的差異大概只能說明這些發現大都是由相關性研究得出來的，而相關性是不能解釋因果關係的。例如睡覺時間長的人可能是因為有病，易於疲勞從而導致早逝。主張每晚睡眠超過七小時和短命具有關聯性，但是到底是因健康原因還是因睡眠太多導致早逝尚不清楚，有待進一步的探討。

許多人常覺得自己睡得不夠，或者覺得睡得不好。但是專家們的研究卻認為，許多人總覺得自己睡眠不足，其實有相當程度是心理因素造成的。事實上，每晚一般睡六到七小時的人，比每晚起碼要睡八小時的人長壽。美國加州大學（聖地亞哥分校）的研究人員在過去的六年中對一百多萬美國人的睡眠習慣進行了調查研究。他們發現，每晚睡六到七小時，是絕大多數人的睡眠情況，他們比每晚起碼要睡八小時的人更長壽。研究發現，那些睡眠時間最長的人與其他人相比，死亡機率最多可增加15%，而即使是睡眠時間只有五小時的人，也比那些按通常的健康標準——睡眠時間達八小時的人要長壽。因此得到這樣的結論：「睡眠時間越長，死亡機率越大」。此外，研究還發現

一些聲稱患有失眠症的人往往和健康人的壽命相當，但是若經常服用安眠藥的人，他們過早死亡的機率則可高達25%。可見，影響壽命的是服用安眠藥與否，雖然服用安眠藥延長了睡眠時間，但它卻是對人體的健康和壽命沒有益處。

(八)交通事故或肇事與死亡

民國91年台灣道路交通事故因騎乘機車死亡有1,563人，受傷致死率為1.82%；其中未戴安全帽死亡者423人，受傷致死率8.50%，頭部受傷致死率16.26%；戴安全帽死亡者1,140人，安全帽以保護頭部為主，但若衝擊力過大、超速、飆車或安全帽未符合規定等，仍會造成人員死亡，受傷致死率1.41%，頭部受傷致死率6.65%，顯示騎乘機車戴安全帽受傷致死率較低，安全較有保障。肇事原因中受傷致死率較高者：搶（闖）越平交道52.38%最高，其次為超速失控11.20%、行人（或乘客）過失7.04%、酒醉（後）駕駛失控6.23%、機件故障5.99%。90年6月「新修正道路交通管理處罰條例」，開車繫安全帶之規定擴及所有道路（前座乘客繫安全帶）。91年交通事故中乘坐汽車繫安全帶比率71.29%，較90年31.98%上升39.3個百分點，受傷致死率4.43%則較90年6.22%下降1.79個百分點。

(九)飲酒過量與壽命

根據美國疾病管制局一項新的報告顯示，在美國每年因為喝酒過量造成超過75,000人死亡。研究人員發現，與酒精有關的死亡案例平均減少了三十年的壽命。這項研究顯示，因喝酒過量而死亡的案例，幾乎可平均分為兩種情況，一種是那些與酗酒有關的慢性情況所造成的，像是肝臟疾病，另一種則是急性劇烈的情況，包括車禍、暴力和意外事件。喝酒過量一般被定義為男性每天平均喝超過兩杯酒，或是

在每個聚會場合喝超過四杯酒；對於女性來說，喝酒過量定義是平均每天喝超過一杯酒，或是每個聚會場合喝超過三杯酒。

(十)抽菸過量與壽命

英國牛津大學的一位教授發現一個新理論，那就是抽菸可減少人類的壽命達十年以上。這位Richard Peto爵士，已高齡91歲了，他以統計、流行病學的觀點來探討抽菸的壞處，更有趣的是，他的研究對象是英國的醫生（早年醫師巡病房時叼根菸斗是很常見的事），他發現那些在1900～1930年代出生的醫生，如果有抽菸的習慣時，有超過一半會死在與香菸有關的疾病上；他同時也發現，在過去幾十年來醫學進步的結果，雖然延長了人類的壽命，但如果你是個癮君子，則這些進步的醫術並不會延長你的壽命。Peto爵士估計，抽菸越久，壽命「燒」掉得越多，但如果你決定在60歲時開始戒菸的話，你大概可以撿回來三年的壽命，若50歲時開始戒菸，可以撿回來六年的壽命，40歲戒菸則可挽回九年生命，戒菸越早，增壽越多（引自*British Medical Journal*, 2004）。

(十一)體重與壽命

一般而言，體重過重者的壽命比體重正常者短，體重過重者死亡率增加的原因有：

1.循環系統疾病，如冠狀動脈心臟病、高血壓、中風。
2.糖尿病、動脈粥狀硬化。
3.消化系統疾病，如膽囊。

此外，肥胖者在健康方面充滿著許多的危機，例如：

1.超過正常體重25%者，死於冠狀動脈心臟病比例，比正常人高出

　　30%，若體重超重50%者，更高出正常人50%。

2. 肥胖會干擾橫隔膜的運動，增加心臟負荷，造成呼吸困難。

3. 若上半身過重，身體壓力會落在脊椎骨較低部位，引起背痛。

4. 體重超重5～15%者，高血壓的致死率比正常人增加70%，體重若超重15%，則死亡率更超過正常人的200%。

5. 肥胖易導致膽固醇結晶的沉澱增多，而形成膽結石。

6. 肥胖且不好運動者，會使靜脈曲張惡化。

7. 體重超重5～15%的糖尿病患者，死亡率增加25%，體重超重15～25%的糖尿病患者，死亡率則高出200%，若體重超重25%以上時，死亡率更是高出500%。

(十二) 常規的醫學檢查和自我身體檢查與壽命

　　在很多個案中，癌症如果愈早發現和治療，治癒的機會便是較大的。假如你有常規的醫學檢查和自我身體檢查，你將可以早期發現癌症。睪丸癌最常發生在15～34歲之間。這些癌症大部分由男性們做睪丸自我檢查時發現。如果你發現硬塊或是其他的改變，如沉重感、腫脹、不正常的壓痛或疼痛，你就必須去看醫師。當乳癌能被早期發現，女性會有更多治療的選擇並且有完全復原的機會。因此，如何使乳癌儘早被偵測出來是相當重要的。而女性們對乳癌的早期偵測也必須採取主動參與的態度。應該跟她們的醫師一起討論這個疾病，認知必須注意觀察的症狀及擬定一份合適的健康檢查計畫。為了早期發現子宮頸癌，定期的骨盆腔檢查和抹片檢查是很重要的。超過18歲或已有性經驗的女性必須每年做子宮抹片檢查。假如連續三年以上檢查結果都正常，那也許可以延長檢查間隔，但須視醫師的建議。

(十三)血壓指數與壽命

血壓高會促使壽命短一點，已經獲得醫界證實，因為血壓高的人，無形中會心臟過勞，因而引起心臟病，再者也會使血管受到損害。所以一個血壓高的人，也可能會因此失明、腎臟功能衰退及腦部血管出血等情形。

(十四)膽固醇指數與壽命

美國西北大學醫學院曾在1959～1975年間對80,000名民眾的資料進行統計分析顯示，40歲以下的年輕人如果血膽固醇值高於240mg/dL，死亡率比起低於200mg/dL者高出了2～3.6倍，而如果高於280mg/dL，這種典型的高血脂病患就更加危險，死亡率將高出正常人8～12倍之多，顯示出因心血管病變的死亡確實與高血脂膽固醇有很密切的關係。

(十五)親密朋友關係與壽命

美國加州對7,000名成年人作了抽樣調查，發現凡是沒有美滿家庭生活，沒有親密朋友關係，沒有堅定信仰的人，其死亡率要比正常情況下的其他人高出1倍。

三、「計算壽命」教學活動

活動的設計是參考了下列各項因素，為了讓大家對這些因素和生命長短的關聯有所瞭解，除了列舉有哪一些因素之外，還增加說明這些因素對壽命的影響或是關聯的資料。

1.女生，加7分，男生，加2分。

2.現齡超過35歲，加1分。超過65歲，加3分。

3.原住民，減1分。

4.假如內外祖父母活到80歲，加2分。假如內外祖父母均活到80歲以上，加4分。

5.假如父母之一在60歲以前是死於中風或心臟疾病突發，減3分。

6.假如父母或兄弟姊妹患有癌症或心臟疾病、糖尿病，減2分。

7.假如你現在超過60歲還能愉快的運動或工作，加2分。

8.假如你大學畢業，加1分。研究所畢業，加2分。

9.假如你住在主地震帶（南投縣、台中縣、嘉義縣），減4分，在次地震帶（台南縣、彰化縣、苗栗縣、花蓮縣），減2分。

10.若你住在偏遠的地區（離島），減2分。住在一個人口多於20萬人的都市，加1分。

11.假如你的工作很勞心，減2分。

12.假如你每週至少三次，每次二十至三十分鐘，做一些緩和的運動，加3分。

13.假如你已婚，加2分。從23～53歲你一個人住超過五年者，是女生減1分。是男生，減2分。

14.假如你大部分每晚都睡六至八小時，加2分。假如你習慣性睡少於六小時或多於八小時，減3分。

15.你基本上滿意你的生活嗎？若是，加2分。若否，減2分。

16.你很容易生氣，反應很激烈嗎？若是，減3分。若否，加2分。

17.過去半年中，你曾超速嗎？若有，減1分。若你都有繫安全帶或戴安全帽，加1分。若無，減1分。

18.你一天喝超過兩瓶啤酒或一星期超過十四瓶嗎？若有，減3分。

19.你一天抽超過十根的香菸嗎？若有，減3分。超過二十根，減5分。若已戒了兩年，加2分。未吸菸者，加3分。

20.體重超過標準二十公斤，減4分。超重十五公斤，減3分。多

於五至十公斤,減2分。假如你有一點胖。正在食用高纖維食品,加3分。若你很胖,食用低纖維食品,減3分。

21.健康檢查:

女生部分:假如妳有性生活且每兩年做子宮頸抹片檢查,加2
分。每月做乳房自我檢查,加2分。

男生部分:假如你有做睪丸自我檢查,加1分。40歲以後有做
每年的直腸檢查,加1分。

22.假如你定期使用鎮定劑藥物,減2分。

23.假如你知道自己的血壓,加1分。假如指數在正常範圍內,加1
分。太高,減1分。

24.假如你知道自己的膽固醇,加1分。假定指數在200以下,加1
分。太高,減1分。

25.假如你是單身,親近的朋友不足2位,減2分。

26.假如你從事危險的活動,例如:潛水、賽車,減1分。

學習單:你的壽命有多少?

說明:請安靜,仔細依照教師的指引,填寫各個題項的加分或減分於適當
空格處,最後累計年齡,計算你的壽命

你的理想年齡是多少A:＿＿＿＿＿＿,這年齡有何特別意義?

請以正字作為加分或減分的累計,例如,加3分或減3分請寫工、加2分請寫T。

題項累計加分	題項累計減分

請將加總題項的累計加分,扣除總題項的累計減分,獲得累計年齡B:＿＿＿＿
將累計年齡＋75＝＿＿＿＿＿＿(你的預期壽命)

問題與討論

1.你理想中的壽命是幾歲？這年齡對你有特別意義嗎？

2.你對影響壽命的生活方式、型態和品質有打算要改變嗎？打算改變哪些？

 網站拾萃

The Death Clock（http://www.deathclock.com/）

　　這個網站畫了一個鐘，提醒你生命是秒秒的飛逝，你是否應該珍惜把握生命中的每一秒、每一秒分鐘。你可以鍵入你的出生年月日，就可以看到你還有的剩餘秒數。也可以從身高體重得到建議。網站也提供墓誌銘、遺囑、健康圖書館、不定期對於有害健康議題的票選活動。試問：

1.你還剩餘多少秒數可以存活？

2.你知道計算的標準是怎麼來的？

3.你的BMI是多少？這個數字代表什麼意義？

世界宗教博物館（http://www.mwr.org.tw/）

　　此館是世界上第一座以「生命教育」為主題的博物館，不但融入了藝術、歷史與人文等多元面向，並以「尊重每一個信仰」、「包容每一個族群」、「博愛每一個生命」為成立宗旨。「生命之旅廳」體驗「初生區的接納生命」、「成長區的尊重生命」、「壯年區的珍惜

生命」、「老年區的欣賞生命」、「死亡及死後世界區的超越生命」
等五大生命歷程，讓青少年對生命重新認識與定義。世界宗教博物館
提供宗教的愛、和平與行善的訊息，介紹台灣的主要信仰包括台灣民
間信仰、佛教、道教、基督教、伊斯蘭教、印度教等。網站的動畫很
多，很精緻。試問：

1. 基督教團體是如何教導人「超越死亡」？以台灣眾召會全球資
   訊網http://www.recovery.org.tw或台北靈糧堂全球資訊網http://
   www.lic.org.tw/index_fine.html#為例。

2. 佛教團體是如何教導人「超越死亡」？以佛光山全球資訊網
   www.fgs.org.tw為例。

3. 伊斯蘭教團體是如何教導人「超越死亡」？以回教生活面面觀
   www.islam.org.hk/ECOl_2018/cn/為例。

4. 民間信仰團體是如何教導人「超越死亡」？

超越死亡

- 本土文化的生死觀
- 儒家
- 道家
- 佛陀信仰
- 道教
- 基督信仰
- 原住民的宗教信仰
- 一般民間信仰
- 新興宗教：天帝教
- 伊斯蘭教（又稱回教）的生死觀

> 只要你學會死亡，你就學會了活著。
>
> 在你死前寬恕自己，然後寬恕別人。
>
> 死亡結束的是生命，不是關係。
>
> ——墨瑞‧史瓦茲《最後十四堂星期二的課》

　　信仰就是生命中的信念，由它產生價值觀，影響態度與行為。生命的過程，會因著每個人不同的追求和堅持而具有不同的意義。信仰，也因著每個人不同的追求和堅持，成為生命過程中存在的事實。例如**表4-1**簡略的列舉不同信仰的價值觀，這些價值觀成為個人在面對生活的種種境遇的行為準則。

表4-1　不同信仰的價值觀

傳統民間	儒家	佛教	基督宗教
趨吉避凶 算命抽籤	慎終追遠	只有使用權 沒有所有權	人生以服務為目的
人為財死 鳥為食亡	君君臣臣 父父子子	我不入地獄 誰入地獄	施比受更為有福
人不為己 天誅地滅	忠恕仁道	放下屠刀 立地成佛	天國近了 當悔改歸向神

一、本土文化的生死觀

　　生命中存在許多事實，例如一個人的出生、成長、生病、衰老、死亡等，這些事實發生在每個人的生活中，會因著每個人不同的追求和堅持而具有不同的意義。信仰，也因著每個人不同的追求和堅持，

成為生命中存在的事實。生命中的信念，絕對影響一個人生命發展的方向，當一個人承認信仰是存在於生命中的事實，也願意接受「信仰可以指導生命」的理念時，何不試試為自己建立一個信仰呢？人生不如意十之八九。宗教信仰雖不能直接解決我們所遭遇的任何問題與困難。但正信的宗教信仰，卻能讓一個人更認真去生活，更願意去關懷周遭的人，也更懂得接受生命中的得與失，即便是平凡的生活，也能知足常樂。我們必須被提醒的是「要信仰但不迷信」。例如不必對於神蹟奇事加以穿鑿附會，也不要拘泥於擇日、陰宅陽、宅堪輿術才敢行動，更不要捨棄正規的醫療，反而服用香灰不看醫生。

信仰是能夠給人生智慧的，一般來說至少有三方面：(1)學習以愛待人——不抱怨能包容、發揮良心、責任、關懷；(2)熱愛且尊重他人的生命——欣賞、重視；(3)學習並做到寬恕——捨己並且捨得放下錢財、地位、名聲。

二、儒家

儒家有關生死之探討，亦深深影響中國人對死亡之態度。在《論語・先進》中，孔子回答子路詢問鬼神、生死之事時說：「未能事人，焉能事鬼？」「未知生，焉知死？」又孔子曰：「朝聞道，夕死可矣。」（《倫語・里仁》）曾子曰：「仁以為己任，不亦重乎？死而後已，不亦遠乎？」（《倫語・泰伯》）。司馬牛憂曰：「人皆有兄弟，我獨亡。」子夏曰：「商聞之矣：死生有命，富貴在天。君子敬而無失，與人恭而有禮。四海之內，皆兄弟也。君子何患乎無兄弟也？」

可見儒家對生死之探討，強調的是對「道」、「仁」等生命任務的實踐，而對死亡一事，則是採取姑妄存之、避而不談的原則。而此態度亦造成中國人避諱言死，乃至忽視或壓即了死亡的探討對個人的心理意義與需求。

三、道家

　　道家對死亡的態度是採「生死齊一」的自然觀點,認為生死乃自然的現象。故生無可喜,死亦不須悲。如「死生,命也。其有(猶)夜旦之常,天也。人之有所不得與,皆物之情也。」又說「古之真人,不知說生,不知惡死。」(《莊子‧大宗師》)莊子在〈知北遊〉中說「生也死之徒,死也生之始,孰知其紀?」放在「以道觀之」的原則下,道家視生與死是互為一體、彼此合一的。

　　另外,莊子認為生死的本質只是氣之聚散,一如春夏秋冬四季之變換更替。莊子曰:「人之生,氣之聚也。聚則為生,散則為死。若死生為徒,吾又何患?故萬物一也。」(《莊子‧知北遊》)。莊子將死,弟子欲厚葬之,莊子曰:「吾以天地為棺槨,以日月為連璧,星辰為珠璣,萬物為齎送。吾葬具豈不備邪?何以加此?」弟子曰:「吾恐烏鳶之食夫子也。」莊子曰:「在上為烏鳶食,在下為螻蟻食。奪彼與此,何其偏也?」(《莊子‧列禦寇》)

　　由上述可知:道家對死亡是本著自然、超脫的態度,只要能體會「萬物一也」的道理,對死亡就無可懼、無可惡了。故根據《莊子‧至樂》篇中描述:莊子之妻死亡時,好友惠子前往弔問,見到莊子不但沒有哀泣,反而鼓盆而歌,故責備莊子「不亦甚乎!」莊子回答說:「不然。是其始死也,我獨何能無慨然:察其死而本無生,非徒無生也而本無形,非徒無形也而本無氣。雜乎芒芴之間,變而有氣,氣變而有形,形變而有生,今又變而之死,是相與為春秋冬夏四時行也。人且偃然寢於巨室,而我噭噭然隨而哭之,自以為不通乎命,故止也。」

四、佛陀信仰

佛教講究「開悟」，也就是去覺悟到在這個宇宙中，什麼才是真實的。佛教沒有敬拜的神，只要我們學會捨得，也就是「空」，人人皆可成佛。輪迴是開悟的手段。佛教有禪修、法會、參拜等禮佛儀式，而佛教的修道人，都嚴格遵守吃齋唸佛、守戒行善的戒律。

佛教緣起於印度，創始人是釋迦牟尼。佛教的主要內容包括三法印、四聖諦和十二緣起。以下依序介紹並探討佛教對生死的基本觀點（房志榮等，1988）：

1. 三法印：就是佛法所指的諸法真理，包括諸行無常、諸法無我及涅槃寂靜。
2. 四聖諦：是指苦、集、滅、道四種真理的意思，這四種真理為聖者所知見，故名四聖諦。
3. 十二緣起：即以十二個段落的因果關係，說明凡夫眾生的生死循環的過程。十二緣起分別為無明、行、識、名色、六入、觸、受、愛、取、有、生、老死。

台灣佛教的發展有了本土化的現象。某一年以「印順長老與人間佛教」為題的研討會中，楊惠南教授評述大陸學者宣方教授所謂的「人間正道」或「人間佛教」，是在推崇佛光山星雲法師。他認為，星雲法師所推行的人間佛教，與慈濟、法鼓等「山頭」所推行的人間佛教一樣，「均非直接實踐和繼承印順思想，而是另有淵源」。他將導師的人間佛教定位為「立論創新之典範」，而將星雲法師的人間佛教定位為「實踐革新之典範」。後者是「實踐中的人間佛教思想」，它是建構「後印順時代」之台灣佛教，所應重視的「實踐經驗」。

台灣作家游乾桂先生也認為佛學是重視實踐的學問，其實佛學是

一門高深的「生活心理學」。「學佛」或許可以把它解釋成學習一種「自在」，只要一切能使生活變得更加圓融快樂的方式，都是開悟。人要能夠捨去煩惱、淨化身心，才能領會幸福與快樂，修行不能離開生活，否則就無法為生命注入希望與活力。他甚至著書來闡釋佛家的實踐哲學具有態度治療的作用，特別是自在的態度、慈悲喜捨，知足常樂、大肚能容三種態度。

聖觀世音自在菩薩，行深般若波羅蜜多時，照見五蘊自性歸空，度一切苦厄。　　　　　　　　　　——一念蓮華

有生必有死；有聚必有散；有積必有盡；有起必有落；有盈必有虧。　　　　　　　　　　　　　　　——佛經

我生已盡，梵行已立；所作已作，自知不受後有。
　　　　　　　　　　　　　　　　　——《阿含經》

不厭生死，不欣涅槃　　　　　　　　——印順導師

身體躺平在最後一張床上，口中低喃著最後的幾句話，看著心中最後的回憶消逝，這戲何時在你的身上演出？
　　　　　　　　　　　　　　　　　——達賴喇嘛

生命的成住壞空——凝視生與死
一切眾生，有生必定有死。生死，在佛教裡可說是非常殊勝，而佛陀證悟的就是——因緣、緣起法則。生命隨著因緣而有所變化，隨我們的業力而相續不斷。
　　　　　　　　　　　　　　　　　——星雲大師

生死如晝夜，不斷循環重複。所以死亡沒有什麼可怕，不過是種幻覺。

——釋心道

以因果的觀念來面對現實，以因緣的觀念來努力以赴。

心境轉變，天堂就在你面前；心境轉變，地獄就會離開你。

——聖嚴法師

人生壽命既盡，就要安心、放下，

不要逃避，要面對現實，坦開心胸。

——證嚴法師

五、道教

道教主張的道是美德產生的一種力量，依照此力量使生活變容易，得到智慧。道教爲東漢張道陵所創，道教雖以道家思想爲核心，並奉老子爲教主，尊稱他爲「太上老君」，然而，事實上道教和道家截然不同。道家爲先秦學術思想之一派，代表人物爲老子和莊子，主要探討自然無爲的天道。道教則是一種宗教，其中參雜了古代玄學、術數、神仙思想和民間信仰而成。以下分別探討道家和道教對生死的觀點。

道教相信萬物皆有精靈，即所謂的「萬有精靈論」。宇宙由仙界、陽界與陰界三部分所組成，仙界居住著長生不老的神仙，陰界則是鬼魂停留的地方，而人存在的世界稱爲陽界。由於道教相信「萬有精靈論」，故衍生各種神明、鬼魂，且認爲人神或人鬼之間可以互通，於是產生各種祭祀、法術等儀式。凡此種種，都使得道教對死亡的觀點，蒙上一層神祕、恐懼的色彩。

對於現實的生命，道教追求的是長生不老的神仙境界，因此發展

了各種煉丹、修煉之術。對於死亡，道教亦不直接面對、稱呼，而改以「駕鶴西歸」、「乘鸞昇天」來代替。事實上，道教對於死亡一直存著矛盾的心態。一方面認為人死後只是一種生命的回歸，返回祖先所用的另一界域，故在喪禮中有「起靈」、「過橋」、「做七」等儀式。同時相信雖然人死後，但對活著的親人或後代子孫仍保持著某種維繫，故重視埋葬「風水」的堪輿，以祈求死者對後代子孫的庇蔭。雖然上述道教視親人死亡只是一種「反璞歸真」，對後代子孫亦能給予庇佑，但是在另一方面，道教對死亡卻採取「敬而遠之」的避諱態度，故在喪禮中亦存有許多的禁忌，為的就是希望能將人鬼做一區隔。

六、基督信仰

基督宗教信仰的神只有一位，除了天主（或稱上帝、神、基督）之外，是絕對不能崇拜其他的神，也不能崇拜偶像。一般我們常見的基督宗教禮儀，有祈禱與感恩祭典。基督宗教強調倫理，認為倫理是建築在愛的基礎上，以人為主體。正義、公道、扶助弱小、關心弱勢團體、使人與人之間平等互愛，是每個信友在生活中都應該努力實踐的倫理行為。基督宗教信徒對生死的觀點有：

1.靈魂不死，死去的是身體。

2.死後，靈魂進到陰間：(1)陰間分兩部分，一為快樂的地方，一為受痛苦的地方；(2)兩邊可對看、對話，卻無法往來，因為中間有深淵相隔；(3)所以人死後，不是一了百了，反之，我們應該熱愛我們的生命，使之有意義，有內涵。

3.面對死亡是帶著盼望，耶穌還要再來，祂來時，死了的基督徒要活過來，且稱「死了」為「睡了」。

基督徒的臨終關懷：

1.在愛中陪同，並藉著聖經和聖歌加強患者的信心。
2.帶著復活的盼望，陪同患者走完最後的一段路程。
3.確信有一天我們都要穿上屬靈的身體在神面前相會，並且永遠不再離別。

> 叫一切信入祂的都得永遠的生命。
> ——《約翰福音》3章15節

> 我已經與基督同釘十字架；現在活著的，不再是我，乃是基督在我裡面活著。
> ——《加拉太書》2章20節

> 關於睡了的人，弟兄們，我們不願意你們無知無識，恐怕你們憂傷，像其餘沒有盼望的人一樣。因為我們若信耶穌死而復活了，神也必照樣將那些已經藉著耶穌睡了的人與祂一同帶來。
> ——《帖撒羅尼迦前書》4章13～14節

> 人若賺得全世界，賠上自己的生命，有什麼益處呢？人還能拿什麼換生命呢？
> ——《馬太福音》16章26節

七、原住民的宗教信仰

　　台灣原住民大都保存著其固有的信仰。原住民傳統的本質是精靈主義，以信仰靈的存在為中心，此決定了其宗教態度，他們對神祇、精靈、死靈和妖怪之觀念分明，大多數的族群相信靈魂和神靈有善惡兩種，人死則化為靈魂，正常死者為善靈，凶死者為惡靈，善靈可到天界，能保佑子孫，惡靈留於人間作祟，令人生病或帶來厄。靈魂多少被人格化，子孫務須勤於祭祀才能獲得其保佑，所以人們為祈求作物豐收、漁獵獲多得、身體健康而展開了一連串的歲時祭儀和一系列的生命儀禮。

　　祭儀是宗教信仰的實踐，歲時祭儀以粟為中心而展開農耕儀禮，中間參雜捕魚和狩獵活動。農耕儀禮中有播種、除草、收割、入倉、豐年祭等定時祭儀，以及求雨求晴、驅蟲、防風等不定時祭儀，每種祭儀其目的皆在祈求動植物之繁殖與豐收。生命禮俗有出生、命名、成年、結婚、喪葬等，各族間其重要性自不盡相同，如阿美族對成年禮極為隆重，而賽夏族則未有任何儀式。

八、一般民間信仰

　　一般人對於死亡的看法大多來自於信仰。以下的內容是列舉一些時下對於生命和死亡有獨到見解的人，以提供讀者省思一番。「造命的權在天，立命的權在我，只要肯努力，多做善事積陰德呀！積陰德，什麼福報求不得呀？求不得？」《了凡四訓》這本書，是中國明朝袁了凡先生所作的家訓，教戒他的兒子袁天啓，認識命運的真相，明辨善惡的標準，改過遷善的方法，以及行善積德謙虛種種的效

驗；並且以他自己改造命運的經驗來「現身說法」；讀了可以使人心目豁開，信心勇氣倍增，亟欲效法了凡先生，來改造自己的命運；實在是一本有益世道人心，轉移社會風氣不可多得的好書。了凡先生的三點立命之學對人生哲理的啟示是先強調「我命我求」，再「立志行善」，最後「重生持道」（出處：http://www.budaedu.org.hk/LiaoFan.htm）。

　　正因為有死亡的威脅，我們才知追求生之喜悅；正因為有嫉恨的可怕，才有愛與關懷的需要；正因為人生有種種缺憾與不完美，我們才不斷去超越、去創造、去提升自己，並且從種種發現與獲得中，享受生命一再更替的滿足與喜悅。

——杏林子

　　你註定要用手中的彩料，去彩繪自己的人生。從中彈奏出喜樂和豐收的樂曲。最後，將它獻給永恆的宇宙，恬淡地拍拍手走開，什麼都沒有帶。只懷著一顆覺悟的心，踏進高層的精神世界。

——鄭石岩

　　演好生命的角色，使之偉大。
　　珍惜生命的存在，使之勃發。
　　點燃生命的火炬，使之輝煌。
　　散發生命的光熱，使之昇華。
　　開拓生命的領域，使之無垠。
　　叩向生命的深處，使之永恆。
　　領悟生命的真諦，使之達觀。
　　創造生命的內涵，使之珍惜。
　　付出生命的精誠，使之豐足。

面對生命的坎坷，使之茁壯。

履行生命的職責，使之完遂。

感謝生命的賜予，使之奉獻。

迎抗生命的苦難，使之發揮。

突破生命的藩籬，使之衝創。

耕耘生命的靈田，使之豐盈。

昂揚生命的關愛，使之赤誠。

蛻化生命的平凡，使之高崇。

滋長生命的智慧，使之寧靜。

揮灑生命的甘露，使之清純。

信守生命的純質，使之清涼。

——錄自《南極仙翁慈訓——生命的可貴》

生命中的每一天總有奇蹟發生。

我不是個聰明人，但我知道什麼是愛。

人生就像一盒巧克力，你永遠不知道你會吃到什麼口味。

每天都要吃點苦的東西，以免忘記苦味。

——摘自《阿甘正傳》

有些花只開放幾天，每個人都讚賞它們，喜愛它們，把它們當作春天和希望的象徵。然後，它們就謝了，但它們卻已經做完它們該做的事。

——摘自《天使走過人間》

九、新興宗教：天帝教

　　天帝教認為生命最高的價值在於生命的「生生不息」，可是這「生生不息」並非永遠不死，換句話說「死並不是件壞事，也不是件可怕的事」，因為，真正的「生生不息」意思在於「有生有死，死而復生」。大自然中的萬物，若是真有哪個生命是「永生不死」的，其結果必定是可怕了。舉例來說：太陽一早就出現，我們稱之為「生」，到了晚上會從我們的視線消失，我們稱之為「死」。如果，哪天太陽永遠的高掛在我們頭上「永生不死」、「永垂不朽」，你能想像那會是個什麼樣的世界呢？那定是地球被烤焦了，成為一個被毀滅的世界；反之，若是太陽下去以後再也不上來了，那也會是個黑暗的世界，絕對是死的世界。生命之所以欣欣向榮，就是因為太陽會定時的出現，定時的消失。

　　大自然的法則均是一種「循環復始」的過程，生命的價值就在於「有生必有死」。無死即不是生命，誇張點說即是妖異的現象，是種大災難，不符合宇宙的自然法則。我們看地球繞太陽運行，周而復始，如果它是一直線的前進，恐怕也沒有我們這麼多的生命了。我們欣賞一朵盛開的花，那是因為我們知道它不久就會謝了，所以我們格外珍惜。如果，這朵花是永遠不會凋謝的話，想想看那是怎樣的花呢？因此生是真理，死亦是真理，生固可歡，死亦可歡，人對死亡的恐懼，是來自於未知的恐懼，但未知是種無名，因不瞭解宇宙真相，而套在自己身上的枷鎖，這是可以靠信仰和修持來解脫的，宗教的意義即在於此。

　　天帝教的看法基本上不認為這是個問題，因為「無始無源」，沒有開始，沒有源頭，為何如此呢？因為「源而返始」，這句話很重要，任何一個所謂的「始」或「源」都是相對的說法。天帝教認為

宇宙是不斷循環的，若說嬰兒是生命的「始」，則死亡將是生命的「源」，沒有這邊的死，將無那邊的生，所以「源而返始」；什麼是始？什麼是源？在我們圓形的思考裡就是無始無源。中國有句話說：做事要「有始有終」，天帝教則是做事要「無始無終」，不是「半途而廢」，也不是「不了了之」，而是一種「永恆不懈」的奮鬥，一種前進的觀念。

因為「天行健，君子以自強不息」，太陽沒有一天停頓，太陽真正的休息是表現在它每天的運轉當中，停頓並不代表休息，停頓是一種寂滅。我們的宇宙是個動態的宇宙，人是動態的生命，即使表面上是靜坐著，但內在還是動的：我們的血液是循環的，我們的呼息、內分泌仍在不停地運作，我們的生命仍是動態的。所以從「有生有死，死而復生」到「無始無源，源而返始」彰顯的是積極奮鬥的生命觀，天帝教教徒之間彼此互稱「同奮」就是取其深意。

十、伊斯蘭教（回教）的生死觀

伊斯蘭教的創立是在許多神學爭議的背景下所產生。當時已有猶太教、基督教、多神教、泛靈論，每一種宗教對於上帝本質，都有不同的看法。而穆罕默德就想著既然大家都堅持要崇拜上帝，雖然大家的上帝觀都不太一樣，但是那就表示一定存在著上帝，而且人們一定要崇拜這個上帝。這種說法是認為回教是穆罕默德用腦袋想出來的。當然另一種說法就是神祕的說法，認為穆罕默德在一個山洞裡遇到天使向他天啟，因而他真正認識了上帝（就是其他宗教對上帝的認識都不正確或說不完整），於是他將之整理（將新舊約聖經作修正），寫下了《可蘭經》。《可蘭經》就是伊斯蘭教生死論的主要觀點。

簡單的說，伊斯蘭教的生死觀是哲學與神學的結合。在神學方面，伊斯蘭教保留上帝的權柄的觀念。伊斯蘭教認為人的生與死都在

上帝的權柄下，「未經上帝許可，沒有人可以死亡」，而「生命長短由上帝所定規」。然而「生」的目的不是爲了什麼個體實現，也非爲了增進人類全體之生活！而是爲了個體在期間可以恢復對於上帝的記憶，並且回轉歸向上帝。因爲在創世紀裡我們知道亞當夏娃的犯罪本應馬上受死，然而他們並未當下就被毀滅或受永久的審判。而上帝給人類的生命，就是要人悔改，好不被毀滅或受永刑。當然因著自由意志人類也可以選擇背棄上帝。而死亡（或說肉體死亡）的意義就是在設置一個「期限」。因爲生命本身成爲上帝給每個必死者（就是當初的犯罪）的一個機會，所以當然這個機會不能永遠持續下去，而要有終止的時候，那便是死亡！當然死亡也另有懲罰性的觀點（例如英年早逝，相當於選擇回轉的時間縮短）。到這裡其實會發現跟神學家Jüngel在《死論》的第四章中提到舊約對死的觀念很類似。

伊斯蘭教中的靈魂不朽觀念，其靈魂從理念世界來到感官世界，死亡後，靈魂又歸回理念世界。而伊斯蘭教認爲靈魂是神所給予人的永恆的實體。死亡的時候，靈魂與肉體分離。到了復活日那天靈魂與新的身體重新結合接受審判。伊斯蘭教中清楚的「二元對立」劃分或許就是來自希臘的哲學思想。靈魂與肉體、天堂與地獄、信與不信。而對於這些，基督教還停留在概念的問題。例如天堂長什麼樣子（男人有幾個女人服事）、地獄有火、死後復活的情形都一一交代。而回教都直接用空間、環境狀況來清清楚楚描述。這就是用極端的形式主義來提供人們對於死亡的理解。故「二元對立」與「形式主義」則帶來回教的問題。

其實形式主義發生在許多宗教，這算是一種宗教簡化運動，或說教條化運動。例如猶太教原本最重視的該是人與上帝的關係，然而教條化、形式化的結果就是死守律法。例如法利賽人的罪，簡單的說就是把教條的地位取代的上帝。而基督教中也有很多類似的情況。例如，當強調十一奉獻回應主恩僵化時，反而使會眾都只奉獻十分之一，十一變成一種義務，而忘了我們全人屬主的真意，甚至導致許多

人不願超過十一多奉獻。也好像有人會用禱告時間多寡、奉獻多少來評定一個人是否愛主！這些都是形式主義的流弊。所以簡單的說伊斯蘭教的觀念就是「二元論」的觀念。

生命中的信念，絕對影響一個人生命發展的方向，當一個人承認信仰是存在於生命中的事實，也願意接受「信仰可以指導生命」的理念時，何不試試為自己建立一個信仰呢？

協助病人瞭解人生意義、學習面對死亡

1. 瞭解對方的信仰：從生活中觀察、判斷病人對人生意義的看法，彼此交流談論，避免爭論，保持尊重。

2. 死亡不是生命的終結：一般人之所以害怕死亡，原因之一是因為不知死後是怎樣的情形。但宗教信仰幫助我們從信仰的角度看待死亡。死亡其實並不是生命的毀滅，而是生命的改變。死亡既是每個人都會經歷的事，只要活得光明，自然就死得磊落，活得有意義，又何懼死後的世界如何呢？生命的價值和長短沒有一定的關係，即使年歲輕輕就離開人世也比那些老而為賊、不知生命目的為何的生命，要更有價值。載歌載舞的陪伴病人，讓他心滿意足地度過最後歲月。

3. 生命的終極關懷：多數的病人在臨終以前會自尋生命意義、生命回顧、自我歸屬與反省，為的是尋求寧靜走完生命的最後階段。

4. 尊重對方的信仰，協助病人學習面對死亡：包括緩和醫療中的不急救，臨終照護的理念與配合，談論死亡或規劃遺囑，適度協助失喪者家屬可能面臨的喪葬與悲傷問題。

延伸閱讀

《深河》的迴響

《深河》這本書是要描述印度人心目中的生命河。這條河代表著印度人對生命的看法，也顯示出印度人的信仰文化。我個人喜歡讀李家同教授的文章，簡潔又生動，尤其是他在這本書的序中提到日本神父大津（因為「基督的愛」觸動他留在加爾各答做了違反教會的教條儀文，因為他被認為沒有堅守著教會的基本教義去改變印度窮人的「永生」觀念，反而去背印度的窮人到他們可以到達「永生」的恆河去），雖然他被自己人所棄絕，但是卻被印度窮人所景仰。這正好彰顯出「耶穌受難記」中耶穌基督擔負世人的罪背了十字架。李教授說如果耶穌基督重來這個世界他大概也會做同樣的事，的確是值得基督信仰追隨者省思。其實就基督宗教的發展來看，耶穌基督的福音就是因為猶太人的棄絕，而開始從猶太人的異教徒廣傳出去。因為基督徒要將福音從撒馬利亞全地傳遍到地極。不僅用口傳也要用行動來傳，每每提到這裡我自己就覺得羞愧，總是默禱著「立志行善由得了我，行出來的卻由不得我」。所以對於基督徒來說，日本神父大津的舉止行為，是值得我們深思的。

這本書中（頁260）提到「印度教徒相信只要浸入這條河，以往的罪都會流逝，而在下一世能出生在好的環境。」這裡提到兩件事──「罪得赦免」和「轉世」，這可是和基督宗教的教義截然不同的。印度人信有神，相信神會赦免他們的罪，這是一種很重要的生命意義。尤其是他們面對印度的階級和種姓制度之下，要在窮困一生之後找到生命意義的解脫，似乎就只能寄託於轉世了。反觀許多基督教國家的人，他們寄望的永生是在現世當中經由生命的拔高和變化，從原本只為自己依照知識善惡樹的理性思考，到願意去捨棄自己的原慾來彰顯基督的美德，也就是讓心思、情感和意志都回歸到生命樹。我想這就是神父大津所表現出來

的基督美德。看到印度教徒捨棄人生的晚年、捨棄家庭、告別家人、到聖地巡禮、以修行者身分結束人生。這樣的輪迴宿命觀，不知你有何看法？我自己則慶幸不必落入這樣的窠臼中。

當你能飛的時候就不要放棄飛

當你能夢的時候就不要放棄夢

當你能愛的時候就不要放棄愛

用最少的悔恨面對過去

用最少的浪費面對現在

用最多的夢面對未來

快樂不是因為擁有的多而是計較的少

如你想要擁有完美無暇的友誼，可能一輩子找不到朋友

你是不能左右天氣，但你能轉變你的心情

好好扮演自己的角色，做自己該做的事，

活出你的生命，作自己的主角

問題與討論

1. 死亡的文化面主要關注的議題是面對死亡、瀕死和喪慟時，在際遇、態度和實務方面的文化差異。本單元列舉了許多的信仰，你能簡略的說出他們對於死亡有何見解？

2. 你將如何描述與死亡有關的際遇、態度和死亡實務之間的關係？此外，在本章的內容中，是否曾討論任一族群在這方面的議題？

3. 就你自己的種族、宗教、家庭或經濟背景而言，你能認同一個特定的、與死亡有關的際遇、態度或實務，且能夠向與你不同背景的某人說明嗎？這個與死亡有關的際遇、態度或實務，對這位與你不同背景的某人，不尋常之處為何？你如何說明這些死亡際遇、態度或實務的來源？

閱讀書籍

曾煥棠、林慧珍、陳錫琦、李佩怡、方蕙玲著，林綺雲主編（2007）。《生死學》，頁263-269。台北：洪葉文化。

游乾桂（2016）。《用佛療心》。台北：遠流出版社。

楊惠南（2016）。〈不厭生死‧不欣涅槃——印順導師「人間佛教」的精髓〉。第五屆印順導師思想之理論與實踐——「印順長老與人間佛教」學術研討會，http://www.sohu.com/a/118472886_528929。

5

別闖陰陽界

- 死亡禁忌在哪裡？
- 台灣的喪葬禮俗種類
- 新時代的喪葬

> 　　現代殯葬從業者的使命是：改進家屬的關懷品質；增進喪葬過程的滿意度；提升殯葬服務之成本效益；提升殯葬服務之專業表現；發展合乎個人的追思模式
>
> 　　　　　　　　　　　　　　　　　　——曾煥棠

 一、死亡禁忌在哪裡？

　　家裡談論死亡話題成為禁忌的原因有：年輕的晚輩在輩份排序上是只能聽候遵守，不能提議主張（怕有不孝行為恐怕難以立足，甚至影響工作、事業與生活）。協議繼承與贍養的分配之進行不宜在死者生前討論。許多高齡者在瀕死前來不及規劃遺囑，於是造成遺產稅過高、因遺產分配問題子女起了爭執而對簿公堂、面對喪葬費用高漲時不知如何做到簡單隆重。成為禁忌的原因還包括：

1. 喪葬儀式複雜且有典章制度：因為葬禮是家族集體性的活動與集聚；喪禮的規模是家族實力的顯示；喪葬是由長輩、司儀或地方紳士、道士等專業人士負責；祭文或訃聞要文藻華麗、不遵守繁瑣禮節者會被公眾輿論譴責為不孝；中國人遺囑是臨終前在祖宗牌位的大廳中向家人提出的。

2. 相信另一界度生命存在及延續的積極作為：墓地是人死後生活的具體場所，又稱陰宅，民間俗語「富貴出在門裡，子孫出在墓裡」。子孫若得做官、發財、升學、就業、結婚生子都是因為先人葬在風水寶地。

3. 對家族的不敬、年長的不孝：喪禮中有安排長輩訓導子女遵守孝道，敬祖崇老的道德傳承，為死者厚葬是一種回報，子女為

父母厚葬是孝道表現。協議繼承與贍養的分配之進行不宜在死者生前討論，以免產生不安或不敬。

4.詛咒長者怕噩運到來：繼承與贍養的分配是在喪事辦完後再行商議的，沒有預立遺囑習慣，只因為遺囑的產生象徵死亡的到來。

5.古人對死亡以「存在而不討論」的態度：怕彼此產生悲傷不愉快關係。

為何要談論喪葬禮俗？當一位臨終病人在安寧病房中進行生命回顧、靈性照護的時候，也會同時進行生命最後規劃來安排自己的生死大事。生死教育中強調從自身架構來表現對死亡的尊嚴追思，就是平時能夠重新評量統整生命意義，藉由反省和確立個人的人生觀及價值觀，來建立合宜的喪葬禮儀與文化並導正現行不當的喪葬禮俗。

二、台灣的喪葬禮俗種類

(一)禮儀傳統

人們重視的冠、婚、喪、祭四項禮儀而言，喪葬禮儀，原本是其中最具保守性的，但是在面對這波中國歷史上的大變動時，亦呈現出巨大的變化。根據徐福全教授近年來的田野調查得知，今日台灣地區的居民，在面對喪葬禮儀時，大都覺得十分陌生或迷惘，因此無論是在儀節、行事的規劃，或者是相關物品的備辦上，多半以包給葬儀社的方式辦理，以省卻許多的麻煩或疏忽；然而在葬儀社高度商業化的運作下，許多的儀節和行事，就難以避免地遭受到改變或扭曲。

(二)民間的喪葬禮俗

　　台灣民間的喪葬禮俗沿襲了二、三百年，傳承自各個不同本籍地的風俗習慣，已根深柢固地嵌入人心，所以仍能各自保留本身的特色；除了一些各地特有的風俗以外，這些流傳在台灣各地的風俗習慣，都具有很大的共通性。民國50、60年代以後，台灣地區由於社會經濟快速的發展，人口逐漸集中到各大都會區，人與人之間的關係日趨複雜，人情亦變得更為淡薄，加上外來文化、自然環境、社會制度的衝擊和改變，因此在禮俗及文化上，亦呈現出多樣化和異質性的特色。這一重大的轉變，不但使大多數的年輕人對傳統的體俗感到十分陌生，就是連一般曾受過舊傳統洗禮的中、老年人，也都感到疏離和迷惘。

　　台灣民間的喪葬禮俗受到禮教、儒家以及道教的影響甚深，像是儒家禮教的喪葬儀式──舉喪要三年。過程如下：

第一天

- 屬纊：人在斷氣之時即以新棉置於死者口鼻間，以試探是否還有呼吸。
- 復禮：若呼吸已停止，家人即登屋招魂。高呼：「魂歸來兮。」
- 沐浴：當確定死亡後，為死者淨身。
- 飯含：然後以米或貝放在死者口中，以示死者死後口不常虛。

第二天

- 小殮禮：將死者以殮具裝束成方形，以便入棺。

第三天

- 行大殮禮：殮屍入棺，以俟其生。
- 成服禮：家人穿上喪服。

第三個月

- 莫祭：設酒食以文死者。

- 葬禮：到了墓地後入葬。

  迎尸主位而返，表示形而住，迎魂而還，暗含靈魂依附神主牌上之意。

  回家後行初虞、再虞、三虞禮（一種安魂儀式），用以安撫鬼魂接受死亡。
- 卒哭禮：在禮儀後不用日夜哭泣。
- 祔祭禮：卒哭一日後，將死者之靈祔入祖廟，至此喪禮告一段落，開始服喪三年。

周年忌日

- 小祥禮：祭禮後孝子的飲食居處可以稍寬。

死後二十五個月

- 大祥祭（象徵平安無事的禮儀）

死後三十七個月

- 禫祭（象徵平安無事的禮儀）。至此三年之喪結束，孝子恢復正常的飲食居處。

台灣民間的喪葬禮俗是融入儒家禮教、道教與佛教的思想。這套禮儀是透過《儀禮》、《禮記》、歷代官修的史書，如《開元禮》、《大清通禮》等，以及私修的家禮，如《文公家禮》、《家禮大成》等。加上各地方特有的風俗，這些流傳在台灣各地的風俗習慣，都具有很大的共通性，深深地影響著各個不同的時代和地區，並且已根深柢固地嵌入人心。

民間喪葬禮儀之特色包括：

1. 儒家的禮教：從歷史文化的傳承進行慎終追遠、孝道傳承，並且見證對親人感恩、珍惜、體諒，對往生者之尊重與關懷。
2. 祖先崇拜：血肉同源家族的凝聚藉由喪葬過程中傳達身教、言教，養成報本堅毅人格。

(三)道教的喪葬禮俗

◆入殮

入殮過程包括從臨終開始、搬舖、更衣、入殮、拜飯、豎靈、守舖等。搬舖是指人將死，移放到家中大廳，又稱徙舖。昔日將終，男置大廳龍邊，女置大廳虎邊，兒女在旁恃終。現代住宅大門不一定開在正中，為了出入方便，因此有人搬舖不一定按大小邊分，而且搬舖也不一定是自房內遷出，多半是在醫院經醫師宣告緊急才運回家去；也有人在親人死後不運回家而直接送殯儀館或入殮寄棺。家中若有神主牌位則要遮神，依照舊俗要用米篩或紅紙遮神明、公媽，並將天公拆下，稱為遮神。設腳尾物：死者腳下要陳設腳尾燈、腳尾爐、腳尾飯、燒腳尾紙，稱為設腳尾物或拜飯，但腳尾飯已不再如舊俗一定要在露天底下烹煮。未入殮子孫要守舖，又稱為守靈，昔日要舖稻草而眠，今則改用草席。守靈的時候，一般習俗是不能刮鬍鬚，不能飲酒作樂。不能刮鬍鬚這個說法，應該是受到儒家「身體髮膚受之父母，不敢毀傷」的影響。但在現代，絕大多數人不可能在家中守喪百日（古代的守喪三年更不可能）。置正廳一、二日後擇吉入相且割斷麻索、隨侍在側子孫隨即舉哀，也有遵照佛教說法只助念佛號而不哭泣的例子。

◆出殯

出殯時要經過奠弔、出殯、讀祭文、封釘哭路頭：至於出嫁女兒未在旁恃終聞耗始奔喪者，一般很少哭路頭，即使有也是哀號而已，而不像昔日能唱「哭喪調」。

◆安葬

開栓、孝墓、祀后土。

◆葬後禮

做旬七次，尾旬或百日撤靈桌，週年忌時做對年，數年後撿骨再葬（二墓制）。

◆服喪期喪

依遠近親疏而有別──五服：斬衰、齊衰、大功、小功、緦麻。

道教喪葬禮儀之意義，包括：

1. 對往生者之尊重與關懷：從歷史文化的傳承進行慎終追遠、孝道傳承，並且見證對親人感恩、珍惜、體諒。
2. 宗族的團結：血肉同源家族的凝聚藉由喪葬過程中傳達身教、言教，養成報本堅毅人格。
3. 以死教生：在喪葬過程中表達承先漢民族啟後的時代使命、自我生命價值肯定、人性尊嚴、道德風範之提升、對生命教育之意義。

(四)佛教的喪葬禮俗

◆佛教葬儀

佛教的葬儀宜力求簡單、隆重，且特別不允許在喪葬期間，以殺生的葷腥招待親友，更不可以酒肉葷腥來祭祀亡者。法鼓山聖嚴法師教導信眾在靈前以香花、蔬果、素食供養。花籃、花園、輓幛，亦當適可而止；最好除了喪家和代表性的親友致送數對花籃以及數幅輓聯、輓額以表示悼念之外，不需要大事鋪張。如果親友致送奠儀，除

了由於家屬貧苦而留著喪葬費用及生活所需外，最好悉數移做供奉三寶、弘法利生及公益慈善等用途，將此功德迴向亡者，超生離苦，蓮品高昇。

葬儀的進行，應該有誦經、念佛等佛事。佛教葬儀，除了司禮者之外，主體應該是出家的法師為亡者誦經。參與的大眾，均應人手一冊佛經跟著持誦。持誦的內容，最好是簡短的經文及偈頌，例如「心經」、「往生咒」、「讚佛偈」、佛號、「迴向偈」等，不用唱，只用誦；否則，大眾無法隨唱而無參與感。然後由法師簡單地介紹亡者的生平及其為善、利人、學佛等的功德，並做簡短的開示。一則度化亡者超生淨土佛國；同時安慰、啟發亡者的家屬和親友。

佛教的喪葬並沒有一定的制度。佛化的葬儀應該簡單、隆重，前後的時間不須超過一小時，最多一個半小時。家祭和公祭，最好同日舉行，因為既然已經全體參與葬禮了，就沒有必要另外舉行。依據「淨土法門」，在彌留時宜有善知識——不論是在家或出家的修行者——為亡者說法、誦經、念佛，稱為助念，一直到命終十二小時之後，移動遺體，為之沐浴、更衣，並繼續以助念代替伴靈。而且，每舉行一項儀式，都用佛法開示亡者，令其一心皈命佛國淨土。當然，最好能有出家僧眾說法開示，否則亦應以同道、同修中的長輩乃至資深的平輩為之。

對於佛教徒，遺體的處理，只有坐龕、坐缸，和火葬、土葬的不同。如果遺體坐龕，則採坐龕火化，只有封龕及舉火的儀式；如果遺體坐缸，則有封缸土葬的儀式；如果遺體臥棺，則有封棺的儀式，封棺以後，有土葬及火葬兩種，若係火葬，則將骨灰罈置於寺院或墓場的塔中，也有將骨灰罈埋於地下墓中的。不論是火葬或土葬，凡有儀式，均以念佛、誦經、迴向代替由家屬輪番舉哀及哭泣、音樂等的鋪張。

◆佛教喪禮的特色

表達臨終關懷之意，親人應隨待在側，由法師引導臨終者的意念，與臨終者聲氣相通。為往生助念，引導亡者放下萬緣，迎接未來；協助亡者提起正念，一心念佛；協助亡者家屬與親友，轉移及抒發哀傷情緒。表達誦經與念佛的意義及功能，以誠懇切地持誦經文與念佛，誦經聲與念佛的音韻，可以跨越亡者的分別智，直入亡者的潛意識中。

(五)天主教信仰的喪葬禮俗

「逾越奧蹟」（paschal mystery，也稱「巴斯卦奧蹟」）是梵諦岡第二大公會議（1962-1965）以後神學家屢次使用的術語。用以表示基督救贖的奧蹟，指祂的受難聖死與復活、升天的奧蹟。「逾越奧蹟」的「奧蹟」一詞出自《保祿書信》（弗一9），這「奧蹟」（mysterion），或譯作「奧祕」，包含隱祕與彰顯兩面（羅十六25～26；弗三5；哥一26）。隱藏的一面指天父對世界的救恩計畫，永遠是祕而不宣的；這隱祕的救恩計畫終於在基督身上彰顯出來，因此保祿也稱這「奧祕」為「基督的奧祕」（弗三4；哥一27）。基督藉十字架的犧牲，以祂的死與復活，完成救贖的工程，實現和展示天父的救恩計畫，死而復活的奧蹟可視為基督奧蹟的核心與高峰（引自http://www.apostles.tw/dict/m/dict32m/T603.htm）。

天主教信仰的喪葬是以天主子女的最後逾越奧蹟為目標，此奧祕的神蹟是指信徒按著耶穌基督的受難、死亡、復活、升天的逾越，表明在心中相信是通過死亡的轄制，接受天主引領進入天國的生命。如此，一切聖事性的禮儀為的是滿足和成全人在信望愛的美德與希望，並且宣告認定自己的信仰是：「我期待死人的復活，及來世的生命」。天主教對臨終的關懷是由神父和教友一起探訪、安慰、鼓勵臨

終者、家屬及看護,藉此尋求在信仰上的支持和得到力量。這個過程稱為病人傅油聖事。

◆病人傅油聖事

病人傅油聖事是臨終關懷中的靈性關懷,病人傅油在人類救恩史中的基礎是藉此說明人類生命中部課避免會遭受疾病的痛苦,病人應在天主的面前勇敢承擔病痛的十字架,將此痛苦尋求向主耶穌,全人的醫師的獻祭,請在場參禮者一同為「你們要治好病人」(瑪十8)禱告。

領受病人傅油禮的對象包括:病重者、衰弱年長者、有生命危險、死亡危險者、施行危險手術者。病人傅油禮的效果包括安慰、平安和鼓勵、重振病人對天主的信心,增強信德、結合於基督的苦難、教會的恩寵、為步入人生旅途的最後階段作準備。

◆殯葬禮儀

天主教徒相信死亡並非生命的終結,而是進入永生的門徑、是出離肉身與主同在(格後五8)。按照羅馬葬儀禮典記載葬禮有三個階段:守靈—守夜禮、入殮禮、殯葬彌撒。

1. 守靈—守夜禮:主體的內容有詠唱聖歌、致候與導言、開端唱禱詞、讀經、追思亡者、為亡者祈禱、上香、灑聖水、向亡者致敬禮、結束禱詞、禮成。
2. 入殮禮:主體的內容有致候與導言、聖道禮、降福棺木、獻香、灑聖水、禱詞、遺體入棺、向遺體致敬、蓋棺、禮成。
3. 殯葬彌撒:我們雖為死亡的定律而悲傷,卻因永生的許諾而獲得安慰。主為信仰你人,生命只是改變,並非毀滅,我們結束了塵世的旅程,便獲登永遠的天鄉。主體的內容有堂詠、懺悔詞、求主垂憐、集禱經、聖道禮儀、聖祭禮儀、領聖體禮、領

聖體後經、禮成—祝福禮。

◆安葬告別禮

告別禮也稱為辭靈禮，主體的內容有導言〔祈求天主，使我們這位（○○弟兄／○○姐妹）即被埋葬的身體，將來復活時獲得聖者的完美和地位〕、詠唱禱詞（告別曲）、灑聖水、獻香、為亡者祈禱文、起棺至墓地（若告別禮後舉行家祭儀式及公祭儀式等結束後啓靈，發引）。

◆天主教喪禮的特色

對天主教信徒來說，死亡那天雖結束了事禮儀生活，卻帶來了另一個新的開始，所以稱為最後踰越。對天主教信徒而言，在塵世的朝聖旅途中，教會好比母親那般，懷抱著他也陪伴著他走到人生路途的終點，並把他交託在「天父的手裡」。教會在基督內向天上獻上祂寵愛的子女，且懷著希望，在地裡播下那將光榮復活的肉身的種子。死亡絕不能把我們彼此分離而哀傷，因為我們眾人都要走完同一的道路，將在同一個地方重逢，我們將不再分離，因為我們為主基督而活，現今又在基督內結合為一，走向祂，與祂相遇，我們將在主基督內團聚在一起。我們為他的去世和分離而哀傷，也因與他的共融重聚而詠唱。

(六)基督徒安息聚會

主，讓我變成和平的工具，在仇恨的地方播下愛；在傷痛的地方播下寬恕；在懷疑的地方播下信心；在失望的地方播下希望；在黑暗的地方播下光明；在悲傷的地方播下喜悅。

啊！神聖的主，祈求你，成全我的願望，讓我安慰別人，而不求被安慰；讓我瞭解別人，而不求被瞭解；讓我愛

別人，而不求被人愛；我們因付出而領受，我們因寬恕而獲
得寬恕，我們因死亡而獲得永生。

——祈禱文

　　基督徒的喪禮一般而言稱爲安息聚會或追思禮拜，它是一個很
有意義的聚會或佈道會，讓參加的親友都來省思生命的意義。死了的
基督徒稱爲睡了或被基督接去，聖經教導基督徒死後有極大的盼望；
所以人的死亡是息了世上的勞苦，不會是成爲神來庇蔭保佑人，也不
會成爲鬼來作弄人。基督徒的喪禮是爲活人，不是爲死人，喪禮所強
調的是要提醒世人把握今生的現在、追念故人的美德、思想人生的結
局、安慰故人的遺族，並激勵在世的親友。

　　一個患了絕症不久於人世的人，如果他已知道實情並坦然接受，
且有心理準備，則可多明言的安慰鼓勵，並談後事問題。如果他尚不
知自己的情形有多嚴重，且無心理準備，則要柔和有智慧的暗示他一
些信仰的事，讓他知道他「有可能」即將被主接去。視他接受的程度
進一步服事交通。不久於世的弟兄姊妹，最好能讓他立下明確的遺
囑，不僅是財物、事務方面的交待，也包含後事料理的一面。有些弟
兄姊妹十分愛主，但尚有未信主的家人，如未明確的交待，家人若主
張異教儀式，則教會很難爲他服事安息聚會。單身一人者，對財物應
及早安排處理。

　　一個臨終時的基督徒，當其靈魂要離開身體進入靈界時，若有
聖徒在其身旁禱告、唱詩或朗誦主的話，堅固臨終者的信心，是十分
有益的，對屬靈生命尚不很成熟的聖徒更爲需要，並可藉此扶持其家
屬。若是一個聖徒剛剛被主接去，他的家人才通知其他基督徒，請求
趕去前往禱告或唱詩及安慰家屬，並給予必要之協助，詢問是否要教
會服事安息聚會。基督徒的喪禮的安排，不同的教會會有不同的儀式
或習慣，因此喪禮內容會有差異。一般而言可以有幾部分：喪禮前的
預備、喪禮進行程序及喪禮結束部分。

◆基督教喪禮的特色

1. 讓人瞭解基督的信仰：聽到神對人應許的話語（《詩篇》23、46、91以及103篇）；耶穌死而復活的信息（《約翰福音》11、14章；《哥林多前書》15章）；末日審判的信息（《哥林多後書》5：1-10）；基督再臨與眾聖徒在天上見面的信息（《帖撒羅尼迦前書》4：13-18）；面對死亡的態度（《提摩太後書》4：5-8）；天國的榮耀（《啟示錄》21、22章）。

2. 喪禮的信息是針對生者：聚會中呼籲會眾如何數算自己日子，好得著智慧的心。因為死者是聽不見的，對死者講道的機會已經結束了，但在座的親友卻是最需要傾聽神話語並論及他們與神關係的信息。

台灣主要宗教的葬儀比較彙整如**表5-1**，提供讀者參考。

(七)原住民的喪禮

原住民對死亡分為善終及惡死兩類；凡在家中有親屬陪伴而死亡者，或是衰老疾病死者為善終；在野外露天死亡、橫死與戰死者或被害以及自殺、難產等皆屬惡死，所以原住民對善終與惡死者的葬禮有很大的差異。

◆善終者的葬禮

善終者的葬禮可以分成臨終、入殮、出殯、安葬和弔祭等部分。

1. 臨終：在死者斷氣後，近親須立即為之梳髮、洗浴、換穿盛裝、胸衣、戴首飾、耳飾、臂飾後，用一塊布鋪在地上，將屍體從上移至地上，屈其手足於胸前做蹲踞狀，然後用布條把屍體包起來，用帶緊縛。

表5-1　台灣主要宗教的葬儀比較

宗教	葬儀
佛教	佛教認為死亡不足懼。死可以是輪迴的開始，也可以是解脫的來臨，完全看個人是否能夠徹底放下而定。因此，佛教主張葬儀簡單、隆重即可。靈前不宜用葷腥祭祀亡者，應以香花、素食、蔬果供養，遺體最好採用火化。奠儀除了喪葬費用及生活所需之外，其餘最好供養三寶、弘法利生或公益慈善用途，將功德迴向亡者。
道教	道教與佛教在為人治喪、送葬的觀念與習俗上，有相似之處。佛教講求超渡亡靈，以求早日轉生。道教則講求煉度「薦亡」，早日練成「真形」。因此，台灣道教強調「薦亡」的儀式。由於台灣地區之道教接近天師道，為喪家所做的功德以課誦經懺為主。在恭請三清做主的情形下，請亡魂至壇前，為他課誦「度人經」、「太上三元慈悲滅罪水懺」、「冥王經」等，透過「給牒」、「過橋」以示亡魂已被超拔渡化，不會沉淪於地獄之中。
基督宗教	基督徒相信耶穌的死亡與復活，人可透過對主的信仰，改變人與死亡的關係。沒有信仰的死亡是上帝的罪罰，有主信仰的死亡則是永生的開始。因此，為了保持生命的完整，基督宗教在葬法上採取「土葬」的方式。但天主教近年來亦容許教徒採用「火葬」的方式。墳場中基督教墳墓之墓碑及雕塑造型之精緻，可以藝術精品來形容。
回教	回教認為人們都要經歷今世和後世。今世是暫時的，後世是永久的。後世才是生命永恆的歸宿。因此，在葬式上有土葬及灑葬兩種。其中，土葬不用棺槨，而是直接將屍體放入土中，以符合「入土為安，回歸本原」之意。至於是否要留墳頭和立石碑則沒有特別規定，有的地區在屍體埋好之後，只在上面簡單蓋上一塊石板而已。另外，灑葬則是親人將骨灰灑散於花園或火葬場內之草坪上，並由火葬場闢一專區（牆），提供家屬釘牌誌念。

2.入殮：屍身伸直橫臥穴中，以包屍體的布覆蓋之。將鹽巴灑在屍上，覆以茅草，再覆蓋泥土，最後用短竿插於墓之四周，再以石塊圍砌即可。雅美族停殮只能在白天埋葬。入殮時，將死者雙手掩至面部，膝蓋碰到下顎，用麻布包裹，並綑以細繩，成為球形，放在屋中。自成殮至出殯之間，需由死者的家屬或參加喪禮的親屬一人至數人，輪流至屋頂上面「告別死靈」，這是該族喪禮中最嚴肅的場面。話別儀式完後，即可出殯。

3.出殯：屍體的面多朝向河岸。然後將死者的番刀、菸斗等陪葬

於墓穴內，然後蓋一石板，覆土於其上整平。雅美族出殯時，由男親屬背屍。背屍時是把繩子掛在頭上，向墓地走。送葬的近親男子們也一起，讓背屍者行走在行列中間。

4. 安葬：行屋內葬。賽夏族認為屍身入穴後以面向東為吉，面向上或向西為凶。埋葬時同一氏族的人必須參加，死者生前的遺物，除了武器外，一律陪葬。布農族下葬時男性面向東，女性面向西。

5. 弔祭：賽夏族埋葬之第三日，家人蒸糯米飯、殺雞持往墓側祭亡魂，然後家人全體食分，翌日出獵，獵獲歸來共食後，即解除喪服。泰雅族由喪家在喪葬後半月或一個月後，邀請曾參加喪葬之親戚，至其家飲酒，主喪人及死者的配偶持酒赴野外，呼亡靈作祭並送亡靈赴靈界。送靈後即表示一切回復正常。排灣族傳統上埋葬完畢回到喪家，凡參加喪事者需以預置的三盆水，以手潑水灑在喪家門口地上，口中祝告亡靈勿再回家，勿使家人生病，稱為改火驅靈。卑南族埋葬後翌日，喪家請女巫來家改火，棄舊火於室外，用火石打火，點燃新火。棄舊水，用竹筒汲取新水，表示重新開始新生活，稱為改火、改水，以便除穢淨身。喪家由女巫陪同，帶檳榔實、料珠等到祖家前作祭稱為別靈。阿美族在埋葬完成後，當日舉行送靈祭儀，由巫師主持。送靈的第二日，巫師為助葬的全體親屬禳祓除穢。當晚由巫師用陶罐將亡靈請回，迎到房屋中央，用芭蕉葉禳祓，以糕、酒、檳榔供奉祭祀，族人皆參加。回靈禮第二天需出漁禮，也就是同族壯丁相率去捕魚打獵，老年者隨後前往。待有漁獲，便在河邊將魚分兩堆，一堆在河岸生火煮熟共食，一堆帶回喪家，由喪家煮魚答謝親友。此時親族各以穀草點火，攜帶葬禮時所接受的謝禮和鐵器歸去，葬禮全部結束。

◆惡死者的葬禮

一般而言，原住民對惡死者的葬禮比較畏懼。例如賽夏族、布農族、魯凱族人將惡死者就地掩埋並舉火行祭，堆石於掩埋處以示禁忌。泰雅族通常在發現死亡之處就地掩埋，喪葬完畢後，要請巫師作襖祓祭以驅除惡靈。魯凱族對惡死者在處理程序上附帶有諸多禁忌，如於部落野外意外傷亡者，同部落之人須於獲知消息後立即為埋葬而返家，死者則由近親就地埋葬；夭折而亡者多只為長牙的嬰兒，由父母隨即埋葬；孕婦難產而亡者，尤被視為大凶事，僅由父母或配偶處理，其所留衣物及治喪者所著服飾均應一概遠棄。

三、新時代的喪葬

現存的喪禮儀式是歷經數代留傳下來，一般人多認為只要符合儀節、存歿兩安即可，不曾想到要改變以使個人對逝者的懷念可完全表達。但喪禮為一既定的形式，雖能符合傳統喪葬禮儀，卻未必能滿足悲喪者悼念逝者的需要。前面曾說明創意是個人面臨現階段的問題，接受新觀念或應用新方法，來解決問題與調整自我，重要的是創意的構想可以滿足個人的需要和欲望。所以當傳統的喪禮形式無法適切傳達感情時，就是這種形式開始作部分調整，甚至加上創意和新思維的時候了。創新的喪葬悼念方式有：(1)創新的白話訃文與追思文；(2)創新的喪禮方式；(3)創新的祭文；(4)創新復原方式。

(一)新時代葬禮的訴求

現在的葬儀社因為缺乏正規的殯葬教育，沒有全然瞭解喪葬禮儀的涵義與功能，對不同時間和空間變化下喪家不同價值觀之接受度不

足，再加上原本不同宗教儀式之論點差異甚多，以至於喪葬從業人員對喪葬禮儀的工作出現許多盲點。殯葬業的經營型態日趨企業化，像是「生前契約」產品對消費者的意義，傳統業者必須在日益競爭下服務客戶，秉持消費者的心理與立場進行服務，瞭解民眾在生死教育、生前預囑與臨終關懷的提倡，是否產生新的殯葬文化與需求，然後依照這些需求進行適度的調整服務內容與品質，尤其是有尊嚴、有追思、有創意的個人式葬禮很可能是日後的重大需求改變。

(二)新時代葬禮的主張

新時代葬禮（又稱追思會）的主張有：

1. 提供的人性化服務亟待提升：由於生前預立遺囑的倡導，殯葬業者面對協助瀕死者擬定其個人的遺志，或依照死者的遺命來協助其完成的服務有日益增加的趨勢，因此有必要提早擬妥一套服務的準則來因應社會需求。生者在面對喪葬前後的茫然不知所措，或表達內心的哀傷不安與恐懼、未知、失落分離、悔恨等反應，業者更應瞭解喪葬過程不應只是營造排場氣氛的講究而已，在國內悲傷失落關懷與輔導的日益重視之下，更應瞭解提供的人性化關懷的時代意義。

2. 葬禮重視以人為本位：讓所有參與葬禮的人在喪葬進行過程中，能夠由內心發出緬懷且自然流露出他們的悲傷、對死者的關懷及對家屬的悲傷關懷與安慰。這樣的葬禮是和過去的模式不同，因此設計這樣的葬禮必須是經過相當的準備和學習。

3. 參考國外殯葬服務的宗旨與精神：以美國喪葬業者對喪家在悲傷的協助情形為例，他們是依照死者年齡給予悲傷分類的協助，老人的葬禮是以「福祿壽」為主要代表，中年人的葬禮是以「英年早逝或不幸」為題，年輕人的葬禮是以「悲傷」為內

容，兒童的葬禮是以「溫馨、不捨」布置，因外力或暴力的葬禮最不易處理，一般而言以「不公平」協助。

4. 喪家有權利選擇需要的物品及服務：業者不可以拒絕或額外收取喪家從別處購買的棺木費用。美國殯葬管理辦法是由該國殯葬同業公會所制定，目的是要讓喪家依照他們所需要的喪葬物品及服務來付費。這個辦法讓喪家可以用電話查詢費用或親臨葬儀社洽詢。當喪家詢問喪事的細節時，葬儀社必須列出有價格的物品及服務項目，同時喪家可以選購對方提供的整套服務或個別項目。該辦法要求殯葬業應有的基本服務包括：提供電話洽詢價格，讓喪家有「貨比三家」的權利。親自到業者公司時，業者要提供整套喪事的價格及依照喪家所選擇的物品及服務的估價單。換句話說，最少要有棺木、骨灰罐、墓地或靈骨塔位、冰櫃等費用。所有要預付現金的物品或服務要索取服務費用時，必須要有喪家的書面同意。例如鮮花、訃聞、抬棺伕。直接火化的棺木，業者應主動提供一種價格便宜或非實木的，不可以誘導購買實木，那種做法既不經濟也不環保。

5. 葬禮進行當中主事者要有機智、幽默和善解人意的表達。

如果我能再活一回

如果我能再活一回，我會試著多犯一些錯誤，

我將不再如此完美，我會輕鬆一點，愚笨一點。

其實，很多事我都可以不需太認真，我要瘋狂一點。

我會抓住更多的機會，旅行更多地方，爬更多山，游過更多河流，

去更多我沒去過的地方。

我還要吃更多冰淇淋，少吃一點豆子。

我願意去面對更多實際的問題，而不要只是在腦子裡想像。

你看，我就是那些身體健康、心智健全、平平穩穩活過一天又一天的人。

嗯！我要擁有自己的時刻，如果我能從頭再來一次，

我要經歷更多屬於我自己的時刻。

我曾經是那種沒溫度計、熱水瓶、漱口劑、雨衣和洋傘就出不了門的人，

如果我能從頭再來一次，我要旅行得更輕便一點。

如果我能再活一次，我要早一點從春天來臨前光著腳丫，直到秋末。

我要欣賞更多次日升日落，我要和更多的小孩玩在一起，

如果我能夠從頭再活一次。

可是，你瞧，我無法重新來過。

（此文是由一位病得很嚴重的85歲老太太所寫的，僅以此文贈予有智慧的你）

問題與討論

1. 學員閱讀報紙上的訃告，選擇不認識的喪禮（告別式）去參加，可以是教堂、廟、殯儀館、住家附近，只要方便即可。如果能夠選擇和自己信仰不同的葬禮更好。學員參加葬禮後，要寫參觀經過的心得報告，談個人的感受並且在下次上課時與同學報告、分享。

   (1)就整體而言，這個經驗給你什麼啟示？

   (2)從葬禮參加的過程當中，哪些是你第一次聽到的？哪些是曾聽說過的？

   (3)哪些情形讓你覺得很難過？哪些是令人愉快的？

   (4)葬禮過程中，哪些是人或社會所需要的？哪些又是不需要的？

   (5)你認為喪禮中有哪些是可以改變的？為什麼？

2. 你對〈如果我能再活一回〉一文中的老太太，有何感想？

網站拾萃

台北市殯葬管理處（http://www.mso.gov.taipei）
生命追思紀念網（https://w6.mso.taipei/taipei/index.php）

　　「台北市立殯儀館」於民國54年設立。後因工商經濟快速發展，社會結構急速改變，殯葬設施逐漸不勝負荷，台北市政府遂於民國67年將「台北市立殯儀館」變更為「台北市第一殯儀館」，同時籌建「台北市第二殯儀館」，共同負責北市殯儀業務暨墓地管理工作。由於殯葬業務日益繁重，服務項目逐漸增多，涉及權責層面甚廣，為使事權統一，78年9月30日將原台北市第一、二殯儀館合併成立「台北市殯葬管理處」，以強化北市殯葬業務之運作。試問：

1. 這個網站提供哪些線上查詢？
2. 這個網站可以查到哪些喪葬禮儀？
3. 生命追思紀念網可瀏覽哪些公眾人物的追思？
4. 樹灑葬專區是什麼？有何特色？
5. 你知道可以對鄧麗君線上追思？該怎麼做？

閱讀書籍

郭于華（1994）。《死的困惑與生的執著》。台北：洪葉文化。
曾煥棠（2001）。〈不同宗教文化的喪葬禮俗〉。《安寧緩和護理學》。台中：華格那出版社。

6

生死大事

- 死亡及瀕死的定義
- 生與死的各面關係
- 探討新死亡之定義
- 臨死覺知
- 沒有死亡的世界
- 死亡的社會議題
- 瀕死經驗的現象

> 你的生活並非全數由生命所發生的事情來決定，而是由你
> 自己面對生命的態度，以及你的心靈看待事情的態度來決定。
>
> ──米勒

　　《生死大事》是一本運用一問一答的對話方式，深入描述臨終
病人可能出現的一些行爲反應及病患家屬可能遇到的問題的書。作者
爲這些問題作了詳盡的解說及如何處理的方法，書中的資料與建議，
分別來自醫師、心理治療師、老人學專家、死亡學家與臨終者本身，
讓我們對死亡的經驗作一次巡禮。該本書共分爲三大內容，第一篇主
要是在討論與瀕死病人如何談論死亡、病人可能呈現的行爲反應有哪
些、而我們又應該如何來處理。第二篇提到最後的選擇中病人的權利
及醫護人員對病人的態度、行爲反應，我想看過這篇內容的病人家屬
就較能瞭解並接受醫護人員處理病人的行爲表現，以減少不必要的醫
療糾紛。第三篇在講有關生者的調適──逝者已矣，生者何堪！對於
懷著喪親之痛的人，書中提供了幾個正面的步驟來克服悲傷。

　　傅偉勳提議從臨終精神醫學到現代生死學是科技整合的一大課
題。他比較西方的傅朗克「意義治療學」及日本「森田治療法」所進
行的臨終精神醫學，從而提倡生死學。就廣義而言，生死學包括涉及
我們的生命、死亡與死亡過程之間種種關聯著的，有關對象、問題、
課題等的探討或研究；就狹義而言，則專門關涉到環繞著個體的生與
死及其相關性問題或課題的價值取向與生死態度。因此，生死學探討
的課題包括生命意義、死亡意義、爲什麼要活下去、生活的目的等。
生死學與宗教的生死問題探索息息相關，因爲宗教對於生死問題探索
結果，有助於生死學的內容充實，提供有關終極眞實、終極意義、終
極目標、終極承擔等種種不同的可能解答。具宗教信仰的人相信生死

有終極意義。

意義治療學積極地旁助心理病症患者或絕症患者建立健全的生死觀，為精神治療最為重要的一項職責。意義治療學是一種「醫學牧師的職事」（medical ministry），一方面進行科學的現象觀察與分析，另一方面又要打開銜接高度精神價值領域（人生的課題任務、自由與責任、生死的終極意義、宗教救濟或解脫等等）的向上門。傅朗克曾說：「意義治療學不能踰越（科學範圍內的）精神治療的界限，卻要保留一條通達宗教之路，而由患者自行決定，是否應該走進宗教的門戶。」主張作為萬物之靈的人類，在生命的價值取向，是以意義探索為首要優先，然後才有快樂或權力之類隨之而來，反之則不然。

森田治療法著眼點在鍛鍊或磨練神經質患者本性的心氣症素質，或甚至破壞去除此一有礙心理健康素質。目的是在初期讓患者「絕對褥臥」，患者會感到無聊而產生活動的欲望，此活動欲就是自然生命的覺醒。之後的種種作業，就成為能使生命更加發動活動的事宜手段。依此生命的再發動，患者自然而然地治療自己。

一、死亡及瀕死的定義

若死亡是代表生命的結束，而生命又是指全人包括身、心、靈、社會等要件。那麼死亡就應該是指：人在身、心、靈、社會四部分的結束才算完整，人類對於死亡的界定有多方面。

生物學是將死亡定義為是生命的一個過程。當一個人在生命氣息停止後，體內的細胞仍可以延續存活七十二小時。所以在一些特定的藥物作用下（如鎮定劑、特效的安定藥、麻醉劑、強心劑等），或是在特殊的物理條件下（如低溫），我們可以獲得類似死亡的臨床徵狀。像*Black's Law Dictionary*對死亡的解釋是「個體心肺功能喪失時，也就是心跳停止、呼吸停止及瞳孔放大三項要件來認定死亡」。

直至1960年代，「死亡」之定義乃以血液循環及呼吸停止爲依據。而Roland Puccetti（1969）則以全腦功能的喪失才是個體死亡的界定。現在各國多接受更進一步以「腦死」爲死亡的依據，則是以Engelhardt（1986）認定大腦皮質功能的喪失才是個體死亡的界定。而David Mayo與Daniel Wikler（1986）界定個體臨終是有一些步驟和過程的。西方的基督教義或笛卡兒的思想裡認爲「失去靈魂」就是死亡，《羅馬書》（8：6）「因爲心思置於肉體，就是死；心思置於靈，乃是生命平安」。許多的社會學者在研究社會關係時將社會關係被他人剝奪的現象稱之爲社會性死亡（social death）。社會性死亡目前比較被關心的主題有：

1.老人的社會性死亡：(1)老人社會參與的衰退，自勞力市場退休、從事義工服務；(2)被社會隔離：老人遷移到老人院後，子女或朋友不再拜訪他們；(3)不再被照護：有些國家老人社會福利不足，使得無家可歸老人因爲繳不出醫療費用不被醫院接受照護。

2.婦女的社會性死亡：(1)喪偶後長期孤單：文化規範規定不能再婚、參與社會活動減少、個人的悲慟增加、依賴配偶的角色增強；(2)原先和配偶的社會關係消失：「人在人情在，人亡人情亡」；(3)個人退休以後，過去的社會關係及活動消失或減少。

3.燒燙傷患者的社會性死亡：個人因爲意外事故造成臉部嚴重燒燙傷或身體殘肢，面臨被一般社會大衆拒絕接觸的困境。研究燒燙傷患者需求的報告指出，燒燙傷患者因爲長久被一般社會大衆拒絕接觸，因此急切需要得到醫院的會訊，得知醫院的活動以便參加；舉辦公聽會以便爲自己訴苦，爭取社會的同情與支持；得到醫院以外和生活機能有關上的訊息。

二、生與死的各面關係

(一)生與死的生理層面關係

　　人體生理的存活指的是身體中個別器官功能的存活與一個人整個有機體功能的存活兩方面：(1)生物的生命（biological life）是指每一個別器官有其獨立存活的功能；(2)臨床的生命（clinical life）則是指人的整個有機體存活的功能，是依存於個別器官的存活。彼此具有密切的關係，但是它們不必完全一樣。例如，人的腳被鋸掉後，腳就是呈現生物的死亡，它是個別器官的死亡，但是整個人不一定就會死。同樣的，若是生物的生命還存活著，也不一定就是表示這整個人還存活著。有時從臨床的生命觀點，它也許已經死亡了。至於臨床的生命與死亡，卻是非此即彼的（all-or-none）。也就是說人的整個有機體不是有其功能就是已無功能，有功能就是臨床的存活，無功能就是臨床的死亡。一當臨床的死亡發生時，醫生就可開立死亡診斷證明書。

(二)生與死的心理層面關係

　　心理的活指的是一個人對自己和周遭的環境有知覺、期待與希望；心理的死就是他對這些知覺、期待和希望已經喪失或停止，而處於麻木或絕望當中。人心理的生命活動是何時開始的？雖然學術的探討仍不太清楚，但是可以肯定的應該是很早。也許在嬰兒一出生時的哭，就是心理生命活動的開始。心理生命的死亡大部分發生於一個人遭受嚴重的身心打擊和挫折，或因衰老、腦功能嚴重的喪失與受創，或罹患阿茲海默症（Alzheimer's disease）。但是心理的生死不像生理

的臨床死亡是一種非此即彼可以截然劃分的。換言之，一個人心死不是完全絕對的死，它常表現出一種模糊狀態，也許偶爾有知覺，或故意忽視，或偶爾沒有知覺。當然，生理的死亡是必然導致全部的心理的死亡。「哀莫大於心死」是眾所周知的一種心理死亡，也呈現出人生的殘酷。

(三)生與死的社會層面關係

我們所謂社會的生與死，是指被別人所認為的社會關係存在的方式。當一個人基於實際的考量，忽視你的存在與基本生存需求時，你和那人的關係便是社會的死亡。例如，有一天我被兒女送進老人療養院，兒女所關心的只是療養院每個月寄給他們的帳單，對於我的生理和心理需求早已不聞不問，甚至在他們的心目中我已不存在，這時候我和他們的關係就是社會的死亡。

其實人生最大的痛苦，不是死別而是生離。我們不能只限於認識與關心生理的死亡。單純的生理死亡，對瀕死者來說也許還可承受，但是社會的死亡與心理的死亡，卻是一種難忍的現實殘酷。社會的死亡能導致心理的死亡與生理的死亡。假使你的家人認為你是社會的死亡（雖然他們這樣做會覺得焦慮或有罪惡感），他們似乎是在隔離你，而你就會有憂鬱、沮喪和壓力；假若你是被安置在老人院或療養院，那麼憂鬱、沮喪和壓力就開始對你的生活起居、飲食和運動等習慣產生重大的影響。你的生理和社會環境就少有刺激，結果，心理的死亡也就跟著而來。所以，我們發現在心理死亡與社會死亡之間有一種有力的互動關係，這種互動必然會加速生理的死亡。

三、探討新死亡之定義

　　為何要探討死亡的新定義？當我們面對要區分親人或病患是屬於「昏迷、植物人與腦死」時，死亡的定義就是認定的標準了。尤其是有一些家屬在決定是否要準備長期照顧這樣的親人時，瞭解醫師是依據什麼標準來診斷就很重要了。前台大醫院神經部呂建榮醫師曾著文指出這三種的區別。病人常呈現一種不醒人事的情況，這時候就可以稱之為昏迷。在臨床上，我們常用昏迷指數來表示病人的意識狀況，正常人昏迷指數是滿分15分，當昏迷指數的總分在7分或8分以下時，不論是什麼原因，只要影響到腦幹或兩側大腦半球的正常功能時，都會導致病患昏迷不醒。如頸部外傷、腦中風及中樞神經系統感染等都會造成昏迷。最深度的昏迷，其昏迷指數總分可能只有3分，這時候，常被人誤稱為病患已經腦死。其實宣布病患腦死是一個很慎重的診斷，醫師非得必要，不會輕易宣告病患腦死。

　　我國對腦死的定義有兩個特點：第一，國內的腦死定義是根據腦幹死作為診斷標準，與歐美大多數國家採用的全腦死的標準不同；第二，我國迄今尚未以腦死來定義死亡，死亡仍然採用心肺死亡為定義；只有在病患家屬同意器官捐贈的時候，醫師才可以為病患判定腦死。腦死判定的過程十分嚴格，須由合格的醫師，經過一系列的測試之後才能宣布。換句話說，不要輕易地將深度昏迷的病人稱為已經腦死；腦死與昏迷是代表不一樣的意義。

　　在臨床上還有一群病人，在發生腦傷之初也呈現深度昏迷，昏迷指數可能只有3分或4分，任憑使用再大的疼痛刺激，病患也不會睜開眼睛；然而在兩、三星期之後，病人竟逐漸可以睜開眼睛。之後，病人可以睡，可以醒，但是對周遭的事物卻沒有感受，即使很小心地觀察，也無法確定病人具有認知的功能。如果這種狀況持續一個月以

上，則稱之爲持續性植物人狀態。在政府頒布的身心障礙鑑定表之中有一項評定爲極重度的植物人，其定義爲大腦功能嚴重障礙，完全臥床，無法照顧自己餵食、起居及通便，無法與他人溝通者稱之爲植物人。由此可知，植物人是一個活著、會睡也會醒，但無法行動的一個人。所以他既不是昏迷，也不是腦死。他是一個活人，是屬於很痛苦地活著的那一種人。

　　有時候醫護人員爲了抒解家屬的痛苦和經濟負擔，就在死亡的定義上動腦筋。但是呂建榮醫師呼籲我們不該爲了解決他們的痛苦而想要結束病人的生命；比較正確的做法應該是要先設法解決他們的困難才對。其次，由於器官移植觀念的提倡之後，發現許多的器官在心肺死亡之後其功能也同時喪失。因此才需要在醫師判定腦死之後就進行移植手術，當然這會使得願意移植者家屬的不捨與不忍，需要藉由價值觀、意義、意識替代生命的事實來改變對生命的定義。也需要配合刑法、民法等相關法令來做約束。

四、臨死覺知

　　《最後的禮物》這本書是由瑪姬‧克拉蘭和派翠西亞‧克麗兩位作者所寫。目的在教導讀者認識「臨死覺知」，如垂危者不尋常的動作、耐人尋味的言語，或是反常的行爲，都是在向身邊的人們說明目前的狀況。透過故事的介紹，詳細地告訴我們如何傾聽垂危者的話，然後又如何瞭解其中的意義。臨終病人的臨死覺知有下列幾種方式：

1.臨終病人通常會拚命講話或作手勢向親人表達心意。
2.臨終病人的最後心意只有一個就是靜靜的離開世間。
3.聆聽臨終病人說話就可以使彼此的距離拉近。
4.不可以爲對待照護臨終病人是要又哄又騙，甚至打針吃藥，讓

他們不再胡言亂語。

5.臨終病人若是瘋言瘋語，絕不是他的幻覺或胡說八道。

6.臨終病人的奇怪夢境，絕不是他不敢面對現實的藉口。

7.臨終病人的要求若是被重視，他們會自行調整自己死亡的時間
和情境。

讀完這本書以後，我們可以清楚知道，很多狀況都可能發生在
人們病危時，造成病人情緒大變，進而大發脾氣！雖然我們不能詳細
的指出哪些狀況會讓垂死病人亂發脾氣，但至少我們確信從某人自知
不久於世的那一刻起，他們心中的失落與無奈，就足以形成高低起伏
的情緒。假如我們肯可多用些心思，想辦法瞭解這些情緒，就可以很
積極有效的幫助那些發脾氣的病人了！和垂危者相處之道，就是用心
聽他們表示何時會死，並且盡力去相信它們的可貴之處。如果我們瞭
解這些訊息，就可以利用他們剩下不多的時間，說出我們一直想說的
話，也可以做些我們想做而且又該做的事。

五、沒有死亡的世界

由於多數的人面對死亡時都會感到不安、恐懼與焦慮。有一位心
理學家就想出一個讓人領會「死亡是有必要的」的兩個思考問題：

第一，如果我們對死亡的有豁免權，這世界沒有死亡的產生，會
是個什麼世界？

假如我們只會老朽退化、罹患痛苦、承受災禍而不會死亡，這會
是個什麼世界？又假如我們都不會老化，也不會罹患疾病，這世界會
是個什麼樣子？

當人們不會因為生病或老化而死亡時？這個世界會有什麼變化？
對個人會有什麼影響？所以死亡有必要存在嗎？

第二,沒有死亡的世界對社會和個人將產生怎樣的影響?

沒有死亡的世界,對社會和個人都會產生極大的影響,其主要正面和負面影響如**表6-1**所示。

表6-1　沒有死亡的世界對社會和個人產生的影響

樂園(正面影響)	惡園(負面影響)
免於死亡恐懼 永久保持親密關係 有自我繼續成長機會	時間太多,生活缺乏動機、樂趣、成就感 宗教信仰失去價值 破壞神制定的計畫 徒增年老力衰期間 討論沒有死亡世界後的改變 引發個人的不安與疑慮 大多數人是悲多於喜 發現許多危機 不再抱持不死的生命 死亡有其必要性

六、死亡的社會議題

20世紀源自死亡的主要社會議題,按照重大的死亡遭遇可以區分為下列四個年代與議題:

1. 1930年代:第一次世界大戰的死亡人約為970萬人,哀慟家庭,遺族遭受到經濟來源的拮据與困境是當時最主要的議題。
2. 1950年代:第二次世界大戰的死亡人數約為5,480萬人,由於人口都市化,工商業蓬勃發展,社會分工愈來愈專業化,專門負責辦理協助喪家處理喪葬有關的禮節、儀式、文件申請與接洽的葬儀社應運而生。
3. 1970年代:Kübler-Ross等人提出瀕死病人的心理反應歷程,美

國醫學會也正式公布病人的權利法案，因此這段期間算是美國社會開始打破死亡的禁忌。

4.1990年代：由於兩種社會趨勢所導致的，嬰幼兒死亡率逐年的下降，加上壽命的延長使得死亡率移轉到老人身上；醫學科技的進步使得生命延長得以維繫，但是帶來面對瀕死危急處理的惡劣生活品質所導致的爭辯與反省生命存在的意義。

(一)家庭的死亡議題

一個家庭中每當有成員死亡時，最急迫的事是如何料理後事。不同的社會文化展現出不同的殯葬文化。台灣過去親人之喪葬儀式依據省政府社會處於87年的調查結果顯示，主要以傳統儀式（道教儀式）最多占61.5%，其次是佛教儀式占29.5%，此二者合計約91%。另外有4%是採行永生、靈魂不滅的天主教或基督教儀式，比較簡單、現代又不失隆重。其次是死者遺產的轉移，中國人沒有預立遺囑習慣，因為遺囑的產生象徵死亡的到來，因此許多高齡者在瀕死前來不及規劃遺囑，於是造成因遺產稅過高而子女不願繼承，或因遺產分配問題子女起了爭執而對簿公堂，時有所聞。

此外，面對家人死亡以後的調適問題則依死者生前對家屬的情感、經濟支持的角色而有不同的輕重程度，一般而言，應在依賴關係暫時中斷後再由他人來替代，以免死者家屬因擔心支持網絡的不足而對日後生活形成恐懼不安。

(二)社會上死亡議題的趨勢

死亡和瀕死話題在美國社會中已經逐漸可以公開討論。反觀台灣地區，嚴格地說仍有許多的禁忌，不夠公開。瀕死者關心家屬甚過自己。瀕死者可以依照自己的意願調配死亡日期。瀕死者期望被照護的

方式和正式照護出現微妙的緊張。

(三)社會性死亡的研究與建議

　　個人社會性死亡的發生可能在醫學臨床死亡之前，而社會實質關係也會在個人無助的永遠昏迷，或只剩一個軀殼而已的死亡之後持續一段很長的時間。死亡者在社會中主動的角色，如親子關係、夫妻關係、社會服務或參與，被終止了或被隔離了。死亡者在社會中原先存在的社會關係不再存在了。社會性死亡的種類有：(1)婦女的社會性死亡：喪偶後長期孤單，文化規範規定不能再婚、參與社會活動、個人的悲慟、依賴配偶的角色。原先和配偶的社會關係消失，「人在人情在，人亡人情亡」，個人退休若是沒有規劃好，也會造成疏離的情形；(2)其他的社會性死亡：愛滋患者工作權的訴求、血友愛滋患者、盲啞人士和老人機構被社會重視與關心都不足。

◆老年婦女喪偶的調適

　　內政部統計處統計91年台灣地區老年女性平均餘命為78.8歲，男性則為73.0歲，由於老年女性平均餘命較男性長，較易經歷喪偶。唯老年婦女喪偶的適應情況會是如何呢？Bass與Bowman（1990）針對喪偶提出兩種調適的問題，一為喪偶後調適狀況不佳；這是因為老年婦女常是經歷長期和外界隔離的配偶長期照顧，其社會孤立感較重，缺乏社會人際關係的互動，因此配偶死亡後，調適壓力甚大。另一為喪偶後身心壓力減輕，調適狀況尚佳；這是來自於長期照顧壓力的解脫，配偶的過世反而有助於個人身心的緩衝。依照Thompson（1992）對喪偶的研究指出，鰥寡期的男女有其適應上的性別差異。女性更能和其他寡婦網絡的建立而有充實的社交關係；但Thompson也指出，女性日後再婚與親密性關係的維持均較弱。而Carlton-LaNey（1992）則指出，在他的老年黑人農婦研究中，老年婦女由於長期扮演家庭照顧

者的角色，使她們與外界接觸受到限制，因此晚年產生社會孤立。唯不管喪偶對老年婦女「親密喪失」的調適與否，上述兩個研究都明顯地指出，家庭對老年婦女的支持有正面的社會支持效果。

◆**老年婦女的相關政策**

在老年婦女的相關政策中，王麗容（1995）建議宜建立以下的政策目標和措施重點；(1)「建立家庭支持體系，協助老年婦女度過喪偶危機調適期；(2)發展老年婦女喪偶的成長團體，協助老年婦女調適經驗的分享；(3)建構喪偶婦女的人際和休閒網絡，拓展她們與社會的關係。總之，老年婦女的特別需求，涵蓋了經濟、心理和社會面之調適問題。經濟安全的不穩定性和缺乏保障性，長期照顧的需求性和迫切性，加上老年婦女「親密喪失」之調適上特殊性，均需要政府正視特別差異的事實和婦女所受長期社會機制的差別待遇，而導致老年婦女的弱勢處境。從婦女人權的觀點，老年婦女的特殊境遇，絕非是個人或文化性因素所致，而是社會中結構性權力關係，以及兩性在社會中的主從和優勢差異所產生的影響（Bunch, 1990）。從公民權的觀點，更需要將此公共議題列入考量範圍；從社會經濟權的觀點，老年婦女的權益尚要推及婦女的生理、居住、健康照顧和工作權，因為女性的壓抑常是經濟性、政治性的。

老人有其特殊的生活經歷與發展任務，促使老人以不同於其他年齡階層者的態度來面對即將結束的生命歷程，老人生死教育的重要課題，即是在於提供適合老人需求的教育課程內容，協助老人獲得適性的能力解決身心靈的種種問題，圓滿如意地完成人生任務。本文旨在綜合老人生命發展的任務，以及老人面對死亡的態度，來瞭解老人需求的生死教育內涵（吳永銘，http://www.thinkerstar.com/newidea/wusenior.html）。

(四)為死亡提早做準備

可以幫助臨終病人處理未完成的感情事，協助完成必須備妥的文件，例如遺囑、保險繼承人、契據、債務、借條；喪禮安排，確定各項重要物項放置地方，規劃遺物的贈與；提供舒適的醫療照護；死亡前最後的準備，利用文章、日記、藝術創作，讓生命不留白，也可在追悼會上朗誦或陳列。

(五)與遺囑有關的法律條文

《民法》第五編「繼承」中，預立遺囑的目的在表明個人對生後事處理的意願，可避免死後的訴訟。透過遺囑，個人還可以表達自己對人生的理念，如對喪葬事宜處理的原則、個人的成長經歷及人生觀，用書面將一生的理念傳承給後代子孫。另一方面，遺產的處置與公益慈善結合，可以免徵遺產稅。《民法》規定立囑人可以依個人的意願，將一半的遺產指定遺贈給某人或公益、慈善、宗教團體，發揮立囑人回饋社會的美意。

由於遺囑是死後才發生法律效益，立囑人在遺囑中所表明對生前醫療處置的意願，目前不具法律效益，只能作為個人理念的傳達，如果親人未依其意願執行，立囑人也莫可奈何。林律師建議政府比照器官捐贈條例，仿效美國制定有關自然死法案，才能幫助末期患者免於臨終前不必要的急救酷刑。

七、瀕死經驗的現象

過去瀕死經驗的研究是找一些曾經在醫院的病床上以電擊救活的人，或是曾被CPR（心肺復甦術）處理，或是被宣告心跳停止，或是

生命跡象暫時消失，或是在病床上被插管等等。若有上述瀕死經驗，則當時可能有下列情形發生：(1)見到死去很久的親人；(2)見到有光環的人；(3)進入黑暗的隧道，然後去旅遊；(4)見到自己的身體，但魂可以自由飛行；(5)見到上帝、佛陀；(6)感覺不到自己的身體，但聽到身旁的人在講話；(7)回顧自己一生中一些重要的經歷；(8)不想回到自己的肉體裡。

最早研究瀕死經驗的大概是Raymond A. Moody，他在1975年的著作《死後的世界》（*Life After Life*）就是嘗試以一種有架構的內容分析來試圖找出有瀕死經驗者的共通模式，後來這類的研究相當的多。但是，這樣的研究至今仍有許多的存疑，甚至批判，就如同Kübler-Ross為Moody著的那本書中的序所說的批判是來自宗教的神職人員和強調科學研究者。假如瀕死經驗只是在強調靈異現象，像是過於強調聖靈充滿、說舌語，或是宛如在裝神弄鬼的話，那是會讓人對這類研究產生存疑與不解。

但是我們從書本中Moody自己所說的話，瞭解他的研究意圖是「不是為了要證明死後尚有來生」，而是要去探討瀕死經驗過程中對那些瀕死經驗者的意義與重要性。因此我個人認為探討瀕死經驗的意義在於「不是教導如何看待死亡，而是教導如何活著」，而其重要性則是從探討瀕死經驗的過程中提供這些有經驗者在靈命異象的啓發、生命意義的轉變或更新、認識人在宇宙中的角色與地位，甚至提供靈與魂的界定等等問題的解答。同時如同Moody所說在面對這項主題時你可以有這些反應，像是不閱讀、不理會、充滿懷疑或提出質言。但是我們必須瞭解這個社會是多元的，面對著一群至少有一種共通模式的瀕死經驗者的現身說法時，我們應該如何看待呢？我個人的態度是瞭解他們在瀕死經驗過程獲得哪些意義、啓示，以及這些異象對他們生命意義的重要性與轉變。

周大觀文教基金會這本《因為有愛，生命常在》就是在這樣的理念下，由「台灣瀕死研究中心」的八位有瀕死經驗者以現身說法的

　　方式，結合介紹Moody對瀕死經驗者建構的共通模式，並且揉和了文學、宗教、心理學、臨終關懷和悲傷輔導，強調人的價值和潛能，注重主觀的內在經驗。當周大觀文教基金會執行長趙翠慧居士請我為這本書寫序時，我個人從生死學的教學崗位上是欣然接受。

　　該書的八位作者似乎都和佛學有一些背景，我個人並無瀕死經驗且多年前成為基督徒，反而激發我思考到基督徒沒有瀕死經驗嗎？若是從Moody對瀕死經驗者建構的共通模式來看，應該是有的。像是《約翰福音》一章3、4節「萬物是藉著他造的，凡被造的，沒有一樣不是藉著他造的。生命在他裡頭，這生命就是人的光。」因此，基督就是「世上的光」。《新約聖經》記載見到光的異象後有奇妙大改變的基督徒首推使徒保羅，他原是一位逼迫基督徒的猶太人，見到光後卻成為一位傳福音的大使徒。又如，《舊約‧創世紀》提到雅各多次夢到耶和華向他顯現，這些時機似乎和雅各他遇到重大危難的發生有很高的關聯性。

　　另外，基督徒不談瀕死經驗嗎？若是不談，那又是為什麼？我粗略的瞭解是有下列這些原因。首先，任何主張靈異現象與存在，或過於強調人的價值和潛能，或注重個人主觀的內在經驗，都不是基督信仰的重點。因為基督信仰是要對付「己」或是「自我」，就是凡過於重視個人主義的一切作為都不是此信仰所歡迎的，這個情形甚至被稱為是《創世紀》中伊甸園事件的翻版。在《舊約‧創世紀》三章4～5節記載著：「蛇對女人說：『你們不一定死，因為神知道，你們吃的日子眼睛就明亮了，你們便如神能知道善惡。』」因此凡是用許多方法幫助人打開心中的眼睛，找到「更高的自我」，如同假借靈性的提升甚至達到「如神」的境界，都是被禁止的。所以只要是神祕主義的核心思想，大概都不被基督信仰所接受。其次，基督信仰的重點是認識基督和神，《約翰福音》十四章6節「耶穌說，我就是道路、真理、生命，若不藉著我，沒有人能到父那裡去。」《哥林多前書》一章30節「但你們得在基督耶穌裡，是本乎神，神又使他成為我們的智慧、

公義、聖潔、救贖」。認識耶穌的一生才能真正瞭解人和神生命的不同，也只有這樣才能真正體會公義、聖潔、救贖的真正涵意。

此外，也有強調基督信仰不是某種心理學派所說「人自己的需要的反射」，因為一切自己的需要的反射是指我們可以從很多別的東西、思想、文學、藝術等得到寄託。當然，基督信仰強調的是全豐全足的，所以它也不只是一套勸人為善的道德教訓。何況現今世上已有無數套道德教訓，教會一般的共識是不需要再增加基督「教」這一套勸人為善的道理，因為過於強調宗教時，會讓人產生「迷信」的問題。基督信仰要呼籲的是歷世歷代以來千萬人的見證是那麼「雖舊仍新」，因為這些見證使人那微不足道的生命得以和那永恆的生命並存。因此，基督信仰是根植於「道路、真理、生命」，也就是要傳達一位降世救贖人類的耶穌基督的愛。在那信仰裡，人若持守耶穌基督的愛，生命光輝便能常在。所以基督信仰的教導是「重於談瀕死經驗者的意義與重要性甚過談瀕死經驗過程的探討」，也就是說基督信仰的瀕死經驗研究的態度是「重於所是甚過於所作」。

前幾年有部電影《接觸未來》（*Contact*）劇本是一位太空人寫的，劇情描述一位自幼是孤兒懷著悲傷思念親人，長大後透過天文科學想撫傷自己對喪親之痛的無神論科學家伊莉；另一位是篤信上帝、自認為從信仰中方能有真理的神學家帕默，彼此對「從外太空傳來的訊息」有著不同的見解與爭執。不同立場的人對於外太空這件事的解讀很不一樣。反應最激烈者就是政治界與宗教界，他們都不相信有外太空的外星人。政治界對外星人用數字傳遞回來的希特勒演講懷疑他們的居心，不管伊莉是如何的解釋「地球語言這麼多種，外星人不懂地球上的語言；甚至提出數字才是宇宙通用語言」，或者「其實他們完全不懂希特勒代表什麼意思，二次世界大戰的希特勒是我們地球上發生過的歷史，不是浩瀚宇宙的歷史」。但是他們仍然對外星人充滿著敵意，他們懷疑這些訊息帶有侵犯的惡意。至於宗教界，則更擔憂這椿發現會危及基督的基本信仰，他們將視此為科學侵犯信仰的事

件，因此拚命反對甚至攻擊伊莉。諷刺的是一般民眾的反應是直接的、現實的。所以民眾趕熱鬧地前往伊莉發現外星人所搭建大耳朵一帶的研究中心，當地竟然快變成觀光勝地，在那裡人性的弱點一一呈現出來，有抗議、有祈福、有趁機做生意撈一筆的、有表演的，原是寧靜人煙稀少之地，一夕之間人滿為患。本片中導演透過代表神學家帕默身邊的「信徒」、環繞伊莉身邊的「科學家」，以及用盡心機、各懷鬼胎的政客們的種種扣人心弦的情境中。讓我們體認到本片真正的用意是「認識宇宙的偉大浩瀚，因而自覺渺小、謙卑之後，真理和信仰才會產生」。這也正是現今許多科學家心中仍有上帝的原因。

因此，瀕死經驗的研究或許會在社會上造成許多熱烈迴響。如同電影《接觸未來》提醒我們面對這浩瀚的宇宙，所以我們應該存著敬畏、謙卑與盼望，一同分享「台灣瀕死研究中心」提供給我們的大好消息，那就是「人間有愛，生命常在」。（本文曾刊載於《人間有愛，生命常在》一書）

探索活動：假想死亡證

假想死亡證

死者姓名：_____；身分證號_____

死者出生：_____年_____月_____日；死者年齡_____

死亡地點：_____

死亡日期：_____

死亡時間：_____

死亡原因：_____

討論：

一、請針對假想死亡證活動對自己產生的生命觸動留下一絲迴響。

　　＿＿＿＿＿＿＿＿＿＿＿＿＿＿＿＿＿＿＿＿＿＿＿＿＿＿＿＿

　　＿＿＿＿＿＿＿＿＿＿＿＿＿＿＿＿＿＿＿＿＿＿＿＿＿＿＿＿

　　＿＿＿＿＿＿＿＿＿＿＿＿＿＿＿＿＿＿＿＿＿＿＿＿＿＿＿＿

二、你對於假想死亡證的活動有任何迴響嗎？填寫姓名時，妳寫的是

　　誰？＿＿＿＿＿＿＿＿＿＿＿＿＿＿＿＿＿＿＿＿＿＿＿＿＿＿＿

　　若是別人或是空白不想寫為什麼？＿＿＿＿＿＿＿＿＿＿＿＿＿

　　你寫的年齡是多少？為什麼是這個數目？＿＿＿＿＿＿＿＿＿＿

　　你為什麼寫這個死亡原因？＿＿＿＿＿＿＿＿＿＿＿＿＿＿＿＿

　　你為什麼寫這個死亡地點？＿＿＿＿＿＿＿＿＿＿＿＿＿＿＿＿

　　你為什麼寫這個死亡時間？＿＿＿＿＿＿＿＿＿＿＿＿＿＿＿＿

　　你知道這叫做談論死亡以及提早思考死亡嗎？＿＿＿＿＿＿＿＿

　　說一說是不是比較沒有忌諱？＿＿＿＿＿＿＿＿＿＿＿＿＿＿＿

問題與討論

1. 當生物醫學科技（CPR、維生系統）可以維持病人生命，卻無法恢復病人意識時，若你是病人，你有何看法？又若你是病人家屬，你有何看法？又若你是醫療人員呢？

2. 請試著寫出三個與死亡有關的字眼、語彙，以委婉的說法、你認為死亡的象徵物、以文化傳統的迷思來描述死亡？

3. 假如你現在罹患絕症，不久於人世，會遭受生理上的疼痛及精神上的失落、折磨。請問你會怎麼辦？你的至親呢？又假如再過三十分鐘後，你所乘坐的飛機要墜毀，你會有什麼感

受和想法？你的至親呢？

4.生死課題有哪些？癌症、安樂死、臨終關懷、避孕、墮胎、自殺、死刑、器官捐贈、冷凍人、複製人、飢餓、喪偶、老人、動物權及戰爭所面對的爭議層面很廣。

5.面對生死大事有四種思維：靈性的提升、宗教信仰的探求、哲理的思維、生死觀的建立。你有何見解？

6.如何才是善終？是要獲得人生五福嗎？就是壽、富、康寧、修好德、考終命。

網站拾萃

伊甸社會福利基金會（http://www.eden.org.tw/）

　　患有類風溼關節炎的輪椅作家——曾任總統府國策顧問劉俠女士（杏林子），因著上帝的呼召及一顆愛身心障礙者的心，期望為他們建造一個屬於自己的家，於是捐出多年稿費，並和六位志同道合的朋友，於1982年12月1日將這個夢想實現，創造一個屬於身心障礙朋友的「伊甸園」。試問：

1.你知道這個基金會是怎樣產生的嗎？主要是在做哪些社會福利工作？

2.這個基金會如何為發展遲緩兒儲蓄希望？

3.這個基金會如何進行社區化家庭服務？

4.這個基金會如何為成年身心障礙者重建自信？

5.這個基金會如何為金齡老人安養天年？

6.這個基金會如何伸展國際雙福觸角？

閱讀書籍

陳芳智譯（1994）。David Carroll著。《生死大事》。台北：遠流出版社。

曾煥棠、林慧珍、陳錫琦、李佩怡、方蕙玲合著，林綺雲主編（2007）。《生死學》。台北：洪葉文化。

江麗美譯（1995）。波伊曼著（Louis P. Pojman）。《生與死：現代道德困境的挑戰》（第十一章）。台北：桂冠圖書。

王明波譯（1994）。瑪姬・克拉蘭、派翠西亞・克麗著。《最後的禮物》（第一、二章）。台北：正中書局。

失落與喪親之痛

- 認識各種形式的失落
- 悲傷的身心靈反應
- 認識各種形式的悲傷
- 瀕死者的失落與需求
- 悲傷者的失落
- 悲傷的意義建構
- 悲傷的健康的觀點
- 悲傷權利被剝奪的現象
- 悲傷治療與意義重建
- 關懷喪親者的原則

> 寫一封信，若住址是寄往天上。那會是什麼呢？
>
> ——無語問蒼天
>
> 若在海洋中隨著巨浪翻滾時，你願意乘坐哪種船呢？
>
> ——《汪洋中的一條船》
>
> 當你獨處時，最想跟逝者說哪些話呢？
>
> ——在藐姑射談逍遙

　　每一個人在生命中都會有失去重要的人、事、物的經驗，每個人對這樣的經驗有不同的解釋，以下先解釋失落的涵義，再說明各學者對失落的分類，以便對失落有初步的瞭解。

　　什麼叫失落（loss）？根據《牛津英文字典》對「失落」的字意是「被強行奪去」，是指剝奪了原屬於某人之事物，也就是剝奪了某人合法所擁有物品和事物的經驗。此外，Weenolsen（1988）將失落定義為：「任何破壞了合法性的生活及自我的事情，無論大或小，即為失落。失落和改變是不同的，而改變通常包含失落及壓迫感。」D'Andrea（1990）則認為：「失落是當一個人經驗到屬於他自己某些部分被搶奪，而這些部分是具有重要意義或是個人所熟悉的。」

一、認識各種形式的失落

　　失落以各種不同的方式呈現，有些是可以預期的，有些則無法預料；失落可能是真的，也可能是想像的。日常生活中，小至丟失了某件物品，大至親人去世，都會造成不同程度的失落，不同學者對失落有不同的分類，簡述如**表7-1**。

表7-1 不同學者對失落的分類

作者	分類	舉例
Lagrand (1986)	1.預期失落與意外失落	預期發生的失落多為生命發展過程中的「自然轉變」，通常是與代表安全感的人或物分離，如喪母、離家等；意外的失落對個人造成的創傷較劇，因為事件來得突然且毫無防備。
	2.具體失落與象徵失落	具體的失落是指失去實際的物品、身體部位或朋友家人；象徵的失落是指社會層面的失落，如離婚、降職、落榜等。
	3.最初失落與次要失落	最初的失落常會引起一系列次要的失落，因而更加重個人的悲傷反應。有時次要失落所引起個人的痛苦比最初失落來得大。
Weenolsen (1992)	1.較大與較小失落	失落的大小因個人的意義而不同，不是絕對的，小失落繼續累積也可能形成大失落。
	2.原生與衍生失落	例如失去健康時，連帶的也會失去遊玩、購物、參加團體活動、建立人際關係、自我接納的機會。
	3.實際與威脅失落	某些事件雖然沒有實際發生，卻對個體造成威脅，會帶來某種程度的失落，如失去安全感、自我概念、分心等。
	4.外在與內在失落	外在的失落意指失去某種物品、關係或成就；內在失落則指失去自尊，涉及個人的社會理想或自我實現等。外在的失落會伴隨著內在的失落，這兩者是密不可分的。
	5.選擇與強迫失落	某些失落是選擇性的，目的是要超越其他的失落。在這種情形下，失落不一定是違反意志，反而是選擇放棄以便避開其他形式的失落。
	6.直接與間接失落	有些失落是直接發生在個體身上，有些則是透過其他人，例如小孩受傷，父母親也會感到痛苦等。
Brammer (1993)	1.嚴重的失落	失業、天災、手術、入獄、戰爭分離。
	2.內在的痛苦	沮喪、抑鬱、自殺衝動、創傷後壓力、絕望、不良藥物反應。
	3.轉型狀態	換工作、退休、離婚、調動、疾病。
李佩怡 (1996)	1.生命失落	指因死亡因素使個人失去與自己有關係的生命體，且該生命體無法恢復的，如親人及家族成員的去世、朋友同學的去世、寵物死亡及墮胎流產等。
	2.實質與象徵的失落	指個人及家人的身體功能受損、失去重要的所有物、課業成績不及格、落榜、名譽或自尊心受損等。
	3.關係失落	指個人面臨重要人際關係的疏遠或分離所造成的失落，如與朋友、家人的關係愈來愈糟、男女朋友分手、父母離婚或分居等。

　　由**表7-1**此可知，失落的經驗大體上是受到外在事件及內在主觀感覺的影響，而會對個體產生重大意義及在情緒、生理、認知、行為上的轉變。失落的種類繁多，從具體與否可以分為有形的和無形的；從自主性與否可以分為可以控制和不可以控制；從時間的發生可以分為漸進的和突然的，不一而足。

 ## 二、悲傷的身心靈反應

　　在悲傷定義的部分，曾提及悲傷不僅是情緒層面，事實上悲傷是個人整體層面的身心靈反應。學者J. W. Worden（1991）由感受（feelings）、生理感覺（physical sensations）、認知（cognitions）、及行為（behaviors）等四方面來說明正常的悲傷反應。另有學者增加了社會及精神面的悲傷反應，將悲傷的反應由身、心擴展至靈的層面。筆者統整這部分資料，分為身、心、靈三部分說明之。

(一)悲傷的生理反應

　　Worden（1991）說明悲傷時，在生理感覺上會呈現：胃部空虛、胸口及喉嚨緊縮、對聲音過於敏感、呼吸急促、全身無力、缺乏活力、口乾及去個人化的感覺，覺得周遭人事物都不真實，包括自己（Corr, Nabe, & Corr, 2003）。

(二)悲傷的心理反應

　　Worden（1991）曾對悲傷的心理反應解析為三方面：

1.感受方面：會出現哀傷、生氣、罪惡感及自責、焦慮、寂寞、疲憊、無助、震驚、思念、解脫、鬆一口氣、麻木等情緒。

2.認知方面：會出現不相信、思緒混亂、沉浸在思念逝者、覺得逝者仍在、短暫的幻覺。

3.行爲方面：會出現睡眠困擾、食慾困擾、失魂落魄、社交退縮、對過去可獲滿足的活動失去興趣、夢見逝者、哭泣、避免任何會憶及逝者的事物、尋找與呼喚逝者、嘆息、不休息地過度活動、探訪某些地方及珍藏某些物品使自己回憶逝者。

(三)悲傷的社會反應

悲喪者呈現在社會面的悲傷有人際關係產生困難，或社會角色在組織中的功能喪失或無法勝任的問題。

(四)悲傷的心靈反應

悲傷反映在精神層面上會有：失去追尋意義感、對原先信仰或神的價值產生埋怨撇棄或敵意、瞭解到個人的價值體系無法因應特殊的失落。

三、認識各種形式的悲傷

悲傷形式可分爲複雜性悲傷反應、慢性悲傷反應、延宕悲傷反應、誇張悲傷反應和僞裝悲傷反應，茲列如下：

1.複雜性悲傷反應：又稱爲「複雜性哀悼」，指的是偏差以及不健康所產生的不尋常且不正常的悲傷反應或是哀悼過程。事實上，複雜性悲傷反應是一種心理失調，它們是過度扭曲及毫無生產力的。因此，它們會以持續的方式來吞沒悲慟者，造成他們行爲的適應不良或是無法有效地在哀悼過程中，產生令人滿

意的結果。我們這裡所談的複雜性悲傷，是與健康形式的哀悼有所區別。

2. 慢性悲傷反應：在時間上持續了很久，且沒有適當的結果，自從個體意識到回到原來的生活時，就無任何進展。

3. 延宕悲傷反應：在此反應中，在失落的悲傷是被禁止、壓抑或延宕，直到以後才出現。而到那時，它通常呈現的是對於之後的失落及其他引發事件所有的過度反應。

4. 誇張悲傷反應：悲傷反應過度，而且在某些方面會造成恐懼或不合理的害怕，生理或心理的症狀或不合適的行為。

5. 偽裝悲傷反應：個體會經歷某些症狀或行為，包含完全沒有悲傷，導致有悲傷反應的困難，但他們自己卻無法意識到和失落有關。

四、瀕死者的失落與需求

你可知瀕臨死亡時，你將失去什麼？死亡使個人失去什麼？R. Kalish（1985）提出癌末病人因瀕死與死亡而產生的失落有：

1. 失去體驗的能力（loss of experiencing）。

2. 失去親友（loss of people）。

3. 失去對自我身心的控制及各種能力（loss of control and competence）。

4. 失去規劃和完成計畫的能力（loss of capacity to complete projects and plans）。

5. 擁有事物的失去（loss of things）。

6. 自己身體功能的喪失或衰退（loss of body）。

7. 失去未來的夢想（loss of the dream）。

五、悲傷者的失落

1. 失去無可取代摯愛的對象：死亡事件首先造成的失落是與摯愛的對象永別。這容易讓悲喪者很快感受到失落，當無法看到、聽到且不能與摯愛的死者對話時，是難忍受的痛。

2. 失去依附的關係：當摯愛死者之間的關係不能在物質世界持續下去，也是令人難以適應的現象。悲傷程度與彼此的關係緊密程度有所不同，當情感依附關係緊密，關係失去時同於失去愛與安全感來源，越容易有適應上的困難。

3. 失去與死者對應的角色：關係的存在往往以角色來定位，而角色大多是相對應關係。死亡結束了關係，也剝奪了關係中與死者對應的角色。

4. 失去角色中的自我認定：自我認定（self-identity）是指自己認同在某個角色行為特質或特色是屬於自己的一部分。對於那些透過關係與照顧他人來界定自我認同喪失者，喪失不僅表示失去重要他人，也是自我意識的失落（李開敏等譯，1995）。

5. 失去生活的穩定及平衡狀態：死亡的發生造成生活變動，原有的生活狀態被打亂，失去了穩定與平衡。

6. 失去內在價值系統的穩定與平衡：死亡不可避免引起個人內在價值系統的變動，會讓我們質疑原來抱持的生活態度、對生活的看法或是質疑原來的宗教信仰。這些皆是屬於精神層次上的改變，而調適的過程就是由內在信念和情緒的不平衡逐漸恢復平衡，或是更新自己的價值系統。

六、悲傷的意義建構

　　建構主義觀點認為人類是意義的尋求者，每個人都是以表述特殊文化、家庭及個性的主題參與這個世界。從個人層面來看，這是說人們通常會以一些核心主張建構意義系統。然而，相對應於認知理論觀點認為情緒經驗的詮釋是「非理性的」、「非功能性的」，是無法反應「物體」的真實性；建構主義認為人類沒有所謂超出覺知以外真實的唯一根源，人類必須基於實際用處、內在關聯及符合與他人一致性的程度來判斷繼續成長的動力。因此，從這個觀點來說，所謂「心理上的疾病」變成是相對的，不同的個人或團體也許有極不同的標準去判斷任何特殊事件的建構是否有效或有無功能。一般而言，人們總尋找有某些內在連續、社會支持的意義系統，而且此系統將提供某些安全範圍幫助人們預期與參與各自生命敘述中的重要經驗。

　　基於建構主義的基本觀點，我們的失落理論有幾個主題出現，這些主題會概略形成另一種瞭解悲傷歷程適應的架構。首先有六個建構主義新觀點看待人類死亡及喪慟命題論述。引導出相關喪慟預期與實踐的假設架構（Neimeyer, 2000）。

1. 死亡是一種能或者不能協助我們從基本的生活中確認意義建構的事件，甚至我們雖然沒有建構意義，死亡卻是代表著嶄新的經驗。
2. 悲傷是個人對身分的認可、親密的與糾結等感覺的過程。
3. 悲傷是我們一生要做的功課，不是被完成的。
4. 悲傷是面對失落的挑戰時，確認和重新建構個人意義世界的行動。
5. 感受有許多功能，應該被瞭解是意義陳述的訊號，努力挑戰我

們建構的滿意度。

6.作為一個失落的存活者，我們在與他人妥協中，建構和再建構
我們的認同。

七、悲傷的健康的觀點

悲傷的健康的觀點，有下列三點說法：

1.悲傷歷程即是治癒的過程（grieving process is healing process）：
一般人以為悲傷對人是有害的，如同疾病損害身體，事實不
然。悲傷的歷程是複雜且積極的因應過程，其中需要悲喪者全
力投入，面對挑戰與機會，要承擔許多新的任務，並做許多選
擇。在充滿選擇的過程中，可重新儲存悲喪者的自主感，讓悲
喪者知覺到自己的確在某方面擁有控制權。悲傷的歷程（the
grieving process）彷彿是讓人們重新在心理的傷口敷上藥的過
程，藥雖苦，卻能治療傷口。筆者以為悲傷是人們為了因應失
落而有的正常反應，各種悲傷的反應都是我們天生自然的、積
極的因應失落的自體免疫系統。我們愈去體驗自己各種悲傷感
受，愈有治癒的力量。

2.任何重大的失落事件，所造成的變化是全人的、持續一生的經
驗：失落的經驗不是一段人生的插曲，不會事過境遷，就彷彿
沒有發生過。我們就是要學習在往後的人生中如何與已發生之
失落事實及悲傷的經驗共處，學習將失落的經驗與自己的生命
包容在一起，成為自己的一部分，最終形成新的整合個體。

3.親人死亡造成心理的傷口，逐漸癒合後仍會留下疤痕，但卻是
我們與親人間聯繫的記號：親人死亡造成的失落，就像在我們
的心中留下一個大傷口，在悲傷調適的初期，這傷口像個洞，

不論你用什麼外在的東西去填，都沒有用。只有去經歷那因為被剝奪與親人間聯繫的傷痛，這個洞口才會逐漸癒合，傷口在逐漸復原後，仍會留下疤痕或痕跡，而留下的痕跡便是個人與逝者間某種精神聯繫的象徵。

 八、悲傷權利被剝奪的現象

學者K. Doka最早提出了被剝奪權利的悲傷（disenfranchised grief）一詞。後來許多學者分別對所謂被剝奪權利的悲傷提出修正定義為：「當個人在某個失落後，經驗到的悲傷是無法或不能公開被承認，公開地哀悼，或被社會支持的。」。Doka於是將被剝奪權利的悲傷分為四種類型，分別是：

1.當與死者關係未被社會認可時。
2.當失落事實未被社會認可時。
3.悲喪者本身未被社會認可時。
4.當死亡形式未被社會允許時。

 九、悲傷治療與意義重建

1.生命史、傳記：傳記可以以第一人稱寫作，也可以藉由與家人、朋友訪談紀錄來撰寫，當然，也可以參考一些訪談錄或加上一些客觀資料加以撰寫，這些都可以為生者提供一個對於逝者印象上的架構。每一種不同的寫法都會產生出不同的東西來。
2.圖畫：一般人（尤其是成年人）並不習慣用圖畫來表達內心深層的情感，所以在使用這個策略前一定要努力使當事人接納圖

畫的方式，並誘使其對可能的結果產生好奇心。此外，不同於
寫作方式比較重視寫作過程，而不重視成果，在圖畫的表現
上，我們會把焦點放在成果上面，但要特別注意的焦點是成果
背後的意義，而別只是看到這個成果的表面而已，而這也是專
業諮商者與一般人的差異所在。

3.墓誌銘、碑文：或許在我們所愛的人死去的初始時間，我們會麻
　木到無法系統化的說出一個適切的墓誌銘，但若適切地選了一篇
　碑文，卻可以使生者與逝者的關係藉由這刻印作確認，而且經常
　可以使生者藉由墓誌銘找到適切的悲傷表達方式。

4.紀念冊：為了留住對逝去者之思念、感覺及回憶而建構了一本
　「紀念冊」，或許是以一種剪貼簿的類型將他的照片或紀念物
　放入。不同於一般日記的形式，僅將焦點放在個人私人的經驗
　中，紀念冊靠許多人共同編輯而分享。就某種意義來說，他們
　的描繪可擴展到出生或婚禮紀念冊，但焦點卻是在生命最後的
　轉換過程中，而非在生命的初始。

5.隱喻的意像：有時候照字面上的字是無法傳達出我們獨特性失
　落的感覺──我們也許會感到憂鬱、孤寂、孤單或生氣，但我
　們自己的悲傷是超過上列所述的。為了超越這公開的語言，我
　們需要使用一些個人方法，和利用一些可引起共鳴的部分。而
　談到隱喻我們的失落時可以幫助達到。當我們想起只在「慣例
　的」、「徵候的」部分時，有時不會得到這些驚奇感受的。

6.隱喻的故事：有時候一個失落的隱喻可以擴展到一個短的預言
　或隱喻的故事裡，可以捕獲到一個人悲傷時瞬間的影像。比喻
　來說，隱喻就像簡要的說明一個人悲傷的經驗，然而，隱喻的
　故事描繪出一個人失落的電影或紀錄片，從這方法可清楚的看
　到過去、現在以及未來。

7.個人的長途之旅：有時當我們察覺到失落時，需要持續重建
　已經離我們現在生活很遙遠的部分（個人的、地緣性的、信

仰……）。例如：當一個長者死亡時，我們需要可以讓我們回到孩童時期對我們之間具有重大意義的地方去旅行，在那裡可以再次地連結到與逝者之間的感覺。

8. 照片廊：照片是可以提供逝者留給活者另外一種生動活潑的紀念方式，可以藉此與逝者連結，是一種可以與他人彼此分享的方法。而利用照片可以用「說故事」的方法來「介紹」他，並可以確認彼此的地位所在。而照片有時會被擺放在皮夾內，或是放在家中自然談話中的某處，或是將照片拼貼起來做成一本紀念他們生前特別的照片回憶錄。可以憶起以前曾共度的時刻及儀式。

9. 失落的詩：若是光是用字面上口語的方式來表達失落，或許無法很清楚地將所想表達的讓其他人知道，因此用首詩來表達或許是有用的，不用在意它的押韻與結構，只要把你所想表達的用一首最能代表自己心境的詩寫出來。在詩中它可以幫我們聚焦在自己身上，看出到底什麼是你所想要的、所經驗到的，以及表達出最真實的感受。

 ## 十、關懷喪親者的原則

　　扶持一個痛失所愛的人，其本質是給予幫助，甚至要阻止因為哀傷所造成的毀滅性惡果。雖然每一起死亡的情況不同，每一位受到打擊的人都是獨特的，安撫他們時，卻有好幾個方法是共通的。

——June Cerza Kolf《此刻有你真好》

(一)初步關懷

儘快與喪親者聯絡，因為第一時間的接觸是他們得到支持的最重要因素。初接觸到喪親者時，要對他們開口說些什麼是很困難的，很多人都會迴避他們，因為想不到該講什麼話才適當，但是用不著如此，你只要說出心中的感受就可以了。更要避免不得體的客套話，**表7-2**列出喪家最常聽到的客套話，以及比較有幫助、比較能表達出同情與關懷的話語。

表7-2　關懷喪親者的話語

請不要說	請改說
時間會治療一切	你一定感受到這樣的痛苦沒有止境
看開點吧	這痛苦實在太令人難以承受了
你心愛的人已經上天堂了	你心愛的人已經解脫了，但我知道你還是很痛苦
上帝絕對不會讓我們承受不ㄌ	你一定覺得非常的苦
請你節哀	請你盡情的哭吧，沒關係的
你的感受我瞭解	我好擔心你，真不敢想像你現在的感受
一切都會沒事的	我能為你做什麼嗎？請告訴我
如果有什麼需要我幫忙的，請儘管說	我明天再打電話來，看看能有什麼幫得上忙的

(二)喪禮過後一週

此時原先撐住喪親者的支持通常會減少，外地趕來奔喪的親友必須返回家園，親友和四鄰也不再送吃的來，特意的呵護關照如水流雲散。除了持續給予關懷和體貼的表示外，我們應當給予喪親者當哀則哀這樣的時刻，因為一昧的把他們推向熱鬧的活動當中，只會延長或延遲他們心中的哀痛，也不能在恢復期當中強迫他做任何事，因為各

種心靈的創傷都是需要時間來癒合。此時發揮私人的情誼，如寄張慰問卡寫上關心對方和他的家人問候的字眼，多給一些額外的時間和關懷，可以幫助走過喪親的陰霾。若是喪親者願意談論去世親人或喪禮的種種，那麼正可以找個地方坐下來積極地傾聽，因為對喪事絕口不提只會讓喪家感到被人隔離和遺棄。

(三)喪親後最初六個月

悲傷並不會跟隨時間自動消失，那需要時間和勇氣。在喪親者最需要特別關懷的時候，關懷卻也愈來愈少了，當遮蔽哀傷的霧氣和麻木散去後，空虛感會顯露出來，這種狀況通常出現在親人亡故後的六個月內，此時正是最需要支持的階段。除了持續的支持外，也須重視那未處理的憤怒，因為它會加重喪親者的寂寞感，若是發現他們被憤怒緊緊支配，沒有寬恕的心，應當謹慎地勸喻他去做心理輔導或透過宗教信仰化解這些情緒，減輕痛苦。當寬恕帶來內心的平和，接受了不能改變的事實，這便是痊癒的起點。

(四)週年的關懷

親人逝去一年之後，喪親者在心靈和生活上仍會有一段空白，但某些正面的改變和調整已很有希望地展開，作為他們的朋友，你應該一直關懷備至。親人逝世屆滿一週年是個里程碑，喪親者在這一年間度過了每一個節日和其他的紀念日，甚至是一些財務事項都已處理完畢，換句話說，改頭換面的人生新頁已經開啟。我們要記得向喪親者提及他們過世的親人，這點尤其重要，通常，他們會認為沒有人記得、掛念或關心那已故的親人，知道還有人依然感激和懷念著時，是很高興的。從喪親中恢復過來的最後一步，就是向別人伸出援手，但這對他們而言可能困難，所以需要朋友的協助，此時我們即可找一些

他們會感興趣的領域，建議他們參加一些活動，甚至是鼓勵他們去關懷遭遇相同的人，畢竟一個曾經爲深刻的傷痛而痛哭過的人可以眞正幫助其他有類似經歷的人。一位喪親者從淚水中學到的智慧，會引導他去同情和治療另一顆受傷的心。

問題與討論

1. 在各種形式的失落當中請列舉一個例子並說明。
2. 悲傷理論的產生是要我們對悲傷有一番正確的認識，請說出你對悲傷的瞭解。
3. 本單元列舉了關懷喪親的一些原則，請簡略述說一下。

網站拾萃

Center for Loss and Life Transition（https://www.centerforloss.com/）

　　Dr. Alan D. Wolfelt於1983年建立「失落與生命轉換中心」（The Center for Loss and Life Transition）。該中心是一個私人的機構。成立的目的是要瞭解構成所謂悲傷的複雜情感要素有哪些。該中心的使命是要協助陪伴悲傷者一同走過獨特的生命旅程，並且提供悲傷照護者教育諮詢和專業指導。該中心位於美國科羅拉多州落磯山脈在Fort Collins西邊的山腳下，其座右銘是「幫助那些關心別人的人」。Dr. Wolfelt經常準備工作坊以及出版了許多專書及刊物。

台灣心理諮商資訊網（http://heart.ncue.edu.tw/）

這是由國立彰化師範大學輔導與諮商學系王智弘教授的團隊所製作。主要的理念是網際網路的發展提供了新的溝通媒介與活動場域，除了帶給人們新的生活經驗與文明發展的可能性之外，也引發新的人類行為問題與社會秩序的挑戰……。試問：

1. 如果你有失落與喪親之痛，這個網站有哪一些內容對你是有幫助？
2. 這個網站中「助人專業教育資訊網」提供了哪一些助人專業教育資訊？
3. 這個網站中「助人專業學會資訊網」提供了哪一些助人專業學會資訊？
4. 這個網站中「學校心理諮商資訊網」提供了哪一些學校心理諮商資訊？
5. 這個網站中「社區心理諮商資訊網」提供了哪一些社區心理諮商資訊？
6. 這個網站中「全人發展取向生涯發展網」提供了哪一些生涯發展資訊？

 閱讀書籍

台北得榮基金會和台中曉明女中教材。

8

長壽俱樂部——
高齡化社會的需求

- 台灣的老年潮來了
- 高齡化社會的需求
- 結語

> 使老有所終，壯有所用，幼有所長，鰥寡孤獨廢疾者皆有所養。
>
> ──《禮記・禮運大同篇》

根據台灣大學社會系教授薛承泰指出，台灣人口老化主要原因是生育率的下降以及壽命的延長，生育率下降導致幼年人口的減少並凸顯老人人口的比例，壽命的延長不僅增加老人數量，也提升了「老」老人的比例。台灣的「高齡化」始於1995年，加速期於2005年後開始。2011年台灣老人比例約為12%，2025年後將會超過20%，甚至超過15歲以下兒少的人口；屆時15～64歲的勞動力人口，每百人要負責扶養22位兒少以及30位老人，如果勞動人口沒有維持高就業率，負擔更不僅於此。

一、台灣的老年潮來了

老年人口愈來愈多。早在民國84年，台灣65歲以上老人即占總人口數7%，進入聯合國所謂的高齡化社會。到2030年，預估將會拉升至20%；也就是說，每五個台灣人就有一位老人。根據2017年台閩地區戶口及住宅普查資料，2001年底老年人口比率為8.8%，到2006年底老年人口比例已達10.0%（**表8-1**）。行政院經濟建設委員會估計2050年，我國人口老化比率將高達29.8%，老化速度較一般工業化國家更為快速（內政部戶政司，2004）。「老化指數」是年老化指數的簡稱，是指65歲以上人口除以0～14歲人口後的百分比，這項指數通用於已開發國家、開發中國家的人口結構。這個依賴人口的老化指數可以看出被扶養的人口中老人的比例高低，若是越高則代表人口老化越嚴重。

扶養比係指每百個工作年齡人口（15～64歲人口）所需負擔依賴人口（即14歲以下幼年人口及65歲以上老年人口）之比，亦稱爲依賴人口指數，比率越高，表示有生產力者負擔較重，比率越低，表示有生產力者負擔較輕。

表8-1 台閩地區歷年年底人口數三階段年齡結構、依賴比、老化指數、扶養比

年別	年齡結構百分比分配			幼年人口依賴比	老年人口依賴比	老化指數	扶養比
	0～14歲	15～64歲	65歲以上				
民國85年	23.1	69.0	7.9	33.5	11.4	34.0	45
民國90年	20.8	70.4	8.8	29.6	12.5	42.3	42
民國95年	18.12	71.88	10.00	25.21	13.91	55.17	39
民國100年	15.08	74.04	10.89	20.37	14.70	72.20	35
民國101年	14.63	74.22	11.15	19.72	15.03	76.21	35
民國102年	14.32	74.15	11.53	19.31	15.55	80.51	35
民國103年	13.99	74.03	11.99	18.89	16.19	85.70	35
民國104年	13.57	73.92	12.51	18.36	16.92	92.18	35
民國105年	13.35	73.46	13.20	18.17	17.96	98.86	36
民國106年	13.12	73.02	13.86	17.96	18.99	105.70	37

資料來源：內政部戶政司（2017）。

　　由於醫療技術的進步及公共衛生觀念的大力推廣，人類的平均壽命不斷延長。台灣和世界其他國家比較65歲以上人口占總人口比率可以發現，全世界以日本在2002年每一百人中有18位65歲的老人比例最高。其次每一百人中超過10位的除了香港之外都是歐美國家，普遍的現象是各國65歲以上人口占總人口比率都是逐年升高，參考**表8-2**。

認識生死學——生死有涯

表8-2　65歲以上人口占總人口比率

年別	中華民國	韓國	新加坡	香港	日本	美國	法國	德國	英國	中國大陸
1988	5.7	5	6	8	11	12	13	16	16	5
1989	5.9	5	6	8	12	12	14	15	16	6
1990	6.2	5	6	9	12	12	14	15	16	6
1991	6.5	5	6	9	13	13	14	15	16	6
1992	6.8	5	6	9	13	13	14	15	16	6
1993	7.1	6	7	9	14	13	14	15	16	6
1994	7.4	6	7	10	14	13	15	15	16	6
1995	7.6	6	7	10	15	13	15	16	16	6
1996	7.9	6	7	10	15	13	15	16	16	6
1997	8.1	6	7	10	16	13	15	16	16	6
1998	8.2	6	7	10	16	13	16	16	16	6
1999	8.4	7	7	10	16	13	16	16	16	7
2000	8.6	7	7	11	17	13	16	16	16	7
2001	8.8	7	6	11	17	13	16	16	16	7
2002	9.0	7	7	11	18	13	16	16	16	7

說明：1.聯合國定義之高齡化社會係指65歲以上人口占總人口比率超過7%。
　　　2.1990年以前德國資料僅指西德。

資料來源：行政院主計處「社會指標統計」年報、各國統計月報及年報、行政院經濟建設委員會「世界人口估計要覽」、世界銀行社會發展指標。

　　一般所指平均壽命係指一個人從0歲至死亡的平均壽命而言。從圖8-1顯示2001年各國男性及女性之平均壽命均較1990年為高，且女性的平均壽命一般均高於男性。我國男性之平均壽命由1990年之71.3歲提高至2001年之72.8歲，女性由76.8歲提高至78.5歲。與各國比較，2001年我國男性平均壽命72.8歲高於韓國之71歲及大陸之69歲，低於新加坡之76歲、香港及日本之77歲、美國之74歲、英國及法國之75歲、德國之74歲。我國女性平均壽命為78.5歲，高於韓國之78歲及大陸之73歲，低於新加坡之80歲、香港82歲、日本84歲、美國80歲、法國83歲、德國81歲、英國80歲，各國兩性之平均壽命差距約四到八歲。

136

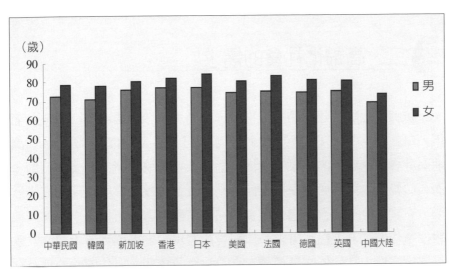

圖8-1　2001年各國平均壽命

　　世界衛生組織（WHO）曾經公布全球191個國家人民的平均預期
壽命，日本名列榜首，日本人的平均壽命為74.5歲。根據WHO官員指
出，日本人的低脂肪飲食習慣和不吸菸是他們長壽的原因，在所有排
名中，排名第二的是澳洲（73.2歲），澳洲成為第二的主要原因也是
政府成功推行了戒菸政策，使癌症患者數量減少。WHO的預期壽命
最長的前十名國家除了第一、二名為日本和澳洲外，其餘的全是歐洲
國家。美國名列第二十四，原因是美國城市貧民、黑人壽命較短。長
壽族中大部分為女性，數據還顯示，男、女之間的壽命差距目前還不
斷在增大，過去性別壽命的差距大致是三到四歲，現在有的國家已擴
大為七到八歲。而排最後十名的國家全是非洲國家，這些國家是全球
最不幸的地區，由於愛滋病、天災及戰亂，國家民眾的平均預期壽命
僅30歲左右。最後一名是非洲的獅子山，當地人平均預期壽命僅25.9
歲，大約與中世紀時的歐洲人相當。

二、高齡化社會的需求

依據行政院經建會的人口推計，台灣地區於民國84年65歲以上老年人口就已經占總人口數的7.25%，顯示已經邁入高齡化的社會。台灣地區社會快速變遷的結果，使得高齡老人要去適應新的社會價值觀，而人口都市化後的居住安排，促使高齡者退出就業職場後能夠充滿歡樂，充實自得，是台灣邁入社會福利國家應努力的目標之一。謝高橋教授所作的《老人福利需求評估報告》發現，老人感到最重要的需求是健康醫療，其餘依次是經濟安全、教育及休閒、居住安養心理及社會適應以及對家庭關係的支持。

(一)實施新的人口政策，緩和人口加速老化

高齡人口比例愈高，則社會需求就會愈大，因此「維持人口合理成長」以期人口淨繁殖率能夠保持在替代水準避免人口加速老化。前台灣省家庭計畫研究所張明正所長便主張加強落實新的人口政策，維持「兩個孩子恰恰好」的生育規範，應可以緩和台灣地區人口老化速度，避免未來家庭支持體系過分萎縮。由於目前國內老人依賴的經濟及情感支持體系來源主要是來自其子女，子女數愈少則老人可依賴的家庭支持就愈少，所以維持人口合理成長有其必要。

許多專家對台灣在少子化時代要提高生育率的方法有許多的建議。政府因此推出各種獎勵生育方案，透過育兒津貼、補助托嬰、建立照護等方式。期以生育或托育補助政策，增加國民生育率，提高人口素質。

李建興（2010）說台灣目前的做法有：(1)補助托嬰：年收入150萬元以下家庭，將未滿2歲幼兒交由社區保母或托嬰中心收托，政府補助

每月3,000元。第三胎則不限收入每月3,000元補助；(2)育兒津貼：年收入30萬元以下家庭，每月5,000元育兒津貼；(3)鼓勵生育：北市府明年推出「助你好孕」，每胎嬰兒補助2萬元；(4)建立照護：台中市設立保姆資源中心，進入小型社區，支援新手父母；(5)鼓勵生育：宜蘭縣發每胎1萬元津貼，公衛護士及志工會進行家訪，增送育兒「寶典盒」。

　　黃惠靜等人（2014）針對政府提高生育率措施提出檢討，認為有下列四項問題：(1)政府鼓勵生育，忽略養育問題才是關鍵；(2)一次性補貼無法發揮實質效用；(3)托育與教育制度不夠完善，無法有效鼓勵生育；(4)家庭支持及制度保障不足。並提出解決的方案：(1)成立跨部會專責因應少子化之機構；(2)生育與育兒觀念之形塑導正；(3)提供育兒家庭完整及充足之經濟支援及托育輔助。其中，對於補貼政策建議要升級且範圍要擴大：(1)提供育兒家庭完整及充足之經濟支援；(2)托育健全、公私協力；(3)生養並重、量質提升；(4)對育兒家庭夫妻的就業支持，如男性「陪產假」、女性「育嬰期間彈性工時」、「育嬰留職有薪」及「育嬰津貼」等措施；(5)協助有生育意願但有生育障礙之家庭醫療協助；(6)照顧外配、教養升級。

(二)制訂長期照護政策，提升健康安養品質

　　全世界工業化國家中，老人人口增加的同時也伴隨著慢性疾病及生理功能障礙人口的快速攀高，使得醫療服務與長期照護的需求大量增加。對長期照護有深入研究的台灣大學衛生政策與管理研究所吳淑瓊及江東亮兩位教授，便主張我國長期照護體系的建立必須先從長期照護的服務提供、資源發展、財源籌措與組織管理四大方面加以瞭解後，改善現有問題，朝向理想的長期照護體系邁進，以便制訂長期照護政策。他們也曾著文建議：

1.確立長期照護體系中各種服務型態的措施：長期照護體系主要有機構式、社區式，居家式三種服務型態。歐美先進國家先是

萎展機構式服務，後因成本高、品質差的問題，現已轉而支持社區及居家照護服務。因此我國應參考外國經驗及我國國情，發展最適合國內的服務型態。

2. 有整體的規劃培訓長期照護所需的人力：長期照護人力的推估大致上已有初步的數據，人力培訓計畫要解決照護人力全面性的問題，亦即除了居家護理師之外，老年科醫師、社工師、心理諮商師、護理佐理員的培訓與管理也應一併考慮。培訓的計畫更應在各級學校教育、在職訓練、證照考試與核發同時並進。

3. 在現有醫療體系的基礎下發展長期照護資源：鼓勵公私立醫療機構，增設老人長期照護部門、護理之家、日間照護中心及居家護理服務。尤其是住院率極低的小型醫院，若輔導轉型則長期照護服務網絡便可以快速發展。

4. 研擬長期照護財源的籌措來達到服務提供的公正性與可近性：長期照護服務的獲得除了現行全民健保增加項目外，辦理長期照護保險亦是促使老人獲得服務的另一種保障。

◆老人照顧者是誰

根據台大衛生政策與管理研究所教授吳淑瓊，曾對台北縣市功能障礙老人主要家庭照護者做調查，發現：(1)近四分之三的家庭照護者是女性；(2)老人照顧老人，三分之一照護者是超過65歲老人；(3)另外三分之一照護者是30～49歲成人；(4)近四成照顧者除了照顧老人，還要外出工作；而有30%照顧者曾因此辭職，或拒絕某項工作。隨著高齡化社會的來臨，高齡者因慢性疾病高盛行率，而需要較多的失能照顧，但因家庭解構核心等社會變動因素（**表8-3**），只能提供部分照顧功能，使我國原有的高齡者照顧結構，從以家庭為主轉向社會、機構共同分擔照護情況。

表8-3 台灣過去家庭組織型態概況　　　　　　　　　單位：%

家庭組織	占全國總戶數之比率		18歲以下人口分配比率		65歲（含）以上人口分配比率	
	1992年底	2002年底	1992年底	2002年底	1992年底	2002年底
單人	6.6	8.5	0.0	0.0	9.6	8.7
夫妻二人	8.5	12.9	0.0	0.0	19.6	29.2
單親	6.4	8.1	3.9	4.7	3.9	4.6
核心	56.6	47.7	68.8	62.0	14.3	12.9
三代	17.0	16.3	25.3	30.2	43.1	33.5
其他	5.0	6.5	2.0	3.1	9.6	11.2

資料來源：行政院主計處「台灣地區家庭收支調查報告」。

◆機構式照顧

根據1997年6月修正之《高齡者福利法》第九條，對高齡者福利機構區分為：長期照顧機構、養護機構、安養機構、文康機構及服務機構等五種，對安養機構的機能，定義為「以安養自費高齡者或留養無扶養義務之親屬，或無扶養義務之親屬無扶養能力之高齡者為目的」。

現今民間大多數所謂安養機構，主要是以不健康高齡照顧對象，與《高齡者福利法》所定義的安養機構不同，相較之下，日本對高齡者住宅及服務則有較明確的劃分，係以高齡者生活不同時期之需求作為區分，健康時期為安養，障礙時期為養護，臥床時期則稱為特別養護。

隨著美國精神醫療界自1950年起推動「去機械化運動」（deinstitutionalization movement）之興起，社區化的照顧服務（community-based care service）理念也被引進台灣，因社區化照顧的服務網路（含提供資訊、轉介、接觸、評估及個案管理等）和支持系統（含居家護理、居家服務、日間照護、喘息服務、緊急呼叫、緊急救護及護理之家等）所需的專業人力與物力極鉅，且有城鄉資源均衡分配等

問題，故在學者的研究和政府單位的報告中均指出，我國現況在長期照護服務上，尚未能建立一個整合高齡者社會醫療及長期照顧之連續性健康照護體系。

行政院在2017年推動長照2.0十年計畫，目標建立完善長照服務體系。長照2.0的特色有延續過去十年所提供的長期照顧服務外，並擴大納入50歲以上失智症者、55歲以上失能平地原住民、49歲以下失能身心障礙者及65歲以上衰弱者等四類服務對象，服務人數預估自五十一萬一千餘人增至七十三萬八千餘人，成長44%，服務項目從八項增爲十七項，一年可新增五萬個就業機會。同時，向前端銜接預防保健，降低與延緩失能；向後端銜接安寧照護，讓失能與失智者獲得完整、人性尊嚴的照顧，同時減輕家屬照顧負擔。

該計畫在建立以社區爲基礎的長期照顧體系，有下列的特點：(1)建構社區整體照顧服務體系，實現在地老化；(2)擴大原住民族長照服務；(3)整合醫療與照顧資源，提供長照服務單一窗口。

爲充實長照十年計畫2.0的服務量能，規劃培養長照服務人力，包括研議不同照顧場域（居家、社區或機構式服務）長照人力所需專業知能與薪資待遇、提高照顧服務員薪資待遇，提升投入職場誘因、利用科技輔具及多元宣導管道，提升社會大眾對照顧服務員之專業形象及認知。

爲了強化長照需求評估及提升核銷效率的做法有二：

1. 發展有效率的長照需求評估系統，採用多元評估量表及智慧載具評估作業系統；同時建立支付標準及支付制度的資訊系統，以強化評估、照顧管理、核銷及支付等服務效能。
2. 將簡化服務單位核銷作業程序，未來長照服務單位將以跨域結盟與特約方式，簡化核銷作業程序，提升民間參與提供長照服務之意願。

最後，長照經費不同於全民健保的規劃，主要是來自指定稅收，

穩定長照財源。為因應人口快速老化，長照需求增加，服務量能擴大，所需經費逐年增加，必須有穩定財源挹注，經評估現階段以調增遺產稅及贈與稅（下稱遺贈稅）及菸酒稅菸品應徵稅額（下稱菸稅）作為長照特種基金財源。《長期照顧服務法》修正案已於106年1月26日經總統令公布：(1)調增遺贈稅稅率：《遺產及贈與稅法》修正案於106年4月25日三讀通過，遺贈稅稅率由10%調整為三級累進稅率10%、15%及20%，推估每年約可挹注長照特種基金新台幣（下同）63億元；(2)調增菸稅稅額：《菸酒稅法》修正案於106年4月21日三讀通過，各類菸品應徵稅額由每千支（每公斤）徵收590元調增為1,590元，推估每年約可挹注長照特種基金233億元。

(三)規劃建全年金制度，提供高齡經濟安全

老人經濟安全的獲得主要由兩方面，積極面是延長老人的工作年齡，創造老人的就業機會，使他們得以有較長時間持續累積儲蓄與退休金；消極面是建全年金制度，設立老人救助。

我國現行有許多退休制度，如公務人員保險、私校教職員保險、勞工保險、農民保險、公營事業退休制度等，這些制度存在許多缺點有待改善。規劃年金制度時，應該考慮哪些因素呢？前中華經濟研究院李誠副所長提出下列思考方向：(1)年金該由民間或由政府提供？(2)老人的經濟安全可以透過個人購買年金保險、個人儲蓄來解決；(3)老人的經濟安全也可以由政府辦理社會保險，強制個人儲蓄。(4)民間辦理老人年金要克服下列問題：交易成本過高、無法承受重大天災人禍、高風險者才買保險的逆向選擇造成保費偏高、要保人降低勞動參與率提早退休領取保險金。而政府規劃年金制度時，則應把握下列原則：(1)年金只是彌補個人經濟不安全的輔助工具；(2)年金只是保障個人最基本的生活；(3)年金制度必須是自成體系，自負盈虧；(4)年金的制度應儘量提高或維持勞動參與率；(5)年金要能公平負擔，受益權利

平等；(6)年金制度有民營化的趨勢；(7)調整和老人經濟安全相矛盾的政策，如婦女勞動參與率的提高；(8)鼓勵雇主提供員工照顧家中老人的福利，如提供照顧老人假期，彈性上班或提供日間托老場所。

　　民國94年公務人員退撫制度開始改變。其中原先的公務人員退撫「確定給付制」改為民間勞退制度的「確定提撥制」，政府的立場是可減輕國家負擔，也可維持公平正義。「確定給付制」是指退休金按照工作年資及退休等級，依法定標準計算給與，退休人員能明確預知退休給付額度，且由雇主保證給付並承擔財務風險。相對於確定給付制，「確定提撥制」是指雇主及員工在工作期間，定期提撥固定比例金額作為退休給付準備，員工退休時提領帳戶內累計的收益本息。因此在確定提撥制下，以提撥金額進行投資的決策正確性與報酬率高低，將影響最後領取的額度。

　　民國106年「公務人員退休撫卹法草案」立法通過審查，此案將於107年開始實施，將對公教人員的退休生活造成相當衝擊。考試院表示為免因退休所得調降後過度衝擊已退休人員原有退休生活的經濟安排，所以通過自80%逐年降至70%，且以十年為過渡期，希望減少衝擊，並使退休年資較短淺退休人員的退休所得，最終能維持適足性保障（TVBS NEWS，2017）。

(四)正視高齡勞動價值，提升高齡人力運用

　　傳統的勞動文化規範傾向於將高齡的勞動角色定位在非生產性活動的刻板印象，認為高齡勞動價值特性是效率低、接受新知識的意願不高、教育程度差、適應不易、固執難溝通、不適合於職場上的競爭。但是根據國內林顯宗教授的研究指出，高齡勞動者的缺席率、流動率、職災率、疾病率都比較低，而且做事態度嚴謹、可信賴、守法守份、有較高的工作滿意度及正向的工作價值觀，但是國內的企業主卻普遍拒絕僱用高齡勞動者。正視高齡勞動價值有其重大意義：(1)高

齡勞動力的運用,一方面除了增加勞動人力的供給外,還可藉由高齡者經濟的獨立,減輕對社會福利的信賴;(2)高齡者投入勞動力市場,亦可因工作而獲得社會接觸與成就感;(3)政府對高齡者勞動權益的保障,代表對高齡者基本人權的尊重。

政治大學勞工研究所劉梅君教授建議從下列各方面建立高齡人力運用策略:

首先,參考日本制定國內的「高齡者僱用相關法令」,鼓勵企業僱用高齡者的意願,包括建立高齡僱用諮詢制度、補助實施延長退休年齡或勤務延長制度的雇主、獎勵僱用超過一定比例高齡勞動者的雇主及提供資金融資。其次,針對國內高齡勞動者的人力品質,就業市場的短、中、長程狀況及人力缺乏的職業進行調查,研究適合高齡者就業的工作。第三,建立高齡職訓網絡,將高齡求職求才建檔,開設高齡職訓類科以滿足企業的需求。第四,建立彈性的僱用制度,包括部分工時、工作分享、高齡職務重新設計、高齡在職訓練及契約性的受僱。第五,法律明文禁止對高齡勞動者的歧視,可採取彈性退休制度以替代限齡退休的規定,提供高齡勞動者依其自身的條件做生涯上最適當選擇的機會。

(五)建立高齡新人生觀,迎接晚年黃金歲月

台灣社會因都市化、教育普及、生產技術進步等因素加速社會變遷,使得老人不再能夠接受傳統農業社會下家庭功能的照顧,老人的社會地位一落千丈。原本期望老年生活是快樂自在、充實有意義、受人尊敬且有尊嚴,但是卻有許多老人退休後卻終日閒賦,無所事事,感覺生活苦悶乏味,生活宛如在等待生命終止的來臨,嚴重的還可能有許多心理和情緒不穩定的症狀。當然這種差異和老人個人的人格特質及其生活環境、生活背景有關。誠如柴松林教授所說,老人自己在現今的社會,必須改變過去傳統的舊觀念,瞭解時代的新觀念,然後

調整自己的行為與心態，為自己開創晚年的黃金歲月。例如：(1)考慮擴大自己的社交範圍，維持良好又活潑的人際關係；(2)多從事志工義務工作，讓自己覺得有存在的價值；(3)凡事保持興趣，擴大關心的對象；(4)明白人類倫理道德水準，因環境變遷而漸鬆綁，不要去嘆息世風日下；(5)努力吸收新知，學習是終生的過程，經常保有學習的心，讓自己成長；(6)要樂意向晚輩學習，不要倚老賣老；(7)盡可能減少對他人、甚至自己子女的依賴，學習自己照顧自己；(8)學習安排規劃獨處，不能完全依靠子女來陪伴。

(六)運用社區發展資源，推展老人福利服務

高齡者在生活照顧的居住安養、醫療復健、教育休閒、心理及社會適應等需求很高，而高齡者行動不便，依賴性高，所以更需要藉由社區資源、民間共同參與老人福利。這些老人服務範圍包括：(1)老人在宅服務、協助高齡者家事、諮詢、文書作業、精神支持、陪伴等；(2)改善高齡者住宅設施設備，如浴廁馬桶兩側應設扶手、地板需有防滑效果、臥室的舒適與便利等；(3)日間託老服務，使高齡者得以在日間生活上免除單調無聊，又可免除就業中子女在日間難以照顧自己親人的困擾；(4)高齡者營養餐食；高齡者可能有各種慢性疾病，如糖尿病、高血壓、痛風等，在飲食上除了一般軟食及素食外，應可再提供適合各種慢性病的飲食，如高血壓飲食、糖尿病飲食。社區中的資源很多，利用各社區的活動中心開設老人文康中心提供各類休閒育樂服務，或獎勵民間機構如宗教團體設立小型的社區、松柏、長壽俱樂部，作為老人聚會的場所，在這些大小場所舉辦長青學苑，辦理老人知識、文化再充實的機會，或組成長青志願服務團隊、研習活動、運動會、歌唱比賽，或舉辦各種旅遊活動以擴大其生活層面、舒展身心，或辦理長春楷模選拔、重陽敬老、金婚誌慶，或設置長青懇談專線、諮詢服務中心、電話訪談、營養飲食講座等服務工作。

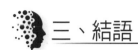

三、結語

　　我國邁向社會福利國家之列，已經著手進行許多老人福利及老人社會工作的研究。接下來是要加強辦理推展高齡者各種需求的福利工作，並經常去研討、評估缺失，提供改進之道，並且讓社會中每一個人都能為高齡者給予必要的尊崇與照顧，那麼我們社會才能讓高齡者快樂又充實，成為名符其實的尊老、敬老、崇老的福利社會。

問題與討論

1. 怎麼判斷台灣的老年潮來了？
2. 面對台灣高齡化社會的產生，政府應該扮演何種角色？
3. 台灣在面臨高齡化社會下會有哪些需求？
4. 搜尋世界各國近五年的平均壽命、65歲以上人口比率。
5. 台灣近十年家庭組織型態，戶數、18歲以下及65歲以上人口分配比率。

 網站拾萃

衛福部的長照2.0網路專區（https://1966.gov.tw/）

　　此設置是為了實現在地老化，提供從支持家庭、居家、社區到住宿式照顧之多元連續服務，普及照顧服務體系，建立以社區為基礎的照顧型社區，期能提升具長期照顧需求者與照顧者的生活品質。

中華民國老人福利推動聯盟（http://www.oldpeople.org.tw/）

　　設立的宗旨是為了打造老人福利國，讓台灣老人享有快樂、沒有恐懼的晚年，是老盟深切的期許。打造老人福利國，更是老盟努力的目標，老盟作為老人權益的倡導者，希望透過老人福利資訊網站的設立，提供有關老人福利的相關訊息（福利法規、社區照護、醫療保健、經濟安全）。

老人基金會（http://www.old.org.tw/1_index.htm）

　　於民國76年7月20日正式成立，以「老吾老以及人之老」為服務宗旨，竭盡所能地協助需要幫助之老人。在老人福利需求下，陸續設置助養組、防護組、協尋組、救援組，以獨居、貧困、遭棄養之孤苦老人為主要服務對象。90年起成立服務組，使服務範疇擴及一般老人。試問：

1. 中華民國老人福利推動聯盟提供哪一些「福利法規」的訊息？
2. 中華民國老人福利推動聯盟提供哪一些「醫療保健」的訊息？
3. 中華民國老人福利推動聯盟提供哪一些「經濟安全」的訊息？
4. 老人基金會有一個協尋系統，是做什麼用的？
5. 提供了哪一些老年規劃的訊息？
6. 若您有老人想進住在台北市士林區的機構安養相關問題，在老人基金會提供的安養中心查詢系統，你會選擇哪一家？

自殺議題與防治

- 自殺問題對現代社會的影響及盛行情形
- 自殺的定義
- 自殺的社會現象分析
- 宗教對自殺的看法
- 台灣地區自殺現況探討
- 自殺原因
- 自殺的過程
- 自殺迷思
- 自殺的防治
- 自殺的處理
- 自殺者的評估與治療
- 結語

> 　　小男孩草草寫了一張紙條，貼在襯衣上，然後走到聖
> 誕樹的另一端，以天花板的橫梁上吊。便條上的話很簡短：
> 「聖誕快樂」，他父母永遠無法忘懷，也永遠無法瞭解。
>
> 　　我不知道爲什麼，我永遠無法得知爲什麼，我也不需要
> 知道爲什麼，我不喜歡知道，我該有的是做個選擇，關於我
> 的餘生。
>
> 　　　　　　——波爾頓《我兒…我兒…》（*My son…My son…*）

　　自殺案件幾乎是天天上演，只是程度的輕重、方式的不同、發生
的時間和地點的差異，有的人是割腕或臥軌、受傷或死亡，有的人是
家屬無意擴大，或被新聞媒體炒熱，而以上的幾件自殺行爲只是我們
比較熟悉的；因此面對如此嚴重的社會問題，我們應該要有所警惕和
積極研究預防之道。

　　造成發生自殺行爲的原因很多，家庭及學校的預防工作應是最
重要的。根據某一年的調查，當年中只有14%的青少年願與師長分享
心情，還有大約20%的人不願意說出自己的心事。這個結果深深令人
警惕。作爲家長和教師的我們，面對孩子的種種問題時若是肯退讓一
步、肯坐下來好好溝通，冷靜爲孩子們想一想、聽一聽孩子們的心
聲，而不要一味的否定、堅持己見，甚至破口大罵，讓每件事都可以
經由慢慢商量，說不定會減少許多衝突，甚至自殺行爲的發生。

　　台灣地區自1997年起自殺就連續六年進入國人十大死因之列，
2003年台灣更有3,195人因自殺而死亡。平均而言，在台灣每個角落，
每天有八個人自殺身亡，自殺者自行了斷生命，卻留給親友無盡的痛
苦悲傷，與永遠縈繞心頭而無解的「爲什麼？」

　　事實上，不只台灣，自殺率上升是全世界共同現象。世界衛生組
織的資料顯示，與四十五年前比較，全球自殺率狂飆了60%。2000年

全球有一百萬人自殺身亡，平均每十萬人有十六人死於自殺，每四十秒中有一人自殺死亡。

　　根據研究，50～70%的自殺者，在生前曾以各種方式向周圍親友、同儕或其他重要他人傳達過輕生的念頭。而周遭的人往往不瞭解自殺或對自殺存有迷思而錯失挽救生命的機會（高惠敏、周玉靜、葉玫玲、于樹剛、陳玉襄，2000）。

 # 一、自殺問題對現代社會的影響及盛行情形

(一)台灣

1. 民國92年時自殺為十大死因第九位，青年（15～24歲）死因自殺則為第二位，壯年（25～44歲）第三位，中年（45～64歲）第七位。
2. 民國106年時自殺為國人死因的第十一位，青年（15～24歲）死因的第二位，壯年（25～44歲）死因的第三位，中年（45～64歲）第七位。
3. 雖然自殺的人不都是精神病患，但精神病患的自殺比率約20%，比一般人（0.01%）高2000倍。

(二)美國

1. 1996年約30,903人自殺身亡。
2. 占所有人口十大死因的第八位；15～24歲人口則為第三位。
3. 嘗試自殺者以女性為多，但自殺成功者則男性較多（約4：1）。
4. 自殺死亡較被謀殺死亡者更多（約3：2）。

5.約五個自殺身亡者中就有三個是使用槍械自殺。

6.平均每位自殺成功者約嘗試自殺十六次。

7.只有16%的自殺者有自殺計畫，只有10%的自殺者會告訴他人其自殺的意圖或留下線索。亦即約84%的自殺者未有事先之規劃，90%的自殺者未有明顯的警訊。

8.83%自殺前一個月曾看過醫護人員，但有66%的自殺者認為醫護人員並未問及情緒問題或自殺意圖。

9.另一研究則顯示自殺前一個月約60%、六個月約75%的自殺者曾看醫師。

10.依據HANDS（The Harvard Department of Psychiatry/National Depression Screening Day Scale）調查基層醫療病人憂鬱盛行情形，發現：總括約22%的人有憂鬱現象，酒精濫用者約45%，中風者約28%，癌症者約19%，糖尿病者約23%，關節炎者約27%，心臟疾病者約23%（HANDS共有十個問題，分別為：情緒低落、自責、胃口差、失眠、人生無望、悲傷、無趣、無價值意義、自殺念頭、不易集中心思或下決定。每題配分分四層級none～little、some、most、all，各為0、1、2、3分，總分8分以下為不可能有憂鬱；9～16分為可能；17分以上為非常可能）。

二、自殺的定義

　　無論安樂死或協助自殺，其死亡結果都是由外人或外力的協助來達成，自殺則是由自己（self）達成死亡結果；協助自殺將面對法律的處罰，但自殺在現行法律上是不構成犯罪的。然而，這種個體企圖造成死亡的極端社會行為，引起人文社會科學者的關懷與研究，企圖探究人類自殺行為可能意義及因素。社會學家涂爾幹（E. Durkheim）界定自殺是「個人積極或消極的行動，且深知此種行動所產生的結果是

會直接或間接導致自身的死亡」。心理學家Shneidman界定自殺為「一種自我毀滅的意識行動，企圖被理解是一個有此需要的人確認自殺是解決其問題的最好方式」。

依照世界衛生組織（WHO）的定義，有關自殺（suicide）的用語有三：(1)自殺行為（sucudal act）：動機明白，而有不同程度致死性的自殘行為；(2)自殺（suicide）：造成死亡的自殺行為；(3)自殺企圖（suicidal attempt）：未造成死亡的自殺行為。

三、自殺的社會現象分析

涂爾幹是一位法國的社會學家，他從宏觀社會學（Macrosociology）去解釋自殺行為。他分析在不同時期、來自不同國家的數據；並認為自殺是一種社會現象，他將自殺放在個人與社會網絡之間的互動來觀察（陳仰芳，1988），並有四種不同的看法（黃丘隆譯，1990）：

1. 利己型自殺（egoistic suicide）（或譯為「自我中心型」、「自負型」自殺）：這類自殺現象是由於個人與社區，甚至整個社會的關係非常疏離。家庭氣氛濃厚的社會中發生的機會較低，但已離婚或無子女的人則比例較高。

2. 利他型自殺（altruistic suicide）：與上一種的情況剛好相反，這類自殺者與其所屬的社區／社會／團體有非常緊密的關係，並視個人為該社會／社區／團體的一部分，這種關係可以導致個人為了社區／社會／團體的利益而犧牲個人生命。即團體權威高過個人的生死，甚至驅使他放棄了自我認知與願望，樂意為其團體而犧牲（陳仰芳，1988），殉夫自殺或日本的剖腹自殺均屬此類。

3.失調型自殺（anomic suicide）（或譯為「脫序型」、「社會解組型」自殺）：這類自殺行為可能由於個人與社會的關係產生某些突然變化而導致。誘因可以與一連串的喪失有關，例如失去工作或親人、遭遇巨變而帶來的孤獨、社交的隔離等。它的產生原因是由於個人需求和欲望的實現均受到了社會的制約；個人所瞭解到的常識和行為使它們成為涂爾幹所謂的集體道德意識的化身。當個人所受的這種約束遇到衝擊，以至於他的視野擴展到他所不能容忍的地步，或者縮小到一個不適當的範圍時，脫序型自殺發生的條件趨於最大值。

4.宿命型自殺（fatalistic suicide）：這是個人因種種原因，受外界過分控制及指揮；典型例子是奴隸或監犯被困在囚室中，他們感到命運完全非自己可以控制。

縱觀上述的分析，涂爾幹認為自殺是社會與個人關係強弱及改變所致，人是被動的，他認為社會變化速度過快、道德意識未能同步發展乃是自殺的終極原因。

 四、宗教對自殺的看法

根據董氏基金會《自殺暨憂鬱症防治手冊》中各宗教對自殺的看法：

(一)佛教——關懷生命為出發點

佛教存在已有上千年的歷史，佛教的經典、教義詮釋上，佛教是反對自殺，也界定人不能以任何理由自殺，佛陀曾經說過：「自殺身，望得生天及以解脫，徒自虛喪，空無所獲。」以及「自殺，如火自燒，如怨自害，如住邊城多受厄。」佛光山慧傳法師亦表示，佛教

是以關懷生命為出發點，幫助有憂鬱症及自殺傾向的患者，首要安定他們的心靈，讓其轉念放下，重建信心，在親朋好友的支持下，加上宗教的修持方式，穩定心思、安頓精神，預防自殺事件的發生。

(二)道教──以人為本，尊重生命價值

道教以人為本，追求生命自身價值，反對追求外物，或用外物的價值來標榜人的價值從而取代人的真實存在。道教亦強調人的自然，以自然為本位，主張「回歸自然」、「順應自然」，反對用後天人為傷害人的天然本性，或任何加諸於自然現象中的刻意有為，所以也否定人對其「生命」享有「自主權」；尤其現代人忙碌的生活方式，道教勸導人們反樸歸真，順應自然，過著以關懷生命真實、恬然淡泊的生活。

(三)天主教、基督教──人是上帝所創，愛習神聖的生命

天主教及基督教都有制定「不可殺害」的誡律，由於人性中具有神聖的本質，而人乃上帝之創造品，沒有理由和權利毀滅自我。聖湯瑪斯也認為自殺是一種違背上帝的罪，因為它「違反自然和基督的愛」、「冒犯社會」、「損毀上帝賜予的生命」。傳統上，猶太人和基督教徒認為「生命不屬於我們，它是上帝的產物」，我們都只是在守護祂的資產。

(四)伊斯蘭教──人無權自殺

伊斯蘭教也都認同「人無權自殺」，認為上帝為命運的主宰，人的智慧活動與命運，都應以神作為向度。回教穆罕默德說「人只能按上帝的意願和生死簿的壽算去死」。涂爾幹也說「自殺與伊斯蘭教的主導思想是水火不相容的」。

五、台灣地區自殺現況探討

　　由**圖9-1**顯示，自殺率從民國71年的高峰（每十萬人口平均十二人），逐年下降，79年到達低點，這時台灣經濟活躍。但84年起自殺率又逐年上升，86年亞洲金融風暴發生，自殺再度進入國人十大死因。

　　近幾年自殺率和失業率同步上升，目前在25～44歲的壯年人口中，自殺躍居第三位死因。台灣的自殺率的人口統計，相當程度印證了經濟因素對男性精神和情緒造成的影響，也就是，景氣低迷對肩負家庭經濟重任的男性，已形成很大的壓力。

　　假使40～50歲的男性自殺，造成的傷害將往上下兩代擴散，尤其自殺者的子女正處於15～24歲之間的人格和生命價值成長期，或正準

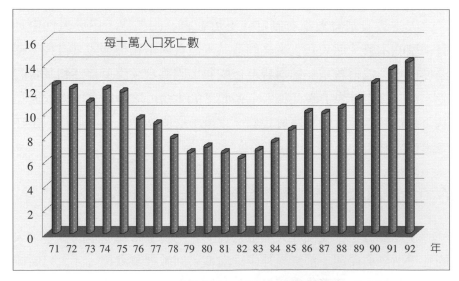

圖9-1　台灣地區歷年自殺及自傷死亡率

資料來源：http://www.doh.gov.tw/statistic/data/死因摘要/92年/92.htm

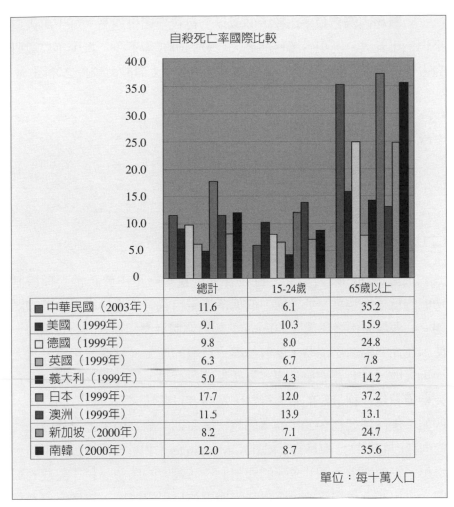

自殺死亡率國際比較

	總計	15-24歲	65歲以上
■ 中華民國（2003年）	11.6	6.1	35.2
■ 美國（1999年）	9.1	10.3	15.9
□ 德國（1999年）	9.8	8.0	24.8
■ 英國（1999年）	6.3	6.7	7.8
■ 義大利（1999年）	5.0	4.3	14.2
■ 日本（1999年）	17.7	12.0	37.2
■ 澳洲（1999年）	11.5	13.9	13.1
■ 新加坡（2000年）	8.2	7.1	24.7
■ 南韓（2000年）	12.0	8.7	35.6

單位：每十萬人口

圖9-2　自殺死亡率國際比較

資料來源：http://www.doh.gov.tw/statistic/data/死因摘要/92年/92.htm

備踏上就業之路，一旦一家之主驟然倒下，對整個家庭的影響很大，而青少年可能就因爲缺少了「對未來正向的期待」而自殺（滕淑芬，2004）。

　　台灣和國際自殺率比較，65歲以上自殺率顯得過高（每十萬人口平均三十五人），但台灣目前老人自殺的研究卻不多，青少年自殺研究占了多數，主要是因為青少年為國家棟樑，生命餘命較長之原因。

六、自殺原因

　　到底為什麼人會自殺，可從四方面來探討：

(一)心理層面

　　根據以往的學者研究，自殺者有自殺傾向是由於正常心理機制功能的低落，也就是心理能力的低落或是自殺者的人格出現偏差的問題。心理學家佛洛伊德（S. Freud）認為個體經歷到極大的心理壓力，使內在衝突混淆不清時，就容易導致自殺的產生。當青少年遭受重大挫折失敗，常有罪惡感，便容易產生自殺行為。另外青少年認為不會死會獲救是一種最好的報復行為，是弱者以此法來報復對方的方法。例如：佛洛依德在1920年的《超越快樂原則》論文中主張自我毀滅性傾向死亡的存在。梅林格（Karl A. Menninger）對此學說更加以延伸，提出了三個要求，即「求死的願望」、「殺害的願望」和「被殺的願望」。根據劉焜輝研究，將以往的理論加以引申擴充，認為自殺者在自殺行為發生前的心理症候，可概分為五大類：

1.自殺者會喪失自我勇氣、產生不安、自卑感、氣餒、悲觀。
2.自殺者會缺乏自主的能力，拘泥小事，喪失興趣。
3.自殺者會以自我為中心，他在心理上與社會行為上形成孤立狀態。這些潛在因素表現出焦慮、不安、興奮、孤獨感、被害感、疏離感等，稱為心理能力的低落。
4.自殺者具有攻擊性：尤其是自我攻擊。攻擊性是挫折的結果常

會出現的主要反應。一旦當它朝向自己時，成為內向攻擊，直接成為自殺的推動力。

5.自殺者有逃避行為：這是自我攻擊的結果。青少年憧憬死，把自殺浪漫化或美化，遂有幻想的逃避。

(二)生理層面

自殺行為的另一因素，就是疾病。研究發現，無論是企圖自殺或自殺死亡者有70～90%患有精神病，而自殺案例約有70%患有重度憂鬱症，15%有酒癮患者，4%為精神分裂症或情感性精神分裂症。雖然自殺行為有時會發生在同一家族中，但我們也不能憑此認為自殺是基因遺傳，因為家庭環境也是一個可能因素。就青少年期的自殺行為而言，我們不能忽略青春期的生理變化。由於青春期是一個小孩要蛻變成為成人的時候，而這時候在生理構造及外表容貌會有極大改變。而導致這些身體變化的原因，就在於松果腺、性腺、腦下垂體、副腎皮質等內分泌系統功能的改變及腺體間功能產生新的平衡。一旦這平衡被打破，就會表現出心理不調適、衝動等狀態。自殺行為另一方面的因素，就是精神病。精神疾病中，自殺率最高的是「鬱症」。

(三)社會方面

反對自殺先天論者有涂爾幹、修密特等許多社會學家，他們大致上認為都市地區人口移動激烈、社會變遷過大，因為適應不佳而導致自殺率高。根據醫學報導表示，約有三分之一的大眾在一生中曾有過自殺的意念。女性比較容易有自殺企圖，而男性則較容易自殺成功。高齡男性的自殺率最高；就台灣地區而言，自殺方法以吊死、勒死及窒息占最多，服毒居次；超過90%以上。此外，影響自殺率的社會因素，尚有戰爭、經濟不景氣等因素。因此，自殺也是種流行病，會互

相感染。當我們從報導得知，有一個學生自殺，接著在隨後的一段時間內，就會有一連串學生自殺的報導。不僅在台灣有此現象，在美、日也有類似的情況出現。

(四)靈性方面

隨著死亡陰霾的逼近，病人會開始思考和尋找其悲苦人生的意義與價值，常因無法找到生命的意義而感到無力與無助，甚至有自殺的靈性危機，故瀕死病人常有尋求「人間愛、希望／力量、生命意義／目的以及他人的信任和諒解」等靈性需求（胡文郁等，1999），傅佩榮（2002）對描述靈性修養的作用有四，就是：(1)靈性修養（以下簡稱「靈修」）使一個人的身心活動具有意義；(2)靈修使一個人潛意識中的情節與盲點得以化解；(3)靈修使一個人可以將其命運提升轉化為使命；(4)靈修使一個人在宗教信仰的活動中，能與所信神明進行順暢的互動與溝通。總而言之，靈修使一個人能在光天化日下行走，不但不擔心命運的折磨與死亡的威脅，而且能以積極樂觀的態度安排自己的身心活動，珍惜並善用人生的一切資源。

七、自殺的過程

研究自殺行為的專書將自殺過程主要分為四期：

1. 挫折期：當個體的需要無法獲得滿足或遭到重大的打擊時，將產生極大的挫折感。
2. 自責期：當挫折感無法抒解時，則將憤恨轉向自身，導致強烈的罪惡感。
3. 敏感期：於徬徨無助挫折不斷時，此個體會變得極多疑、敏感、激動、不安，常誤解他人的建議及批評，導致退縮、孤立。

4.無望期：當個體無法從他人得到生命的希望與肯定和支持時，他會意圖結束生命達到逃避或報復的目標。

八、自殺迷思

每當自殺案件發生時，周遭親友或師長經常看不出自殺者事前有自殺的跡象，也往往在事後才開始反省自殺者可能自殺的因素。但事實上，我們的認知存在一些錯誤的資訊或迷思，對自殺者的線索或訊息視而不見。下列十四項自殺迷思你同意多少項？（曾煥棠，2004d）

1.青少年說到自殺時很少是真正那個意思，事實上他們不會假戲真做。
2.一個已經嘗試過自殺的人就大大的降低第二次嘗試的危機。
3.酗酒磕藥的青少年很少會自殺，因為他們找到解決問題的方法。
4.如果你直接問青少年是否他們考慮自殺，你就是將自殺的想法植入他們。因此當你要評估自殺傾向時這類的問題要避免。
5.女孩比男孩更容易嘗試自殺（T）。
6.一位自殺未遂者的精神狀態經過顯著的改善後，通常就是代表他的問題已經解決，不再會有嚴重的自殺危機出現。
7.評估自殺者最可靠的方法是心理測驗。
8.男孩執行自殺成功的可能性高於女孩（T）。
9.多數自殺的發生都是沒有預兆的。
10.所有嘗試自殺的青少年都有一些精神上的疾病。。
11.沮喪和悲傷仍是自殺者當中多數人的主要感覺（T）。
12.失去親人和自殺行為之間沒有多大的關聯。
13.自殺是我國青少年十大死因中的一個（T）。
14.假如一個家庭中有人自殺，其他的家人自殺的可能性也很高

（T）。

註解：T表示True大部分是這樣，未標示的題目爲False表示大部分不是這樣。

九、自殺的防治

自殺不僅是屬於個人的問題，也是一種社會現象。每次「自殺」的發生，都是多種動機與因素累積而成。因此，有些學者較悲觀，例如格魯雷認爲預防自殺的想法是「天眞的想法」。因爲形成自殺的社會因素，如經濟窮困，不可能憑個人力量去改善，恢復景氣也不是個人所能勝任的。然而，只是等待社會條件的改善是解決不了自殺的問題，必須謀求積極對策，我國「生命線」或「張老師」電話服務的設置爲最好的例子。他們一方面可以藉由傾聽、協助來避免不必要的傷害發生，增進社會幸福與健康；一方面也可藉由個案的累積，進一步找出防治之道。一般而言，學校與家庭在防治青少年自殺方面，應採取下列措施：

1.培養面對現實的態度。
2.增進接納的氣氛。
3.鼓勵青少年多參加團體活動。
4.調整環境。
5.灌輸學生正確的觀念。
6.不要諱疾就醫。

(一)自殺者的危險指標

我們應該注意自殺者的危險指標：

1.喜怒無常的情況增加,看似情緒低落或是哀傷。

2.感到無價值或失望。

3.從朋友、家人與日常活動中退縮下來。

4.飲食、睡眠或性習慣的改變。

5.特殊的自殺性威脅。

6.信件、詩詞或短文論及預期性死亡的內容。

7.持續性的苦悶。

8.課業或工作表現低落。

9.在年輕的朋友上,可見暴力、敵意或反叛的行為增加,其中也包括經常性的不告而別。

10.中斷親密的關係。

11.增加藥物及酒精的使用量。

12.失敗的愛情關係。

13.不尋常的忽略個人的外表。

14.快速的人格改變。

15.生理症狀的抱怨,如頭痛或倦怠感。

16.陳述如「這是沒有用的」、「不再有任何牽絆」的字句。

17.突然丟棄所擁有的物品;將原本雜亂無章的事情,整理得井然有序。

(二)憂鬱的徵兆

Shamoo與Patros(1997)認為憂鬱的人不一定會自殺,但是自殺的人必有憂鬱的現象。但要注意的是,每個孩子(甚至每個人)難免發生造成憂鬱的情況(如父母離婚、家庭暴力、考試挫敗、同學的誤會、老師的高要求、功課太多等),如果憂鬱狀態隨著造成憂鬱情況的改變而消失,則屬正常反應;但若長時間在憂鬱的狀況下而不得改善者,無論大人或小孩,都是值得留意、關心的對象(Shamoo &

Patros, 1997）。

1.興趣缺乏。

2.食慾改變。

3.睡眠方式改變。

4.活力不足。

5.不恰當的苛責某人。

6.對自己存在負面的感覺或想法。

7.有悲傷或擔憂的感覺，導致難過、無望或憂愁。

8.無法專心或集中注意力。

9.不正常的想法。

10.具侵犯性或負面的行為。

11.坐立不安的情形增加。

12.身體病痛或抱怨的情形增加。

13.學校課業表現變差。

14.注意力變差或精神不集中。

(三)瞭解自殺者的語言

從自殺者的言語可以有助於對他們的瞭解，可分為「直接的陳述」和「間接的陳述」兩種。

下列是直接的陳述：

「我要去自殺」

「我要去死」

「我無法再忍受，我想結束生命」

「我很難過，真想就放棄一切」

「死了就不再有痛苦」

下列是間接的陳述：

「他們沒有我，會更好」

「誰在乎我呢？」

「若我死了，也無人在乎」

「痛苦是不會太久了」

「你曾想過死亡是什麼滋味嗎？」

「我希望躺下去，然後永遠醒不來」

(四)學習與自殺青少年的溝通技巧

Rickgarn（1994）在《校園學生自殺的觀點》一書中指出自殺防治時溝通的三要（do）與十不要（don't）的介入原則：

◆與自殺者溝通的三個要（do）介入原則

1. 要傾聽：要傾聽自殺者所說的每一件事，核對一下你所聽到的，表示你要正確「瞭解」，那顯示你的在乎與關心。

2. 要建立關係：建立關心是要先問清楚自殺者的姓名。你的關心是直呼他的名字，也請對方可以直呼你的姓名，可以引導當事人離開壓力狀態趨於常態。

3. 要針對自殺當事人尋找自殺的各種可能性：可直接與自殺者討論他的自殺想法，通常這會讓當事人感到抒解，讓自殺的念頭不會一直在腦中繞，可降低其焦慮而抑制自殺（林金生，2004）。且要瞭解自殺者的背後動力，不僅要瞭解發生了什麼事，還要瞭解這件事對他的意義如何，因為不是事件本身導致他自殺，而是他對事件的想法、情緒造成的。瞭解自殺行為計畫的各種細節，包括：
   ・Who：哪些人牽涉其中？
   ・What：哪些因素激發他們決定自殺？
   ・When：何時計畫自殺？

・Where：在哪裡計畫自殺？

・How：打算用何種方式尋死？

◆與自殺者溝通的十個不（don't）介入原則

1.不說「你不能自殺」：這種說法彷彿挑戰他們是不是「敢」或「能」的力量。自殺者已無需我們再去挑戰他的自我意象或沒有能力的感覺，事實上他們能這樣做。

2.不說「你不敢自殺」：這種說法反而是逼人去死的另一種說法，自殺者反過來會產生「我就做給你看」的抗拒心理與行為，尤其是在緊張的人際關係中。

3.不說「你的問題只是一種階段，會消失殆盡」：這句話有兩種意涵，一是當事人並沒有什麼不對，只是時間的問題罷了，其實不然。另一意涵是安慰當事人現在可以不必在乎現在的心情，過一陣子就好了。可是這樣卻可能加深自殺者孤獨與不被重視的感受。

4.不與自殺者討價還價以免陷入困境：自殺者的動機很複雜，有時當事人是以自殺當作達成某種目的的手段。

5.不對自殺者提到的事表示震驚：當自殺者想試探你對他的能耐時，他們就會嘗試表達深沉的內在痛苦感受，目的是得到你的支持而不是對抗他的負面自我意象。

6.不隨意答應你做不到的事：就是對某些自殺者承諾你有能力「使自殺者不去自殺」。

7.不陷入自殺意義的爭辯：自殺者會在爭辯過程誘導你支持他的決定。

8.不使自殺者單獨無助：如果你不確定對方的嚴重狀況，要立即尋求更專業的判斷，直到你確定他已無自殺企圖的危險。

9.不對自殺者過去的企圖回應「成功」或「不成功」：討論自殺時適當的用語是「自殺想法」、「自殺企圖」與「自殺完

成」，成功或不成功若是指沒有把事情做正確時，「自殺不成功」的說法正好增強他產生「連這件事都做不好」的感受。

10.不必為自殺者尋求各種活下去的理由：也許我們會請人找出活下去的理由，但是對高度心慌意亂與緊縮糾結的人，尤其是自殺者，很難為了幫助他們活下去而去列十項理由，相反的若是列不出那麼多項反而自找麻煩。只要盡力找得活下去的理由，哪怕是只有一項也夠了。

(五)自殺者最常說的一句話是什麼？

答案應該是「沒有人在乎我」。當你聽到這句話時你可以跟對方說「當你消失之後，一定會有某人或某物會想你吧！你想那會是誰？或什麼事或物？」嘗試找一個讓對方活下去的理由，該理由可以是一個人或一個對當事人而言有價值的事或物。

在《找理由活下去，孩子》一書中，作者對女兒雷切爾的對話也可以做個參考：「感覺每天都在變，可能第二天感覺會好些。生命就是選擇，如果你選擇死亡，那是你覺得你已別無其他選擇了。總是會有選擇的。你真的試過所有辦法去解決你的問題了嗎？萬一在你很消沉時，解決的途徑出現了呢？萬一你的想法改變了呢？」

(六)其他溝通的技巧和原則

1.要求繳械：自殺方法的選擇可以顯示自殺嚴重性的程度，方法越激烈，危機越高。要求自殺者交給你自殺工具，表示你在乎他使用的方法，且表示你有意識採取適當措施以預防再犯，自殺者有被重視或有價值的感覺，這種做法常有非預期的好處。

2.簽契約（口頭或書面契約）：要求自殺者簽下契約也是自殺防治的做法之一，內容如「若我企圖想自殺，我會與你聯繫，在

討論確定沒有其他選擇或出路後才執行」。也可以用口頭的契約，而不是文字的契約，口頭契約較無約束力，但因此使自殺者有「自己還有力量」控制自己的行為，且可以隨時進行，尤其是電話溝通，一定要請對方的同意：未在見面溝通之前不可以自殺。但要注意的是，一紙契約或一句承諾未必能阻止自殺，它只是確認二者應該有溝通可能性的機會。

3. 協助自殺者尋求專業的協助：自殺者可能被自己的情緒狀態驚嚇，並對自己的失控狀態感到害怕，且相信自己是失敗者。陪伴他們去找輔導人員或醫生是相當有幫助的，他們需要支持以解決生命危機，這種行動表示更進一步的幫助，在他們相信沒有人在乎他們時。

4. 請求自殺者的家人協助。

5. 學習同理心的溝通技巧，不急著糾正個案的悲傷反應。

(六)青少年自殺防治策略

青少年時期的朋友，無論在生理或心理上均處於劇烈轉變點，大人們眼中的小事，可能是他們心中的大事。因此，對於「少年維特的煩惱」，我們千萬不可以為他們只是為賦新辭強說愁。要用心關心他們的舉動，傾聽他們的言語，盡力解決他們的困擾。畢竟，成熟健全的下一代才是我們希望的所在。主要的四種策略是：(1)強化青少年環境互動能力，培養青少年積極面對挫折事件的生活態度；(2)建構環境支持網絡：將學校和青少年家庭居住的社區，整合建構為一個能和青少年融洽相處的環境支持網絡；(3)自殺行為的形成歷程及各階段的預防；(4)建立青少年自殺防治教育方案。

黃德祥引述美國衛生與人類服務部（US Department of Health and Human Services）的具體建議：

1. 學校守護者訓練（school gatekeeper training）：訓練教師、諮商

員、教練等學校教育人員辨識自殺高危險群學生，並能轉介學生尋求必要幫助。

2. 社區守護者訓練（community gatekeeper training）：社區的神職人員、警察、商人、休閒管理人員等也要接受相關訓練，以辨識自殺高危險群學生，並能轉介他們尋求必要幫助。

3. 一般自殺教育方案（general suicide education）：提供以學校爲本位的教育方案，使學生認識自殺的現實、自殺的警訊、自我如何尋求協助或他人如何尋求協助。此種方案常需與各種自尊（sclf-esteem）與社會能力發展活動配合。

4. 篩選方案（screening programs）：運用篩選工具評量與鑑定高危險群學生，或據以實施輔導。

5. 同儕支持方案（peer support programs）：運用能增進同儕關係、一般能力發展、社會技巧發展的同儕支持方案，在校內或校外協助高危險群學生，以防止自殺。

6. 設置危機中心與熱線（crisis centers and hotlines）：對自殺學生提供緊急諮商，相關人員有時由受過訓練的義工擔任。

7. 工具限制（means restriction）：對於會被用來當作自殺的工具如火器（firearms）、藥物或其他工具加以限制，以免高危險學生接近。

8. 自殺後輔導（intervention after a suicide）：假如不幸有青少年自殺，需要協助青少年有效的因應同儕突然死亡或自殺的失落情感，自殺後輔導的目的是要防止另一次自殺與使自殺者的親朋避免成爲犧牲者。

整體而言，青少年的自殺防治可以區分爲事前的自殺防治教育策略、自殺學生的輔導策略，以及事後輔導策略。

◆事前的自殺防治教育策略

1. 由學校護士、學校心理學家、輔導諮商人員與校外人士提供生命教育、身心發展、健康教育課程。
2. 進行藥物教育，因為自殺者有甚多物質濫用（substance abuse）情形。
3. 營造寬容、接納與關懷的班級與學校環境，青少年能感受到人世間的溫暖，最有助於防止自殺的產生。倘若學校充滿了攻擊與挫敗，則青少年會有更多的自殺可能。
4. 舉辦親師座談會，增進親子溝通技巧、減少家中接近火器機會。
5. 進行同儕調解與同儕諮商教育方案，增進同學幫助同學的能力。
6. 進行校外專業心理衛生機構宣導，使學生必要時能尋求協助。

◆自殺學生的輔導策略

1. 冷靜的立即危機處理，不讓自殺學生有獨處的機會。找尋任何會引發另一次自殺的危險工具，並冷靜地說服交出危險工具。
2. 組織危機處理小組，將學生保護至安全地方。
3. 對自殺個案學生進行下列輔導：
   (1) 學生如擁有危險工具，將是最緊急情況，需立即叫救護車待命，並通知家長與警察。此時必須冷靜地與學生溝通。
   (2) 假如學生沒有立即的危險，則要考慮是否有高危險的情境。如果學生因為被身體或性虐待則告知治安與社會服務相關單位，並通知家長，同時給予緊急聯絡電話。
   (3) 假如學生只有自殺思想，但似不會自殺者則屬中等危險者，仍需要通知家長，鼓勵父母不能過度要求子女。
   (4) 追蹤輔導：在學生自殺事件之後，危機小組仍需繼續檢視相關情境，必要時有限度且審慎的告知當事學生的同學或朋友所發生的事。

◆事後輔導策略

學生自殺成功會對其他學生與校園產生衝擊，必須妥為善後。

1.澄清事實，避免謠言不當散播，以免影響學生心理。
2.適當與媒體溝通，避免對學校與當事人造成二度傷害。
3.持續推展生命教育，以及青少年身心發展與健康教育有關的課程。

十、自殺的處理

面對自殺者的簡易諮商原則可以分為三個時期：

(一)諮商期間

1.直接了當的問：「你有沒有想過要自殺？」、「你想如何自殺？」、「你以前有沒有自殺過？」、「你是怎麼自殺的？」、「有幾次？」，如自殺的危險程度是致命的，應轉送精神科醫院接受治療。
2.進一步瞭解當事人的情緒困擾和自殺行為。
3.給予支持和協助，願意陪他度過困難的時刻。

(二)住院期間

1.固定時間去看個案。
2.危險物品的完全檢查：如刮鬍刀、玻璃瓶及其他可能危及生命的物品都須妥善地收藏。
3.具有監視器的保護室。

4.適當的保護約束。

5.適當的身體治療：如ECT藥物治療等。

6.危機處理：心理治療及家族治療。

(三)立即的處理

1.立即通知醫師予以處理。

2.封鎖現場及保持現場之完整性：尋求人力支援，瞭解自殺方式並尋回危險物品。

3.儘速通知家屬：澄清誤解與提供家屬的心理支持。

4.儘速向有關部門報備：將患者自殺的方式、時間、急救與處理經過提出書面報告，作爲法律依據。

5.對於自殺未遂之患者：護士應以溫和、簡短與堅定的口吻，勸導患者離開危險現場，密切觀察行蹤，等情勢平穩後再安排討論。

十一、自殺者的評估與治療

1.有否前置因素（predisposing factors）？如憂鬱症（情感性精神病）、精神分裂、酒精或藥物濫用、特殊個性問題等。HANDS可以作爲憂鬱症篩檢的工具，其用於一般族群的敏感度約95%、特異度約94%。

2.有否促成因素（potentiating factors）？會造成situational stressor的疾病，如生理疾病、酒精和毒品家庭，或社會背景、槍支取得容易、接二連三的生命危機或威脅。

3.針對自殺問題的詢問，例如：沮喪至覺得人生無價值？曾有自我傷害或結束生命的念頭？有自我傷害或結束生命的計畫？有

執行自我傷害或自殺計畫的方法？曾經付諸行動嗎？

4.決定介入的程度。分成疾病因素與人格特質的自殺行為，前者
較急性，而後者較慢性。不過對基層醫師而言，無論屬於兩者
中的哪一類，只要病人有能力執行自殺計畫，即應尋求緊急精
神照會、自動住院或兩者。

5.寫下評估與治療計畫。

十二、結語

　　其實自殺並非無法避免及預防，只因為一般人錯誤的觀念，認為
不去談論或避諱談、減少談論關於自殺的話題，以為如此就可以抑止
自殺的發生。其實正因為我們忽略自殺的問題所在，不去正視問題的
原因，反而造成無法挽回的悲劇屢次發生在社會周遭。直到1997年自
殺列入國人十大死因，才真正開始引起大眾的目光，事實證明「視而
不見」的問題仍舊存在，因此許多專家學者積極針對此現象做深入探
討，使大眾瞭解自殺是可以經由你我的重視及關懷而降低發生率。目
前台灣地區有生命線、張老師熱線提供諮詢服務，董氏基金會亦創辦
相關網站，讓青少年朋友及有需要的朋友們瞭解壓力處理以及情緒管
理之相關議題。本文帶領大家瞭解自殺者的心理感受，增加大眾對於
自殺者的同理心，並針對輔導內容方向，釐清錯誤的溝通觀念，因此
在面對有自殺意念的親友，現在我們可以輕鬆並謹慎的與其溝通，給
予關懷，必要時求助專業人員及相關單位的幫助，即可減少一件悲劇
的發生，並為社會帶來多一份溫馨的支持。

問題與討論

1. 面對社會嚴重的自殺問題，我們應該要有哪些警惕和積極研究預防之道？
2. 你贊同宗教對於自殺的主張嗎？
3. 你知道在學理上將自殺從哪四個方面來探討？請說明。
4. 我們的認知中存在一些對自殺者錯誤的資訊或迷思，你能舉幾項例子？
5. 自殺曾是台灣十大死因，為何現在不在十大死因之列？
6. 台灣近十年自殺的盛行率及和其他國家的比較。

網站拾萃

SOS救命網（http://www.sos.org.tw/）

這個網站是屬於台北市生命線協會。該會為求在輔導工作中，符合個案需要以及達到輔導專業性的要求，而提供個別輔導服務。它是一個提供模擬個案、自我成長資訊、書籍推薦、教育訓練課程、危機處理方式等的網站。試問：

1. 你可以在「你我故事」抒發哪一些問題？像是活下去很難？
2. 網站上提供哪一些有關「人際關係」、「婚姻家庭」的輔導訊息？
3. 網站上提供哪一些有關「兩性關係」、「生涯規劃」的輔導訊息？
4. 網站上提供哪一些有關「職業學校」、「精神心理」的輔導訊息？
5. 網站上提供哪一些有關「法律安全」、「情緒管理」的輔導訊息？
6. 網站上提供哪一些有關自殺防治系列的講座？

10

臨終關懷

- **HOSPICE**
- 台灣安寧療護的現況
- 安寧療護的臨終關懷
- 臨終陪伴
- 緩和醫療**vs.**安寧療護
- 安寧療護的理念與原則
- 對以階段為取向照護模式的批判

> （16世紀的西班牙）病人是社會裡最珍貴的財產……，無藥可醫的病人尤其爲人們所愛，爲皇室寵幸，因爲天堂之門已爲他們開啓。
>
> ——迪亞特・耶特（Dieter Jetter）
>
> ……爲窮苦病患、盲人、老者和殘障的人提供救援和安慰……在那兒他們可以棲身、照顧與休憩。
>
> ——1538年倫敦市民向亨利八世所提請願書

2000年通過的《安寧緩和醫療條例》僅保障末期病人的醫療決定權，而2015年通過的《病人自主權利法》則另外新增四大類保障對象。此外，簽署現行「預立安寧緩和醫療暨維生醫療抉擇意願書」時，必須簽署人本身及二位見證人共同填寫常常令人卻步。而《病人自主權利法》的「預立醫療決定」則只須經過醫療機構的「預立醫療照護諮商」過程，且註記在健保憑證，就可以成立。這兩項條例是否會讓民眾的醫療更加自主呢？

2017年前運動主播傅達仁因爲罹患癌症多年，覺得生不如死，前往瑞士的DIGNITAS尋求安樂死，卻在執行前又回到台灣，爲的是什麼？最後於2018年6月7日於此組織協助下結束了生命。

今日，國民平均餘命延長，醫療科技進步，癌症在醫療控制治療之下病患數增加，也增加生命與死亡的拉鋸戰。如何生活得有意義？如何死得有尊嚴？都是我們一生在學習與研究的人生功課！也在生命回顧中重新看待人生，賞味生命，尊重生命！

一、HOSPICE

拉丁文的hospice有兩種意義，其一是提供給朝聖者、旅人及陌生人作為休憩與娛樂的房舍；另外一個意思是指貧苦及生病的人。hospice字義的重點在於一種人與人之間的互動過程與關係。就當前醫療模式而言，不論是媒體的渲染或職業上實際操作經歷，如果考量hospes這個字一連串的演進，hospes成為hospitium，變成賓館hostel、收容院hotel-dieu，以及hospice；有點像是宗教中連禱文，他記錄了價值判斷上微妙的變遷，而這幾世紀以來人們為彼此所揀選的不同關係裡，這樣的連禱文或許是值得深思回味的。更在智慧與心靈分家的現代意識型態下——物質的「醫院」hospital以及溫馨的行為「殷勤招待」hospitality二字相互關聯。

安寧照顧的觀念溯源自西元475年，在敘利亞的土曼寧（Turmanin）安寧院，而在此之前發現在羅馬的港邊，有一聖傑若米的門徒叫做法比歐拉，在那兒以愛心照顧從非洲朝聖歸來的旅人。到了1960年代，席西莉‧桑德斯（Dame Cicely Saunders）1918年生於英國。1940年接受訓練成為護士，後因背痛無法任護士之職，轉修社工學分，1947年成為社工人員，繼續在醫院服務。1947年她照顧一年輕癌症病患大衛‧塔斯瑪（David Tasma），兩人建立深厚友誼，由於當時醫生對癌症病患的疼痛束手無策，桑德斯突發奇想：不知能為癌症病患的疼痛做些什麼？能否給他們更好的照顧？於是桑德斯決定為癌症病患建立一個像家而不像醫院的地方。1948年大衛去世，將遺產500英鎊留給桑德斯。從此桑德斯便特別關心癌症病患，且繼續她的理想到處演講、募款。為了有更多照顧病患的機會，桑德斯還想應徵晚上照顧病人的義工，但一位醫師建議她：如果真想幫助癌症病患，就該去當醫師，因為是醫師遺棄了癌症病患。於是她在33歲進入醫學院，

40歲成為正式醫師。

　　1958～1965年她與同事研究許多能減輕癌症病患痛苦的新藥。1963年籌建醫院，1967年醫院落成——聖多里斯多福安寧院（St. Christopner's Hospice），取名Hospice原意是接待收容旅人之處，引申為照顧癌症末期病患的地方。桑德斯開創了全世界第一家有特殊方案的醫院，以醫療團隊合作的方式照顧癌症病患末期病人，陪他們走完生命全程，並輔導家屬度過哀痛時期。聖多里斯多福安寧院建立迄今超過五十年，Hospice Care成為文明社會與人道醫療的驕傲。目前，英國已有一百多家Hospice，全世界也有十多個國家前往學習觀摩，台灣則是第十八個建立安寧照顧服務的地方。我們相信，死亡不是最後悲劇，真正的悲劇是病患臨終前被冷落、失去精神支柱與愛的援助。

Hospice Care的字辨

- 台灣：衛生署以「安寧療護」作為正式譯語
- 台灣天主教：善終服務
- 台灣佛教：臨終關懷
- 中國大陸：臨終關懷
- 香港：善終服務、寧養服務
- 其他相關用詞：緩和照顧、緩解照顧、姑息照顧（Palliative Care）、緩和照顧病房／緩和照顧中心（Palliative Care Unit, PCU）、緩和醫學（Palliative Medicine）、支持照顧（Supportive Care）、癌病延續性照顧（Continuing Care of Cancer Treatment）、完整性症狀治療（Comprehensive Symptom Control）。

(一)安寧緩和醫療歷史背景

　　‧1960年　　興起英國，創始人Dr. Cicely Saunders

- ・1967年　英國倫敦創立St. Christopner's Hospice
- ・1974年　美國，最初──康乃狄克州；美國90%為居家護理
- ・1975年　加拿大蒙特婁皇家維多利亞醫院
- ・1981年　日本成立Hospice
- ・1987年　台灣安寧照顧小組
- ・1990年　馬偕安寧病房成立
- ・1995年　台大醫院緩和病房成立
- ・2000年　台灣安寧緩和醫療條例立法
- ・2015年　病人自主權法案通過立法

(二)臨終關懷之準則

臨終關懷之準則要包括：尊重病患之主體性和完整性、必須敏感且無評價和批判之提供照護、知道傾聽和敘說的恰當時機、有充分的知識和技巧、協助病患達到所希望的最佳生活品質。

總的來說，臨終照顧主要三個基本護理，包括症狀控制、家屬和病患支持所構成。身體症狀的緩解、減輕疾病、盡可能地保持其獨立和舒適情形。減輕因疾病的進展所造成的孤獨、焦慮和害怕感覺，盡可能尊重死者，還有當他們面臨哀慟時予以支持。

現今癌症、神經、心臟和呼吸系統皆會威脅病患和其家屬的身體、社會、心理和靈性健康。安寧照護透過評估其需要，並提出計畫和治療。這一切目標是在改善他們的生活品質，並且有尊嚴的死亡。

臨終照護醫護人員和專家需經長期時間訓練、專門技能，和照護病患；藉由專業團體和訓練，以掑高多種服務。其目的是提供病患在醫院、家中，甚至是在緩和病房皆能獲得支持，身、心、靈和社會的全人、全隊、全家、全程、二十四小時全年無休有尊嚴的照護。

二、台灣安寧療護的現況

　　癌症是台灣地區居民的主要死因之一，自民國71年開始，更躍居國人十大死因之首位，且死亡數逐年增加。根據行政院衛生署2016年統計資料，台灣地區癌症死亡人數有47,760人。依據世界衛生組織（WHO）及歐美先進國家或鄰近香港、日本之經驗，認為完善的癌症控制計畫應包括安寧療護，透過安寧療護適當的照護方式，來達到症狀控制的目的，進而提升病患的生活品質。

　　為了落實並推廣安寧療護的服務理念，國民健康局與中央健康保險局於89年開始辦理「安寧療護整合性照護納入全民健康保險試辦工作計畫」，至92年8月止台灣成立安寧療護之醫院共有十九家，四十三家醫院提供安寧居家服務，提供癌末病人醫療資源的全力照顧，是一種全人、全隊、全程、全家、二十四小時全天候無微的關注。並關注身、心、靈的全方位照護，希望所有癌症末期病人皆能「生如夏花之燦，死如秋葉之美」，進而生死兩安。

(一)安寧病房住院的一般條件

　　1診斷出是癌症末期。
　　2運動神經元病變末期（93年7月開始試辦）。
　　3有身心不適症狀需醫療處理。
　　4認同安寧緩和醫療模式。
　　5承認死亡是一種自然過程，生命終了不做心肺復甦術。
　　6簽署接受緩和醫療意願書或同意書。

(二)安寧病房給付內容

89年7月1日起健保局開始試辦。收案條件如下：

1.癌症末期確定病患對各種治療性治療效果不佳。
2.居家照顧無法提供進一步之症狀改善。
3.病患或家屬同意接受安寧療護，並簽入院同意書。
4.病情急遽轉變造成病人極大不適，例如：高血鈣、脊髓壓迫、
　急性疼痛、嚴重呼吸困難、出血、腫瘤潰瘍、嚴重嘔吐、發燒
　疑似感染、癲癇發作、急性瞻妄、急性精神壓力（如意圖自
　殺）。

(三)安寧照顧型態

1安寧病房：住院、急性照顧。
2安寧居家照護：病人在家中，醫護人員訪視。
3安寧小組：會診、緩解治療。
4日間照顧：白天提供空間照護。
5安寧護理之家：有護理人員的慢性照顧。

三、安寧療護的臨終關懷

安寧療護的臨終關懷包括身體照護、心理照護、靈性照護與社會
照護。

(一)身體照顧

◆症狀控制的本土化

安寧療護強調的第一步是症狀控制，當西醫無法讓病人得到最適當的症狀控制，我們可以結合傳統中醫，使用中藥與針灸進行症狀控制。此外，另有穴道按摩。英國的淋巴水腫護理，國人發展芳香療法按摩、音樂治療、藝術治療、腳底精油按摩。

◆另類醫療的迷失

當西醫遇上中醫的剎那，原先為主要的西醫反而無法讓末期病患有效控制，此時反倒傳統中醫與民俗療法在病患與家屬眼中，才是此時此刻唯一可以依靠的醫療。

◆音樂治療

癌症末期病患需要的不是歐美研究有效的貝多芬或是莫札特，反倒是家鄉味道的歌曲：一首媽媽常唱的兒歌、搖籃曲、鄧麗君的歌、五佰的歌、張惠妹、張雨生或是王菲……。不管是歌仔戲、原住民的豐年祭，或是客家山歌，對於末期病患而言，當他們聽見熟悉或是喜愛的音樂，眼神露出光芒，嘴角展現笑容，身體得到放鬆，這一切也就夠了。

藝術治療、芳香療法能夠達到效果，對病患及家屬而言都是可以達到放鬆減輕疼痛的效果。尤其在身體清潔舒適，維持形象、依個人喜好進食、症狀控制上，例如：

1疼痛：目標是——睡眠時不痛、休息時不痛、活動時不痛。

(1)非藥物治療：手術、按摩、針灸、放鬆療法。

(2)藥物療法：口服、注射（連續性和非連續性給藥）、貼片

Temgesic給法、嗎啡、非類固醇抗發炎藥物、類固醇。

(3)輔助療法：放鬆、接觸、按摩、芳香療法、瑜伽等。

2.呼吸困難：評估及瞭解病患情況，釐清原因，適當的治療。

3.排泄障礙：便秘、腹瀉，評估及瞭解病患情況，釐清原因，適當的治療。

4.噁心嘔吐、吞嚥困難：評估及瞭解病患情況，釐清原因，適當的治療。

(二)心理照護

1.本土化的心理治療（許禮安，2004）：如果我們把卜卦、算命、改名、改運、風水當作是迷信，身為中國人當西醫已經無法進一步的治療時，自然會往這些傳統民俗療法尋求醫治。當西醫科技醫療告知唯有死路一條時，唯有本土化的心理治療讓病患及家屬的心理有落腳之處，可以有所期待與希望。

2.本土化的悲傷治療：是否聽過觀落陰、牽亡魂？這是家屬在病患往生後，本土化悲傷治療儀式的其中一種。

3.接納民俗療法：收驚、皮蛇、求藥籤、吃香灰、戴香符、過火、放生……，都是我們耳熟能詳的，曾經我們以為是迷信的，安慰了多少父母親的憂慮心情。

4.信心治療法：有位舌癌末期的大哥，當他的舌頭爛得一塌糊塗，有位江湖郎中對他太太說：「妳先生的舌頭爛掉表示快要好了，因為舊的舌頭爛了，就會再長新的舌頭出來。」你可曾聽說哪種動物舌頭爛了還會再長的？而他太太卻深信不疑。當全世界的醫生都對她說她先生沒救了，她也只能相信那唯一的希望。

(三)靈性照顧

西方歐美各國多信仰基督教文化或是天主教文化，假日上教會、餐前的阿門，對於台灣老百姓而言，宗教信仰除了基督教外，大多數仍然是一般民間信仰的佛教、道教，瞭解病患信仰再針對信仰請師父、牧師，給予佛法開示，或是基督受洗禱告儀式，提升靈性的照顧。也有病患在病情變化中信仰隨之改變，醫護人員一切隨著病患的主軸改變，不管最初信仰基督教轉為佛教，或是由佛教轉為基督教，其原則是——醫護人員的靈性照顧，必須跟著位移。病患可能是憤怒、挫折，甚至絕望。如果這個人有特定的宗教信仰，這些信仰可能會嚴重地被挑戰（「上帝如何能容許他以這樣痛苦的方式死去？」）。這裡所關心的是重新建構人對這個世界如何運作的理解，和重新妥協人對任何被想像成是超越之事物的關係。

(四)社會照顧

著重病患及家屬社會層面的幸福與安適，以正式或非正式的方式協助家屬與病患表達他們的想法及感受，評估其照顧需求與資源，給予照顧並發現潛在可能的問題予以治療或轉介。

一種被重視與被關心、被鼓勵的角色。一種社會面向對於病患所擔心的醫療負擔、家庭經濟都是病患與家屬所擔憂，提供適當的轉介與社會資源，進一步在臨終關懷病患，給予及時雨的救援。

 四、臨終陪伴

鮑比在《潛水鐘與蝴蝶》一書裡，藉由潛水鐘喻指生命被形體所囚禁的困頓，藉著蝴蝶隱喻生命在想像中具有的本質自由。在生命臨

終絕望之時，無法呈現蝴蝶曼妙的輕鬆舞姿，只有掩飾不住的悲痛。人生的困頓造成的靈魂纖細，讓鮑比更能用纏綿的心看待記憶，也更能在無助中呈現敏銳的善良。在生命的盡頭，對最親近的家人包括對93歲年邁父親的無助，也對8歲小女兒的一種無法完成陪伴的成長的遺憾。曾經有過的遺憾，感覺在親人、在友人都需要最最溫暖的擁抱與寬容。臨終的陪伴更是對殘存的生命，充滿了不捨的愛戀，但一切的不捨卻又都是徒然。臨終陪伴在生命的最後處，用溫暖、寬容，更用耐心、細心和包容在生命的盡頭處。

談論臨終話題的時機有三：(1)當你健康時；(2)當醫師診斷你得癌症時；(3)當你面對臨終照顧抉擇時。

陪伴臨終者要注意的事項很多，比較重要的有（石世明，2004）：

1.照顧者不要採取「可憐病患」的態度來陪伴病患。

2.照顧者也不要輕易地以為可以幫病患什麼忙。

畢竟臨終是一段個人生命的「心靈旅程」。是人要面對身體的毀壞，帶動精神的轉化。此時要知道處在不同反應階段的病患，照顧者要有不同的心態。然而照顧者對病患的深度接納、愛與關懷是不變的。進入生命的奧妙之處。病患面對死亡是他個人一生當中最積極的一件事，具備臨終關懷的基本知識將有助於彼此共度最後時光。

五、緩和醫療vs.安寧療護

牛津英文字典中Palliative是指緩解無法治癒之意。緩和醫療Palliative是由拉丁文的Paillium衍生而來，指遮蓋或覆蓋之意。緩和醫療依照世界衛生組織（WHO）的定義為：當疾病對治療已不再有反應時，提供主動積極的全責照顧，以緩解疼痛及其他痛苦症狀，並統合情緒、靈性、社會和文化層面的照顧，不催促亦不延長死亡的日期，

在病患生病和哀慟期間提供病人和家屬支持，協助其因應。使病患在有生之年擁有最佳之生活品質，在臨終時安詳往生。

依照世界衛生組織規範，緩和醫療的定義有下列幾點：

1. 視生命和瀕死是一正常的過程。
2. 既不是一倉促性也不是延遲性的死亡。
3. 提供疼痛和其他不適症狀的緩解。
4. 提供病患的照護是一心理和靈性完整的護理。
5. 提供病患症狀的支持以協助病患生命盡可能活潑直到其死亡。
6. 提供病患症狀的支持以協助家屬當病患生病時及其哀慟時之調適。

安寧療護是一種緩和醫療的形式，一個主要針對臨終病患在最後人生階段所面臨的病痛所做的照護工作。

(一)緩和醫療的絆腳石——隱瞞病情

1. 病情告知於末期醫療照顧的重要性：
   (1)末期醫療原則：照顧的目標是提升生活品質以達善終。
   (2)醫療倫理：病患自主性與病情告知的利與弊。
   (3)《安寧緩和醫療條例》第八條：末期病患告知的義務。
   (4)文化的敏感度：臨床反思與批判能力。
2. 我國癌症末期病情告知的臨床現況：
   (1)醫師告知癌末病情的態度與行為意向。
   (2)癌末病情告知的模式。
   (3)醫師和病患於癌末病情告知實際經驗的落差。
   (4)癌末病患及其家屬被告知癌末病情的反應。
3. 我國醫師癌末病情告知的障礙與困境：
   (1)醫師告知癌末病情的障礙。

(2)家屬不願讓病患知道病情真相的困擾。

(3)醫師與病患於癌末病情告知理想方式的落差。

(4)醫護人員於癌末病情告知態度、主觀規模與行為意向的差異。

(5)護理人員面對不知癌末病情者的困擾。

4.病情真相告知指引與步驟：

(1)醫師進行病患癌末真相告知的有效策略。

(2)家屬不願意告知癌末病情真相的有效解決策略。

(3)提高癌末病患對病情告知的自主性。

5.溝通技巧——同理心：

(1)真誠：發自內心的真心誠意，有助於病人的安全感及信任感。

(2)專注：生理專注與心理專注。

(3)傾聽：積極完全的聽，包括語言、非語言、聽到關鍵字、不主觀給分析、批評、評價及建議。

(4)尊重與接納：無條件且溫暖地接納不同意見。

(二)推廣安寧緩和醫療，提升癌末病患生活品質

積極推廣安寧緩和醫療，提升癌末病患生活品質的做法如下（王浴，2004）：

1.推動宣傳教育，提升民眾認知：

(1)將生命教育納入各級教育。

(2)倡導尊重病患臨終醫療自主權。

(3)結合民間資源，推動安寧療護及《安寧緩和醫療條例》之宣導教育。

2.建立安寧療護網絡，使需要者皆可使用：

(1)普及每縣市皆有安寧療護機構。

(2)推動社區安寧緩和療護。

(3)偏遠地區衛生所和長期照顧機構辦理安寧療護。

(4)將安寧療護整合入癌症醫療照護內。

3.提升安寧緩和醫療品質：

(1)修改現有住院、居家作業標準。

(2)發展品質監測指標、監測滿意度、建立資料庫及評估改善機制。

4.安寧療護照護人員專業培訓：

(1)入門基礎訓練（elementary）。

(2)專業在職訓練（general-practitioner）。

(3)專家師資訓練（specialist）。

5.訂定合理之安寧療護給付制度：安寧住院納入全民健保試辦計畫（論日計酬）。

 六、安寧療護的理念與原則

　　安寧療護係由專業的醫療團隊，對患者各種不適症狀進行緩和醫療，加上心理及靈性的協助，提升病人生活品質，安祥尊嚴地走完人生最後一程。既心存病患，亦關懷家屬，也輔導家屬度過低潮。其根本的概念，是達到病人所想要的生活方式的照顧模式；安寧療護人員最終極的目標，是能讓病人及其家屬生死兩安。

　　我們可以依照上述的安寧療護發展的背景歸納出下列幾項安寧療護的理念與原則：

1.安寧療護重視照顧與舒適：「臨終關懷」組織的服務著重於瀕死病人死亡前疼痛的控制與死亡後家人情緒的支持。目標從治癒（cure）轉移為照顧（care）。在症狀控制方面是預防與控制並重，須預測其症狀發生且預防之，其次是控制發生率及強

度。任何檢查與治療之原則為「兩害相權取其輕，兩利相權取其重」，利害衝突擇其中。

2. 安寧療護是重視生命品質，尊重生命尊嚴、尊重瀕死病患權利的全人照顧：安寧療護是以積極的方式，為病人做支持性的治療，將疼痛及身體的不適症狀減至最少，使病人獲得身體的整齊清潔，而無惱人的損形或摧殘。並給予病人自由做他願意的選擇，滿足病患身、心、社會、靈性層面的需求。

3. 安寧療護是提供以病患及家屬為一體的全家照顧：除了瀕死病人會受到痛苦的心理及生理上的煎熬，家屬往往在心理上必須承受更大的壓力，也有著更多的悲傷與失落。一人生病，他的家人也必經歷一場風暴，因此安寧療護所提供的「全家照顧」，包括家人的諮詢及協助、病人幼年子女的哀慟照顧以及病人去世後遺族的哀傷輔導（bereavement care）。

4. 安寧療護是一持續性的全程照顧：所謂全程照顧意指從病人接受安寧療護到死亡及之後家屬的悲傷輔導。所有瀕死病人會經歷的心理歷程，家屬也都有可能經歷；更甚的是，當病人離開人世時，家屬卻仍須帶著回憶繼續生活下去，所以，瀕死病人家屬是非常值得且需要關心的一群。安寧療護的特色之一，不僅是提供臨終病患關懷，也顧及家屬及朋友的持續性支持與愛的援助。

5. 安寧療護是透過專業的醫療團隊，結合專業技術做人性化的全隊服務：這是一個講究團隊的工作，成員包括醫師、護理人員、社工師、志工（義工）、營養師、心理師、宗教人員等，凡是病人所需要的都可以是團隊的成員。在醫師部分，病人原來的主治醫師、中醫科、麻醉科、放射治療科、復健科、精神科等，凡是與病人醫療有關的都需要加入團隊服務，不是只靠哪一科就可以做好安寧療護的工作。也不論是由哪一科專責，還是需要其他專科醫師和各類專業人員的協助合作，才能讓病

人獲得最好的照顧。專業人員的照顧非常重要；如何提供人性化的陪伴亦同等重要。無論是專業的照顧者或是床畔的角色，皆需積極地聆聽，持續地給予深度的接納、愛和關懷，這才是照顧者在臨終陪伴真正的角色。

6. 安寧療護是隨時因應的服務：安寧療護猶如社區工作一般，哪裡有需要即能提供及時的服務；一旦當需求在何時、何地產生，計畫就一定要能隨時因應，此爲全年無休，一天二十四小時的服務性質。

7. 安寧療護並不一定要住院：安寧療護包括「居家療護」、「日間療護」及「住院療護」三種，須按病患的個別情況及需要採用適宜之方式。歐美大都採用「居家療護」的方式。台灣已開展了「居家」與「住院」兩種方式。「日間療護」是將病人白天送到醫院，晚上接回家，與家人共進晚餐，並睡在自己的臥室中，至今尚未開展。

8. 安寧的理念不僅只運用在癌末病人，也可運用在各種重大疾病、瀕死、死亡事件或哀慟者和他們家人：安寧緩和醫療的對象，是針對「不可治癒的末期病人」，所謂「末期」，並未指明何病。所以並不是癌症病患即放棄治療，必須是對治癒性治療已無反應及利益的病患，才能接受安寧緩和醫療。國外的緩和醫療，除了癌末病患外，還包括漸凍人和愛滋末期。國內僅給付癌症末期病患，於93年7月開始試辦末期運動神經元病患，但眞正的安寧理念是不局限於這些條件的。

9. 在安寧療護中，有效溝通極爲重要，會影響信賴與合作：所有對病人的處置都必須先告知病人，待其同意後才可施行，而病人隨時可以改變決定。除了確定病人完全瞭解他的治療計畫外，還需讓家屬也瞭解並同意。

10. 參與安寧療護的成員需要相互提攜，更需他人多一點的鼓勵與支持：照護臨終病人和處於哀慟中的人，時常面臨很大的挑戰

和壓力，整個團隊的成員經常居於高壓力的狀態。因此在照顧計畫中也要將自己的工作成員的支持活動納入其中，以提供情緒支持之管道，或是學習如何陪伴他人走出喪親之慟的相關技巧。

11. 通訊、卡片或信函、個人諮商、週年紀念服務和其他的社會活動是常見的安寧病房喪慟追蹤方案的內容；安寧照顧方案也經常為喪親者建立支持團體，與提供這樣服務的社區組織合作。國內，由於文化背景之故，較不願再深入心中的痛。

七、對以階段為取向照護模式的批判

　　Kübler-Ross在她的書中（*On Death and Dying*）提出五階段的理論模式，是從對瀕死者一系列訪談結果所得到的結論。其實她是將「防衛機轉」稱為階段，同時認為「在所有階段中病人都持續著希望」。階段論提出後引起相當多公開和專業的注意與討論。她的模式對困難的情境界定了社會心理反應的一般主要型態。這些反應我們都很熟悉，此外，Kübler-Ross說生者將瀕死者當成老師，從他們身上學習堅強和脆弱。因此我們可以學到更多有關生命末期階段的焦慮、害怕及希望。Corr（1993）也曾說我們可以從這個取向中學到三個重要的功課：(1)仍然活著的瀕死者通常有未完成的需求要處理；(2)若要成為有效率的照顧者，我們必須積極傾聽瀕死者個別的需求的聲音；(3)我們從瀕死者身上學習到他們如何因應瀕死，使得我們更瞭解自己是「易受傷的、有限的、會臨終的、可適應的、要相互依賴的」。

　　但是許多的研究並不支持Kübler-Ross的這個模式。包括質疑這項模式的信度和效度。許多照顧瀕死者的臨床工作人員發現此模式是過於表淺和易誤導的。

認識預立醫療自主計畫（Advance Care Planning）

預立醫療自主計畫*（Advance Care Planning, ACP）是一個互動的過程，為了確保自己的親人和醫護人員在自己生命末期的照顧時能尊重個人願望。計畫內容有：充分思考自己到達生命盡頭時，什麼是對您是重要的；先瞭解目前各種治療重病的方式，根據自己的價值觀和信念，選擇您要或想要的醫護方式；把自己的希望和選擇告訴身邊最親近的人，讓他們知道您在不同情況下的意願；也可以指定一位代言人，當一旦無法為自己做決定時，可以代表您做決定；當您充分瞭解與考慮後，可將您的預設醫護計畫寫下來。

安寧照顧基金會製作的宣導影片「送你一份愛的禮物——預立醫療自主計畫」（http://www.hospice.org.tw），是以三個真實個案呈現他們自己有關預立醫療指示的經驗及與家人的互動，透過腎臟透析病人、失智症家屬及長青族等，希望引發大家對此議題的重視。

註：*http://www.hospice.org.tw/2009/chinese/supply-4-view.php?mym=2013&info=167

瑞士協助自殺組織DIGNITAS

這機構成立於1998年5月17日，由人權律師莫奈利（Ludwig A. Minelli）在瑞士蘇黎世創立，設置的宗旨是基於瑞士立法Swiss law的精神，希望在人們活著和臨終時，提供尊重選擇自己、自我決定和完成個人責任。提出To live with dignity-to die with dignity。DIGNITAS是以會員制的方式接受申請，會員不僅有瑞士人，也包括外國人。2005年9月26日在德國漢諾威成立分會，除了瑞士與德國國籍的會員外，尚有來自67個國家的會員，根據該組織的資料，截至2016年共有7,764位成員。此組織確保會員在生在死均保有尊嚴，並協助會員有尊嚴地完成生命的路程。對於痊癒機率低之重大疾病患者、承受龐大傷痛者、無法承受的身心障礙疾病者，DIGNITAS以陪伴自殺的方式提供遭遇此情形之會員結束生命的服務，經醫師的評估與認可，開予處方，由當事人喝下或按下藥物注射按鈕來結束生命，有別於「自願安樂死」由醫療人員協助服用或是注射藥物死去。

問題與討論

1. 想想看，如果你有一位親人或是朋友患了對生命有威脅的重大疾病，接受各種照護模式的服務時，你能夠說出幾種不同型態的照護方式，包括醫院、長期照護中心、居家療護計畫以及安寧療護等所提供的服務，各有什麼利弊嗎？

2. 你聽過安寧照護嗎？你知道安寧照護有哪些特性嗎？你認為這些特性在台灣、英格蘭、加拿大與美國的施行方式是有所不同的嗎？為何會有所不同？安寧理念的服務方式可以應用在其他機構，例如醫院、長期照護中心或居家療護計畫嗎？

3. 你對安寧療護或其他緩和醫療服務有什麼樣的接觸經驗？

4. 你曾經照護過最深刻的病患是怎樣的病人？你從他那裡得到什麼感受？在哪一個病房？

5. 安寧病房是怎樣協助臨終病患圓夢的地方？你曾經給病人圓過什麼夢？

 **網站拾萃**

台灣安寧照顧協會（www.tho.org.tw）

在這個網頁中可以知道各種有關瀕死病人的照護，也可以尋求這方面的幫助，諮詢、瞭解安寧療護當中參與的人員心裡的感受和想法，大家一起分享。其他相關網站如下：

財團法人天主教康泰醫療教育基金會，http://www.kungtai.org.tw

佛教蓮花基金會，http://www.lotus.org.tw/1_about_1.asp

安寧照顧基金會，http://www.hospice.org.tw

善寧會，https://www.hospicecare.org.hk/about-sphc/

財團法人癌症希望基金會，https://www.ecancer.org.tw/index.aspx

慈濟全球資訊網，http://www.tzuchi.org.tw/

1.這些網站提供哪一些瀕死病人的照護訊息？

2.你知道台灣第一個為癌末病人設立的基金會是哪一個？它有哪一些特色？

3.善寧會是一個怎麼樣的團體？

4.佛教蓮花基金會是一個怎麼樣的團體？提供哪一些訊息？

11

生命回顧之旅

- 生命回顧的內涵
- 生命回顧的功能
- 生命回顧的活動
- 其他的生命回顧運用技巧
- 結語

> 執著於喜悅感覺的人，卻摧毀了長著翅膀的生命；當喜悅飛走而向它吻別的人，將活在永恆的朝陽之中。
>
> ——威廉‧布萊克（Willam Blake）
>
> 起初，我想進大學想得要死；隨後，我巴不得趕快大學畢業好開始工作；接著，我想結婚、想有小孩又想得要命；再來，我又巴望小孩趕快長大去上學，好讓我回去上班；之後，我每天想退休想得要命；現在，我真的要死了……，忽然間，我明白了，我一直忘了真正去活。
>
> ——佚名，活在當下

一、生命回顧的內涵

　　人生的經驗蘊含著喜、怒、哀、樂種種面貌的情境，因著這些不同的情境，也使得生命所產生的意義內涵更為豐潤。若是我們能夠藉由這些寶貴的經歷，從中反思生命意義，進而思考規劃自己未來生命的方向；那麼，當我們的人生列車在即將駛抵終點站之時，回顧過往，將會不悔此生。

　　什麼是生命回顧（life review）？最早提出此概念的是Bulter，他於1963年提出，Woodward也於1986年再次提出，他發覺老人喜愛回憶（reminiscence）。在回憶中可以達到統整生活經驗的功能，並可作為臨終關懷之治療，以及協助老人從枯燥、不滿意、懊悔的生活經驗轉成較為正向的角度去詮釋過往的經驗，使他們的剩餘生活可以重新出發。也就是協助老人達成自己過去整個人生的均衡和和諧的過程，包括：introspection（內省）、self-reflection（反省）和reminiscence（追

憶、回憶）。

　　雖然生命回顧最初是用在老人及重症病人身上，但後來的實務經驗卻證實了生命回顧可用於每個階段，而且都可以得到不同的功效。戴銘怡（2001）說：過去就像是一個貯藏室，把一個人實現過的「可能」皆安置於內，永遠的留存在那裡。這種賦予「過去」正面價值的作爲，多少能夠抵銷個人對老化與死亡的恐懼，並進而從中發現生命的意義。

　　人，自然而然就會去回顧自己的經驗，並且有需要再重新看待自己的人生。回憶是生命回顧的一部分，回憶的種類有：(1)強度：最深的記憶；(2)決意：轉變的時刻；(3)制約的控制：滿足的經驗。回憶的內容則有：(1)角色：家庭、社會、職業；(2)關係：親密、個人、事業；(3)事件的內涵：目標、價值、動機、記憶。

　　臨終之人雖然不一定是年老的人，但在面臨死亡的壓力情形下，卻也自然而然需要爲自己的人生做統整、解怨，以求超越。Erikson指出，老年或死亡階段是面臨統整（integrity）或失望（despair）、憎惡、反感（disgust）的掙扎。他並於1981年再度指出，統整指的是將生命視爲一個整體並且接近完整的歷程，滿足生命、完成責任，接受失敗、痛苦，都是無人可取代的生命。而失望（統整失敗），指的是對生命失望，有歲月蹉跎、一事無成的感慨，認爲已經來不及重新開始，也不能再過另外一種生活方式了，有白活與荒謬、嫌惡感。而統整卻是將接受了所有失望的一切，進而重新看待自己的人生，讓自己的人生完整、接受、解怨，以求超越。

二、生命回顧的功能

　　生命回顧的緣起來自柏格曼導演《野草梅》影片中的老醫師，夢見並想及自己的過去和即將來臨的死亡。他明白了自己一直有多冷淡

無情，因而在最後的日子裡變得較溫情開放。該影片強調了實際生活中所發生的事實：人的確可能在人生任何時期產生變化，包括老年期在內。《野草梅》電影中的醫師透過生命回顧（一種重溫的過程），讓人們看到自己一生的重要性，也使得自己的人生更有意義。

生命的回顧可以幫助人再組織、評價並且檢視自己的成敗與得失，進而重新定義出生命的意義。若是生命回顧運用得當，常常可以幫助人們走出沮喪和悲傷。而生命回顧的功能又有哪些呢？

(一) Bulter (1974)

學者Bulter指出生命回顧具有以下幾點功能：

◆傳授人生閱歷的功能

生命回顧的結果，可能使得人們感到人生虛度，以及因為曾經傷害他人，目前已無機會彌補的遺憾。然而更多的情況是：人們會作一種平衡的衡量，同時接受成功與失敗，並將自己的價值觀「留傳」給可能承續他們意願的人。例如老人可以藉由回憶表達出過去的經驗，進而瞭解生命的意義。

◆肯定自我的功能

生命回顧是一種引導性自傳（guided autobiography），其定義為獲得一種有系統的延伸性的自傳，人們將生命秩序化，且發覺其中的意義。人們對自我的存在能肯定意義，同時亦能將自我的小生命統整於宇宙的大秩序，經由生命的回顧，持續地反覆思考，重新認識自己，仔細思量自己的行為，肯定自己的所出言行，亦是生命回顧的功能之一。如老人會以過往的經驗來豐富年老的生活，藉著回憶過去，從過去精彩的經驗再一次來肯定自己。

◆統整的功能

統整指的是將生命視爲一個整體並且接近完整的歷程，滿足生命、完成責任，接受失敗、痛苦，都是無人可取代的生命。鍾思嘉說，老人可以較客觀地重新審視其一生，過去一些未解決的衝突與困難可能再度重現，若老人此時能成功地解決，將會有成功的適應。

◆準備面對死亡的功能

當生命有了完整的統整、自我的肯定，有自信接受生命的給予與存在時，這時對於死亡的恐懼，已慢慢消失減輕了。因爲這個時候，已經找到自我的歸屬感，存在的價值也有了答案，此時的自己不再有任何的疑惑，而隨時能等待死亡的到來。唯有活的精采豐富，體驗生命的意義時，才能坦然迎接死亡。鍾思嘉（1995）表示，回顧有助於老人對將來有希望，認爲是有意義的，則死亡可被視爲是一個自然、沒有威脅的結束，並以平和寧靜的態度接納它，放鬆地享受剩餘不多的日子。

◆暫時解決社會孤立

如同知覺刺激被剝奪的人，他們使用頭腦幻想來豐富沒有刺激的環境一樣，老人在一個孤獨、不友善的環境裡，使用回憶來豐富他的感覺；但是此種行爲非常堅固的建立之後，又會導致個人更形孤獨。

(二)趙可式（2001）

趙可式博士對生命回顧亦提出了四項功能，分別爲：

◆重整秩序（make order）

藉由生命回顧的引導，提及陳年人、事，和感受的傾向，是生命回顧裡重要的一環。回顧自己的經驗，且重新看待自己的人生。生命

回顧治療有助於使自己的人生做重新的省思，讓自己當下的人生和以往的人生有不同的生活體驗，使得此種檢討更自覺、詳細、有效並進而達到人生重新整理生命秩序的功能。而認清楚對生命而言什麼是重要的事情，其實也是在做一個價值觀上的調整。

◆發現或重新詮釋意義

前面提到生命回顧就像是一本引導式的自傳，自傳中所出現的人、事和經驗都是重要的，在回顧的過程中，會發現以往從未注意到的小事物，經由這些小細節可能發現自己所不認識的自己，因著回顧不斷地省思、不斷地發現，而讓自己的人生有著不同的解釋及意義出現。

◆釋放衝突或不滿（reconcile conflict & disappointment）

回憶時是會在苦的經驗中伴隨著甜的經驗（a bitter-sweet experience），所以會接觸到痛的來源：與傷疤觸動、後悔、罪惡感有關的經驗。回顧的過程中，雖然可以發現過往的自己可能是那麼的不懂事，歷經了叛逆、後悔甚至是憤怒，但生命的唯一就是當下，和不好的過去來往中、反思下，承認不好的存在，反倒是種享受，因為生活並非全數由生命所發生的事情來決定，而是自己面對生命的態度，你自己的心靈看待事情的態度來決定。

◆放下（letting go）

經由生命回顧達到超越（transcendence）。病患從死抓不放到放手的經驗，過程中擁有自由、成長，並且經驗到安靜地放下（calm detachment），死亡只威脅到身體（body），而非自我（self）的過程。

生命的回顧可以讓人領悟並學習到，不管身處何種艱鉅惡劣的情境下，都可以找到自己生命的意義，幫助失落的自己重新找到生命的

方向及出口。董力華（2003）提到：人們終究會瞭解，不應該問「我的生命到底有什麼意義？」，因為這是生命給他們的考題，他們必須為自己的生命找到答案。如在《活出意義來》一書中，Viktor Frankl以他被監禁於納粹集中營的經驗，提出了意義和生存的論點：那些較容易在集中營裡倖存下來的人是面對未來的人——面對未來等待他們的一個任務、或一個人、或一個將來須由他們完成的意義。

　　人的生命，最初就像是一條未經折曲過的平行線，然而隨著日後歲月的累積，人事物接觸的影響，逐漸使得這條平行線多了許多特別的形狀與感觸。生活就是不斷地向以前的自己說再見。然而平日匆忙的生活步調卻似乎讓人忘了向以前的自己打招呼。何不試著讓自己的腳步歇一會兒，看看前一秒的自己，你對自己過去的種種滿意嗎？亦或另有其他新的想法？如能藉由生命回顧看到生命的意義，那麼，當遭遇困難之時，相信定能激勵自己勇敢地面對一切，從而使得自己的人生更具正面的意義與價值。

三、生命回顧的活動

　　不同個體有著不同的生命。快樂與悲傷的詮釋，也因為每個人的差異而有著不同的解釋。生命的主人是自己，自己所收藏的生命只有自己最明瞭。該如何運用自己珍藏的點點回憶來進行人生的統整，以及配合身、心、靈、社會全人的照顧，進而達成回顧生命的目的呢？

　　實際上，生命就是要去認識、體驗、接納的，甚至要參透人生是這樣的有限。

　　生命回顧的方法很簡單，開始時可以從記憶深刻的某一事情作為出發點。可以使用道具，例如相片、錄影帶、紀念品等物件。我們將會在下面藉由一些小活動來帶領各位進入生命的探索之旅。

(一)活動一：折我人生

讓學生選擇不同顏色之鐵絲，然後請他們以鐵絲的曲折來表達自己過去、現在及未來的人生。以下A、B、C是三位學生之人生解讀：

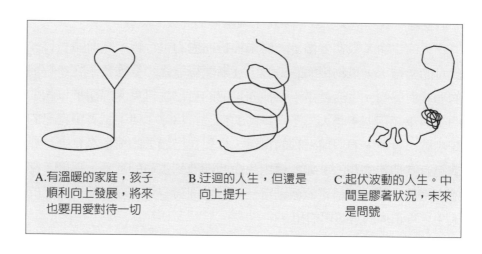

A.有溫暖的家庭，孩子順利向上發展，將來也要用愛對待一切

B.迂迴的人生，但還是向上提升

C.起伏波動的人生。中間呈膠著狀況，未來是問號

(二)活動二：畫我一生

讓學生用水彩或蠟筆畫自己的過去、現在及未來。

(三)活動三：靜心思考

藉由思考自己的過去、現在、未來，來賞味自己的人生（參考安寧照顧基金會影片《賞味人生》）。

◆人生是什麼？

人生原是如同平常一般，然而卻偶有無常。

※生命有如時序一樣，但是，它竟然是那麼的有限。

◆回首過去

對過去生活（三個月、一年、或更久以來）做一個回顧。想一想：

· 有哪些人或事是令你印象深刻，想要感謝的？
· 有哪些事是你一直想做卻因忙碌而遲遲未做的，而在做了之後會令你感到心安和滿足，甚至覺得不虛度此生？
· 有哪些人或事仍令你感到創痛或自責不已，想想可以如何以積極的態度面對和嘗試改變，或僅僅只能做到瞭解和接受？

※其實從小至讀完一本書、和久未聯絡的朋友打打電話，大至回顧過往、解決一段愛恨關係等，這都會是你人生跨出的一大步！

◆享用現在

假設你的生命只有三個月，思考一下：

· 何者是你目前最重要的人、事、物？一旦失去他們，你將會如何？（反之，一旦他們失去你，將會如何？）做些什麼事，會讓他們感受列你的愛和溫暖呢？
· 回想你曾有過的夢想，現在的你希望還能實現嗎？
· 如果進行以上行動，你的生活秩序要重新安排，什麼人、事會放在第一位呢？

※完成這些重要的事情，是要付上代價和取捨的，想想不調整的後果可能又會是如何？「現在」，就是最好做改變的時刻！

◆規劃未來

· 假設你按部就班地整理了過去與現在，希望你再用些想像力和耐心去瞻望未來，在你邁向目標時，找到生命的價值，並發現

內在的平安和喜樂，以下仍是一場冒險之旅，祝你由練習找到智慧與力量。

．想過自己臨終時的安排嗎？

※規劃未來是為了現在能好好的活著。試問自己，每天做些什麼事，才能讓自己達到這個無悔、滿意的人生？訂個具體可行的目標，然後努力實踐它。

◆完成未竟之事

若是你因疾病的因素以新的觀點來看自己的經驗和行動。使有機會去完成未竟之事，例如和疏遠的家人或朋友重修舊好。

．完成這些事之後是否覺得有成就感？

(四)活動四：檢視自己的一生

除此之外，你願意檢視自己的一生，並且把這些感想和你的至親好友分享嗎？

◆一般生活

．每個人都有一個生命的故事，能否用大約二十分鐘的時間敘述你的一生。可以先從你想談的或期望的事件開始。

．在你的一生當中什麼是你最重要的轉捩點？

．請告訴我在你一生之中最高興的事情是什麼？最悲傷的事情是什麼？

．在你一生中對你最重要的人是誰？

．現在最親近你的人是誰？

．就現在的你而言，你的人生像什麼？

．如果你的人生可以重新來過，你會有什麼不一樣的做法？

· 你會如何來敘述你過去的一生？

· 假如寫你的人生故事，你打算如何寫？寫幾篇？第一篇會是什麼？第二篇呢？最後一篇又是什麼？

◆日常生活

· 描述你現在典型的一天生活？

· 相較以前的生活與現在，就日常生活方面有何不同？

· 在未來的一年內就日常生活方面，你想會是怎麼樣的情形？

· 在你還沒來到這裡之前，你想這裡會是怎麼樣的一個情形？

· 現在你已經來到這裡，你覺得這裡是像什麼？

· 就「家」這個字，你如何定義？

· 你會懷念你現在住的地方嗎？若是，原因是什麼？

◆家庭

· 「家庭」這個字對你有何意義？

· 到目前為止，這裡有沒有人讓你覺得像是自己的家人？

◆自我

· 你會如何描述年輕時的自己？

· 你會如何描述現在的你？

· 過去這幾年對你而言有沒有很大的變化？是怎麼樣的改變？

· 你的人生哲學是什麼？過去，你的人生意義是什麼？

◆年齡

· 隨著年齡的增加，你有什麼感覺？

· 活到這把歲數或以你現在的年紀來說，你喜歡什麼？你不喜歡什麼？

· 你曾想過以後的日子怎麼過？有沒有規劃？

．你的未來是什麼？你現在有哪些期望？

．你曾想過死亡嗎？

※在無窮的成長機會與有限生命之間所存在的緊張狀態，界定了
　人的一生。透過選擇追尋的目標，以及把握時間努力，每個人
　都可為人類的發展留下印證。

(五)活動五：墓誌銘

學生能寫出並與他人分享其心中所建構的墓誌銘。

墓誌銘彷彿是人一生的本事，或長或短，或璀璨或平淡。歐美的墓誌銘常有發人省思之作；國人的墓誌銘則不甚普遍。墓誌銘是銘刻在墓碑上的文字，為了要讓前來哀悼的人能夠追思紀念逝者。墓誌銘是富有史料價值，又稱為拓片。中央研究院歷史語言研究所圖書館藏有歷年購入之金石拓片二萬五千餘件，其中甚多稀見而且為該所所獨有之收藏物，為探討唐代文物與社會結構的重要史料。如在邙山留下大量的墓誌銘，這些墓誌的內容大都是記載死者的生平事蹟，其中以《元顯墓誌銘》、《張黑女墓誌銘》最為著名。

歐美的墓誌銘常有發人深省之作，德國大數學家高斯墓碑上刻的是一個正十七邊形的圖案，那是高斯19歲那年初露鋒芒的作品。物理學家波茨曼的墓誌銘是一個公式 $S=\ln W$，那是他為統計熱力學奠基的大貢獻。在德國也有一個籍籍無名的青年，他的墓碑上只有一個字：Warum（德文的為什麼），旁邊所刻生卒年代告訴我們他只活了二十年。

英國大詩人雪萊，30歲那年，不幸覆舟溺亡於海中，人們為他在墓碑上刻著莎士比亞《暴風雨》名句：「他沒消失什麼，不過感受一次海水的變幻，化成了富麗而珍奇的瑰寶。」

英國詩人濟慈，生前為自己撰寫的墓誌銘是：「裡面躺著一個人，他的名字是寫在水上的。」

曾獲諾貝爾文學獎的美國二十世紀大作家海明威的墓誌銘十分簡短，寓莊於諧：「恕我不起來！」

　　古希臘著名的數學家刁蠻都，他的生平人們所知甚少，但他墓碑上的碑文，卻能夠提示人們瞭解他的生平要事。碑文如下：「刁蠻都長眠於此。倘若你懂得碑文的奧祕，它會告訴你刁蠻都的壽命。諸神賜他的生命的六分之一是童年；再過了生命的十二分之一，他長出了鬍鬚；其後，刁蠻都結了婚，不過還不曾有孩子，這樣又過了生命的七分之一；再過了五年，他喜得頭一個孩子。然而他的愛子竟然早逝，只活了刁蠻都壽命的一半。喪子以後，他在數學研究中尋求慰藉，又度過了四年，終於結束了自己的一生。」

　　墓誌銘是一種特殊的文化寶庫。許多名人逝世後，他們的墓碑上留下了簡明、幽默，閃爍著思想火花的墓誌銘，供作後人深思回憶。有人是這麼寫的「前一陣子上了『人生探討』的課程，其中一節課是寫自己的，也就是說你今生準備如何過，又希望留下什麼，我想了半天仍是一片空白，這題目還真有點難，寫得太偉大，怕自己做不到，一片空白又很浪費，見主面時又如何能說：那美好的仗我已經打過了，當跑的路我已經跑盡了（提後4：7）呢！」

四、其他的生命回顧運用技巧

其他的生命回顧運用技巧還包括：

1. 回顧之旅（親自為之或經由書信）：在情況許可之下，重返自己的出生地以及度過童年、青年和成年前期的地方。可以運用相機的鏡頭捕捉和寫筆記的方式來整理出自己的思緒。如果無法親自做這些事，也可聯絡依然居住在該地的人。

2. 重聚：和高中及大學同窗、家庭成員或老朋友重聚，可讓人們看到舊日同伴和其他在自己生活中占有重要地位的人。

3. 家譜：建立家譜不僅使人產生一種家族歷史的延續感，也有助於解除對死亡的恐懼。至於尋找的過程本身也極富樂趣，如在

報紙登廣告、尋訪公墓、查閱家族經歷、市鎮以及教堂紀錄。

4. 速寫簿、日記、相簿、舊信件和其他紀念物：人們所保存的往往是在自己的生命裡有特殊及愉快意義的東西。透過對它們的談論，常可回憶起早已忘懷的人、事和情緒經驗。

5. 一生工作的總結：透過自己對世界所作貢獻的結算，可以感覺自己生活是有意義的。

6. 注重種族的認定（文化遺產）：透過強調本身種族的特殊傳統和經驗，欣賞自己所繼承的祖先遺產，並且將它傳遞下去。

五、結語

　　在緊湊繁忙的生活裡，多數人都是為了物質生活的滿足和需要，而努力地埋首於工作與流水般的日子中，很少靜下心來檢視一下自己的人生、自己的生命有何意義。然而，人是會隨著年齡的增長與經驗的累積，像滾雪球般，將人的本質愈滾愈多，這些都是一個個連續的生命課題；而我們往往都是在遇到困難與瓶頸的時候，才會意識並詢問自己，何謂生命的意義？鐘思嘉（1995）說：「追尋生命意義會使人活得更好」。曾經有人告訴肯尼斯‧瑞林這麼一段話：「我知道每個人來到世間都有他要完成和學習的東西，譬如分享更多的愛，彼此更加慈愛，發現人生最寶貴的是人與人的關係與愛，而不是物質。同時瞭解生命中所做的每一件事都被記錄下來了，即使當時不經意地擦身而過，但後來還是會出現的。」

　　透過個人墓誌銘的建構，使學生能瞭解個人的生命態度，進而更加坦然面對死亡。學生能寫出並與成員分享個人心中所建構的墓誌銘。藉由活動使學生反思生命的價值與意義，進而表達感謝與其共同參與生命的人。經由彼此的經驗分享，激盪出個人未想到的部分，使學生更認識生命的意義和價值，減輕談論死亡時的焦慮，而更能坦然

面對死亡。

　　生命的意義，需要努力地尋覓；生命的美麗，需要好好地探索；人生的精采，需要真正的體驗。生命既無常又有限，生命就是生死共舞、無常律動。而生活中的實際訓練也就在此時此地，就在這「無常」的實驗室中。透過對生命的回顧之旅，將會發現什麼是真正的放下；享用當下現在式，才能活出真正的自己。同時，藉著生命回顧，使我們反觀深思生命的意義，進而深入自己的內心尋找靈性的生命；經由生命探索的小活動，瞭解自己的生命是如此的精采不同。希望我們的人生，皆能猶如泰戈爾詩言般：「生時燦如夏之花，死時美如秋之葉！」

問題與討論

　　以下有三個案例請試著練習用同理心（初層次與高層次）的回應，並以口語化的文字寫下來。

1. 病患說：「我最大的希望就是早點走，不願意這樣受苦。」
2. 病患說：「我太太要回去照顧小孩，不能常常在這裡陪我，有時我覺得她應該要回去休息，有時我又希望她在這裡陪，真不知道該怎麼辦？」
3. 家屬說：「他（病患）都不能吃東西了怎麼辦？這樣下去怎麼得了？」

此外，請你思考以下的問題，並作為溝通之準備。

1. 你平時在生活中會不會使用到同理心？如何使用？
2. 你平時的溝通態度，包括聲音、表情、用字遣詞有無慣用的習慣？如果有，是否對你的溝通造成影響？是正向的影響或是負向的？

3.所謂一致性的溝通與同理心有何異同？

4.假想如果是你生病到了末期，你會願意他人與你討論有關病情的情形嗎？你會與不會的理由是什麼呢？

5.請你回顧你的一生，有些什麼事是快樂、成就的？有些什麼事是挫折、痛苦的？你如何找尋意義重新看待它們？

6.如果有機會回顧一生，你最想為自己做些什麼事？

 網站拾萃

Finding Our Way（http://www.findingourway.net/）（美國的網站）

　　網站提供的豐富資料如同一本瀕死的百科全書，主要是提供瀕死者在各方面的議題，例如喪偶期、緩和醫學等等（Widowhood、Palliative Care、Advance Directives、Culture & Diversity、Spirituality & Faith、Last Rites、Caregiving、Hospice、Nursing Homes & Long Term Care、When a Child is Dying、Violence & Unexpected Death、Grief & Loss）。試問：

1.當你獲知得到癌症時，這個網頁有哪些資料對你有幫助？

2.你知道53歲Barbara Wein是如何經歷癌症的折磨嗎？

3.網站上提供哪些生命回顧的建議？

4.臨終者可以有哪一些權利？

5.美國對癌末病人有哪些照護方式？

6.網站上提供哪些失落悲傷的訊息？

追尋生命意義

- 生命的意義
- 生命意義的尋找
- 誰在探索生命意義
- 對生命意義的見解
- 死亡對生命意義的啓發
- 如何展現自己的生命意義
- 生命意義的尋求是每個人一生的課題

> 人活著真正要關心的不是避苦尋樂，而是找到生命的意義，這也是為什麼人即使受苦，也要確信其受苦是有意義的。
>
> ——Viktor Frankel, 1939/1963
>
> 生命的意義是在於活得充實，而不是在於活得長久。
>
> ——馬丁·路德金
>
> 活著的意義就是要活動，身體的活動，精神的活動，思想與智慧的活動，都是生命力的表現。
>
> ——羅蘭

　　為何要探索人生意義？你在人生過程中是否曾經汲汲營營隨波逐流？你曾經停下腳步抬起頭來看一下自己的人生方向正確否？你現在的生活就是你所要的人生嗎？現代人終日忙碌奔波的工作，家庭生活和工作卻不一定和諧，也可能找不到值得持續工作下去的人生目標，或是對人生方向有不確定感。當你翻開報紙就會發現到處充斥著社會問題，詐欺、犯罪、自殺、他殺、暴力、衝突等。SARS來襲的期間，讓許多人思考到人生意義和生命價值的問題。其實這是在一個不和諧社會當中產生不協調的自我所導致的。

　　何謂人生的意義？人生的意義就是用來解答人在一生當中為什麼活著，因為不論在人生的哪一個階段，只要人想要活著其生命就必須是有意義，當一個人對自己的生命顯現出沒有意義時，人就會有想死的念頭。而「人生的意義」和「生命意義」在字義上是很接近的，有時候是當同義字看待，因為尋求解答人在一生當中是為什麼活著，就是在尋找那個階段的生命意義。因此有時候人生意義的探索就是探索生命的意義。所以探索人生意義就是要回答人要如何好好活著？人要如何在社會中悠然自處？人在一生不同的經歷當中要如何把握？把握

哪些東西呢？換言之，要探索人生意義就是要領會生命、生活和人生方向的和諧關係，因為人生意涵包括：(1)生命的意義、價值和理想；(2)生活的方式、形態和內容；(3)人生方向的明確和可行性。

一、生命的意義

　　每年國內外都會接二連三發生駭人聽聞的天災事件，我們生活在這個多變乖舛的世界，一瞬間便會奪去數以萬計的生命，頓時山河變色，家破人亡。不禁讓人感嘆生命竟是這般的脆弱與無常。然而，卻也有人是因為情感問題、學業壓力、職場不順等後天因素的影響，便輕率做出結束自己生命的決定。人生之旅，就只有這麼一次。對於這僅有一次的生命，它具有怎樣的意義呢？無論你我珍惜自己的生命與否，我們都搭上了這班不售回程票的單程列車，這是一趟正逐漸駛向終點站的人生之旅；沿途景象或許風光明媚景緻宜人，也或許觸目所及盡是遍地坑洞、偶見蜿蜒小溪，我們又能賦予它什麼樣的意義呢？陳福濱（2000）指出，生命是內在的自發活動，使活動的主體存在而發育，存在是生命的最基本要件，我存在，才有我；我幾時有生命，我就存在。人之於生命的第一個意義，就是「人的存在」。而生命便是我的「存有」。

　　那麼，生命的意義是什麼呢？生命的意義就是對人的生命的詮釋。生命從全人的角度來看，它含有身、心、靈、社會四個部分。而從時間的歷程來看，自出生到死亡則有許多的階段，像是嬰兒期、兒童期、青少年期、中年期以及老年期。還可以從人生哲學的角度來看，生命是具有天、人、物、我四種意義的觀感。例如有作家形容生命是有歷程的，就像是人生有四季，各展其美。孩提像春天的希望、青壯年像夏天的熱情奔放、中年像秋天的豐收，而老年就像是冬天裡的暖陽，每一個季節都有它的優美獨特之處。而意義又是什麼？柯慶

明（1991）教授說：「人之所以為人，也許重要的並不在他是兩足直立、具有理性，或者使用工具，而在於他是能夠賦予意義、認知意義、也追求意義、創造意義的生命」。意義原來即不僅是言辭的表達和澄清而已，它是人類在生活實踐中的自覺反省與相互慰勉，既是代代相承增益的智慧導引，更是聯繫群體個體心靈的同情共感。

生命意義具有主觀性、獨特性，而且因人、因時、因地而隨時改變。生命意義感要如何的領受？我們可以從思想家、哲學家、宗教家、教育家、臨終病人、老人或經歷過苦難的人，學習如何「欣賞生命」、「喜愛生命」、「尊重生命」。

(一)東方思想信仰的生命意義

《周易‧繫辭上傳》：「乾知大始，坤作成物」；《周易‧繫辭下傳》：「天地之大德曰生，聖人之大寶曰位，何以守位曰仁」。《易經》認為天是賦予萬物生命的原動力，地是萬物實質的生命力，生命的真正涵義在於「各取所需、各盡其職」。

孔孟思想以「生命」為中心省思生命本質和道德的問題，「志士仁人無求生以害仁，有殺身以成仁」、「居仁由義」、「憂道不憂貧」、「夫子之道，忠恕而已矣」。儒家對生命之探討，強調的是對「道」、「仁」等生命任務的實踐。

《孟子‧告子下》「故天將降大任於是人也，必先苦其心志，勞其筋骨，餓其體膚……」，強調的是人的大志向是由艱苦環境中磨練出來的。

道家對生命的態度是採「生死齊一」的自然觀點，認為生死乃自然的現象。故生無可喜，死亦不須悲。如「死生，命也。其有夜旦之常，天也。人之有所不得與，皆物之情也。」又說「古之真人，不知說生，不知惡死。」（《莊子‧大宗師》）莊子在〈知北遊〉中說「生也死之徒，死也生之始，孰知其紀？」放在「以道觀之」的原則

下，道家視生與死是互爲一體、彼此合一的。

　　佛教對生死的基本觀點，乃是以「空」爲思想的緣起論，然而「空」並不是空無、不存在，而是由緣所生的法，是無自性。故對佛教徒而言，死亡只是代表著因緣的散滅，或是六種輪迴的過程。重要的是，如何了脫生死，擺脫輪迴，達到涅槃的境界。淨空法師：「看得破、放得下」。證嚴法師說：「慈悲喜捨」的生命意義。

(二)西方思想信仰的生命意義

◆黑格爾

　　黑格爾對生命意義的解釋可分爲六點：

1. 意識的覺醒：強調對眞理知識的思考。
2. 走向自由：在理解抑制的矛盾過程中，我們就不斷地接近自由，追求絕對理念的矛盾過程中，最後是逐步走向自由。並強調是由精神性社會整體中發現（倫理）而來，而不是透過外在法律規約的保護。
3. 發展絕對理念：主張萬物根源是客觀的思維，也就是絕對理念，思維和存在的同一性也就是建立在絕對理念的基礎上。思維就是事物的本質，同時也是事物本身、對象性東西的本質。
4. 否定進化論的觀點：認爲自然界的發展是暫時性的，雖然在空間中表現出豐富性與多樣性，但它並沒有時間的發展，只不過是絕對理念的呈現罷了。
5. 主張源源不絕的生命：生命的意義是表現在外的形式，是一個週而復始、源源不絕的過程，死亡代表著生命替換了另一個面貌而已。
6. 追求愛的和解：愛的和解必須達到人內在（精神）的和解和外在（客觀）的和解，並且發展於活動的過程中。

◆祁克果

丹麥的祁克果對生命意義的解釋則有八點：

1. 一個人在知道任何事物以前都必須先瞭解知道自己。
2. 生命是必須向後瞭解的，但是生命也必須向前生活。
3. 人們通常以爲在某個特殊時期生命便充滿了希望與可能性，但這些卻永遠不是眞理。
4. 會使生命不同的，並不是人所說的「什麼」，而是「怎樣」說它。
5. 人生命中的第一階段最大的危險是：不肯冒險，但當冒險一旦眞正開始，最大的危險就在於：冒太多的險。
6. 從基督教的觀點而言，一切事物都須爲訓義而做。
7. 一個人愈富機智地改變修養的模式就愈美好，不過每項個別的變化卻都將一直落在「記取」與「遺忘」這普遍的範疇下。
8. 生命不朽的問題是主體藉著成爲主觀者，必須把它放進自己身內的問題。

◆海德格

德國的海德格對生命意義的解釋則認爲：

1. 人的生命是有限的生命。
2. 生命的人，乃擁有心境、理解與語言這三種能力，助使他去探討自己生於存於世的存有意義。
3. 作爲一個有限的人，必須同時會開顯出天、地、人、神這四種世界要素。

◆其他

學者Hedlund認爲生命的意義是指個人存在的理由。當一個人如果

可以很清楚地知道自己的生命方向爲何？並有相當的把握與動機去做自己想做的事，並且能對自己提出存在的疑惑時，他就找到了個人存在的理由。

許智香（2003）也提到，生命的意義爲實體內在的活動，生命就是生存，而且是不斷超越的動態歷程，在疑問、困境、挫折之中建構出自我形象和自我存在。所以，若是對自己的存在提出疑惑，已然是一種體會生命意義的表現。

基督徒對生命意義的領會是來自《聖經》與詩歌，《聖經》是人受到神的聖靈的感動而寫出的。《聖經》的內容包藏廣博，首要的有二，就是眞理與神聖生命。《約翰福音》三章15節說「叫一切信入祂的都得永遠的生命」。《加拉太書》二章20節「我已經與基督同釘十字架；現在活著的，不再是我，乃是基督在我裡面活著。」詩歌是基督徒用個人生命裡面的聖靈，經歷了外面的聖經而寫出來的生命結晶。因此，每一本詩歌都有生命眞理、有生活經歷、有詩的形式和結構。基督徒唱詩歌可以有很多助益，包括豐富自己的發表、加深自己的經歷、得以享受歷代聖徒的豐富以及成爲自己應時的幫助與拯救。

《古蘭經》中提到「衆人阿！從你們的主發出的眞理，卻已降臨你們。誰遵循正道，誰自受其益；誰誤入歧途，誰自受其害。……你應當遵從你所受的啓示，並應當堅忍，直到眞主判決，他是最公正的決判者。」（10：109）後世的獎懲賞罰讓人生的意義昭然朗現，今世生活的目的就在於信主行正道，以便在後世得以入樂園享福。

中研院院長李遠哲先生等學者在其所著的《享受生命——生命的教育》一書中也揭示，「每一個人都必須瞭解自己生命的意義以及存在的價值，肯定自己，接受痛苦與困難，在工作中完成生命，並明白生死的內涵。避免陷入謬思，走出疑惑，如此我們才能眞正享受生命。」

陳珍德與程小蘋（2002）針對癌症病患所做的生命意義研究報告，十六位受訪者之中，有十五位在日常生活裡發現生命具有意義。

而有利於生命意義行程的因素則有：良好的支持系統、意識到自己的責任感、價值的自我認同以及自我超越。

二、生命意義的尋找

　　大多數人會推諉，不願爲生命尋找意義，希望終究會有一個神的力量幫助我們解脫。當我們忘記生命是有限的而且要懂得珍惜，就不會去注意即時需求和個人滿足以外的人生目的與意義。執著於錯誤的事物，浪費自己的時間和精力，兩手空空地邁向死亡，直至臨終時才恍然察覺自己此生不曾眞正活過。我們爲了一些可期待的未來延後享受當下的生活，到頭來才發覺那可期待的未來往往不預期地戛然而止。

　　只有懂得生命是多麼脆弱的人，才知道生命有多可貴。認眞看待生命並不表示我們要像古時候的西藏人一樣，一輩子住在喜馬拉雅山裡坐禪。在繁忙的現代社會中，我們必須工作謀生，但不可以受到朝九晚五的生涯所纏縛，對於生命的深層意義毫無認識。生命的發生似乎是個奇蹟。從宇宙自然面來看，生命的形成既是偶然，亦是必然。許智香（2003）曾說：生命絕不可能孤獨的存有。人的存在是一種處境，是與他人及社會互動的結構與關係。客觀的生命存在（physical life）雖是一種可資利用的「工具」，但若失去了生命主體性的自由與尊嚴，失去了人之所以爲人的獨特性與自主性，人的生命就不再是完整的。面對種種外在因素與處境，生命要有其抉擇和行動，因此，只有在把握生命本質和內涵的前提下，才能眞正尊重生命，維護生命和提升生命。

　　意義的追尋是一個不斷持續的歷程，研究指出那些早期報告發現意義的人，在研究第十八個月的測試時，仍然在繼續搜尋意義（Davis, 2001）。所以人們通常不是在尋獲意義後，就可以將注意力移轉到其

他事件上，而是有可能在之後的幾年內，都仍持續不斷在發現意義
（Silver et al., 1983; Tait & Silver, 1989）。

　　如果走在路上去問每個路人：「生命的意義是什麼？」，你想
他們會怎麼樣回答，也許會有人「覺得你很阿Q吧！」，或者「怎麼
會有人問這樣的問題呢？」，或者「自找麻煩」等等的話陸續出現。
也許有一些人會回答你，你想他們會回答什麼呢？想必很難回答吧！
一般人平常較不會思考「人為什麼要活著？」或是「活著的意義是什
麼？」這樣的問題。那麼是在什麼時候人才會去想生命的意義呢？
或是在什麼時候才會開始去思考這樣的問題呢？阿德勒認為一般人只
有因為某些挫折導致受苦的時候，才會提這些問題。只要他們凡事平
順，沒有挫折困難，這個問題大概就不會被提及。

　　據說意義治療大師Frankl是在小時候發現自己會死這件事以後才
開始思考「生命意義」這樣的問題。有天晚上他快睡著時，忽然被自
己的一個念頭給嚇著了──「我突然想到有一天我也會死。此後，這
個問題讓我想了一輩子，倒不是因為對死亡的恐懼，而是想到生命的
稍縱即逝，如何讓生命有什麼意義呢？」Frankl終其一生都在思索這
個問題，最後他得到的答案是：「從某個角度看，正視死亡本身將使
生命變得有意義；而最重要的是，生命的短暫並不會使生命變得無意
義，因為過去的不代表就是消失了。所有存在的都不會消失──而是
存放在過去之中。」Frankl認為現代人擁有生活的能力，但是缺乏為何
而存活的意義，這個時代失衡的原因就是缺乏意義。近一百多年來的
發展，讓人類逐漸脫離基本的生活需求，而走向更多物質上的追求與
生活的享樂，但是這樣的發展卻讓人類忘記生命是無常的，人的生命
不斷在改變，人會快樂也會有痛苦、沮喪等不如意的時刻，因此有許
多人在功成名就時或在人生逐漸邁入中老年或生病後，才會停下來問
自己「這一生的目的是什麼？活著的意義是什麼？」。社會的快速變
遷總讓人在汲汲營營中過活，卻忘記自己為何急急忙忙的目的。

　　達賴喇嘛也曾說過人活著的目的是為追求「快樂」，「人類需先

放下所謂精神或心靈上的追求，從生活中一點一滴的快樂開始，讓我們的身心健康保持寧靜、安靜。」「要讓生命有價值，我想我們必須發展人性中優美的特質——親切、仁慈、憐憫。這樣我們的生命才會更有意義、更平靜、更快樂」。

三、誰在探索生命意義

　　生命的意義因人而異，雖然沒有正確與否的問題，但是卻可以說明哪一種人的生命意義是比較崇高和有價值的，而哪些生命的意義卻是輕如浮萍毫無意義可言的。佛洛伊德曾經寫信給瑪莉亞說：「當一個人追問生命意義和價值時，他就生病了！因為無論意義還是價值，客觀上對這個人而言都不存在的。一個人會這麼問，只能說他未得滿足的原慾過剩。」Irving Singer則認為探討生命意義在當今社會尤為迫切。他認為「我們愈是幸福，愈難在現實生活中發現意義」，因而提出「現代世界急需生命意義的關注」。在Frankl看來，人對意義的渴求若與其他方面的渴求相比，顯得更為強烈和迫切的。有一次在法國舉行的民意調查顯示，80%的人承認，人需要為某種目的而活。另外霍普金斯社會工作學者曾經對四十八所學院的7,948名學生做過一次統計調查，其中有78%的學生回答說，他們首要的目標是尋找人生的目的和意義。

　　因此社會中確實有許多人會思索自己人生的意義，但是很少人會真正花時間去思考，大部分的時間都被其他目的所占滿（如求學、工作等），而哪些人會停下腳步去思索生命意義的問題呢？

(一)生活中發生重大事件的人

　　例如摯親人突然過世、自己或周遭朋友發生重大車禍、發生性命

交關的危急事件等。在《第十二個天使》這本書中，作者原本是位志得意滿的公司總裁，卻在上任不到三星期，摯愛的妻子、兒子竟因車禍意外過世，作者面對摯愛的妻子、兒子死於車禍後，發現自己失去活下去的意義，他開始思考自己爲何而活？生命的意義是什麼？而台灣的九二一地震、南亞的大海嘯也都震撼著人類，讓人類不得不逼視自己，開始思索自己人生的意義。

(二)重病者面臨瀕死的人

如癌末病人、中風或其他疾病而導致即將離開人世者。這些人會開始回顧自己的一生，企圖爲自己的人生尋找意義來肯定自己活著的價值。抗癌小鬥士周大觀因腫瘤而截下右腳，他竟寫下「我還有一隻腳」的詩句，爲自己的生命彰顯意義，其詩句是：「貝多芬雙耳失聰，鄭龍水雙眼失明，我還有一隻腳，我要站在地球上。海倫凱勒雙眼失明，鄭豐喜雙腳畸形，我還有一隻腳，我要走遍美麗的世界。」

(三)原慾未得到滿足者

如集中營戰俘、因失意想自殺者、嚴重失落者、老人。這些人因爲有很多尚未完成的夢想，心理需求尚未獲得滿足，因此會去思索自己活著的意義是什麼，甚至會否定自己存在的意義。Frankl也是在集中營過著非人的生活時，才對意義有更深刻的見解。

(四)對生命意義有深刻體認的思想家

如思想家、哲學家、教育家或藝術家、音樂家等等。如大文豪也是思想家的托爾斯泰在52歲時突然對自己的人生產生迷惑，不知自己爲何而活，爲何而存在，他花許多年時間去思考這個問題。而存在主義的大師們認爲人活著是爲尋求意義的過程，他們質疑是否此尋求意

義的過程，就是支撐著人類不斷前行的原動力？

 # 四、對生命意義的見解

(一)Thaddeus Metz對生命意義的分類

◆超自然主義

認為只有當個人是具備超靈性實體的關係時，一個人的存在才是有意義的，所以若是神或靈魂不存在或是此二者的存在不是自認為對的，那麼一個人的生命也是沒有意義的。

①以神為中心

在神學的傳統中強調與神的關係，以基督教徒而言，其人生的意義是來自於基督，從許多經文中就可以發現這個道理：

「除基督以外，……在世上別無拯救」

——《以弗所書》二章12節

「耶穌站著高聲說，人若渴了，可以到我這裡來喝。信入我的人，就如經上所說，從他腹中要流出活水的江河來」

——《約翰福音》七章37-38節

「耶穌對他們說，我就是生命的糧，到我這裡來的，必永遠不餓；信入我的，必永遠不渴」

——《約翰福音》六章35節

因此相信有神存在且以神為中心的人，其生命的存在是為彰顯榮耀神，唯有如此其生命才有意義，生命才不感到空虛。

以神為中心的理論也面對許多反對的意見，其中一個是說神不存在或者說很難確信有神這件事。這種反對也不符合邏輯，因為神的旨意這種說法是要來說明一個有意義的生命，並不是要說神存在的狀態與否。也就是說，神的存在讓人充滿生命意義，所以，對生命有意義是絲毫不用懷疑的。反對目的論的其他意見還有是說人是神的目的，會降低人的自主性，也可能會降低個人存在的重要性，以Jean Paul Sartre和Kurt Baier為代表。支持目的論的說法是人的自主性不會受到神的目的論所影響，因為我們仍舊有選擇是否要接受神意圖的權力，或者說，以神的意圖作為我們追求自己理想的引導。人較廣的意圖是追求美善，神也是如此，所以神和人就可以聯調為一。

②以靈魂為中心

強調一個人生命的意義，是建構在其個人之靈魂（或精神）上，而且這個靈魂（或精神）是一個十分明確且具體的狀態。簡單來說，一個人對於自我生命意義的探索及追尋，是超越自身的生理、心理所能探詢之層次，建立在一個更高深的層次，即為靈性中的靈魂（或精神）的範疇之中。

在這理論之中的靈魂，指的是一個不朽且神聖的靈性實體，而這個靈性實體是能夠被具體化於時間及空間之中，或者是一個超越且穿梭於一個永久的時空之中。縱使靈魂是一個十分抽象的概念，但是個人對於其生命意義的探索及追尋是採取以靈魂中心時，其個人會將這些看似抽象且空泛的靈魂（或精神）之意念，轉化成一個十分合理且具體，並且是自身能夠接受且認同的一個意念，並且這個意念亦成為其自身行為的準則或是核心概念，使其探尋生命的意義及價值時，能夠有一個依循軌跡，或是一個具體的終極目標。

但是這個理論也有不少被質疑，有人認為生命的價值及意義，是在其有限的生命歷程之中，並且是在一個動態的過程中，所找尋出的一個適切的意義，因此這個價值是具有選擇性的，是一個被選擇的而不既存的終極價值。

　　但若是以靈魂中心理論來探尋生命的意義時，會發現所要追尋的生命意義，並非是在生理及心理層面能夠實現，而是在靈性層面所能理解及實現的，因為當人在追尋生命之意義時，必定從我是誰著手，並且展延擴充到我從哪裡來？要往哪裡去？在靈性中所追尋之生命意義，往往是一個超越自我的境界，是一個靈性層次中對於人的自我價值發揮到顛峰的狀態，是一個靈魂（或精神）進入到極致的真、極致的善及極致的美情境之中；而這個靈魂中心的生命意義，即為驅使人往前的基本動力，亦是個人亟欲達到之終極的目標。

　　若嘗試想要去界及分析定這個靈性層次所帶來之生命意義時，並非是用理性（rational）或非理性（nonrational）所能理解的，而是在一個超理性（suprarational）層次之中，才能夠體會及瞭解其所強調的生命之意義及價值。若是這些建構在靈魂中心的生命意義，是立基於宗教之上時，更是要以超理性的角度來去探討。

　　若以靈魂中心理論來探究宗教時，發現在佛教之中所追尋的生命意義，的確是建構在靈魂中心理論之上。這裡所指的佛教專指原始佛教，因此所談論的佛教概念亦指的是原始佛教之概念，而非是目前通俗於台灣地區的佛教概念。因為目前台灣地區對於佛教的觀念，大多是偏向淨土宗與禪宗的禪淨雙修的體系，因此對於一些佛教之核心概念，往往以禪宗及淨土宗的概念來詮釋，使得一些原始佛教中的一些思想，充斥者以禪宗及淨土宗為本位的詮釋。因著這個緣故，使得本文嘗試要探討靈魂中心理論無法突顯，因此捨棄目前台灣地區對於佛教的觀點，將焦點集中於原始佛教上。

　　靈魂中心強調的是將生命中精神或靈性層次的具體化，並且成為其所要追求的目標及價值，佛教徒強調的「涅槃」就是如此的境地，因為這是每一個佛教徒所要追尋終極的目標，這個目標並非是心理或生理所能達到的一個層次，而是一個超越肉體的靈性（或精神）層次的目標，並且是將一個抽象且超越時空概念具體化成為一個實存的終極目標，亦成為佛教徒對於人生價值所依循之依歸。

此外，靈魂中心強調所要追求的生命意義，是一個超越自我的境界、一個對於人的自我價值發揮到巔峰的狀態，是一個靈魂（或精神）進入到極致的真善美的情境中；佛教徒強調透過許多修持的方法就能進入一個了悟生死、超凡入聖的解脫境界，其「涅槃」的層次往往是對人性的極大挑戰。

靈魂中心理論所要強調的是將人類靈魂的層次抽象的精神意涵具體的實現，並落實在生命意義上，將人的生命及價值更加的拔高；佛教徒所強調的涅槃正是將人心中靈魂層次意義的具體化，透過自身意念及自我修為，將自己的生命賦予一個更高深的意義，使人藉由這個精神意念所建構的生命意義，驅使自我朝著那終極價值勇往前進，更加努力實現自我所追求的人生意義。

◆ 自然主義觀點

與超自然主義的觀點正好相反，他們否認生命意義的存在主要是由心靈決定，他們認為生命意義來自像世上的科學所產生的生活方式和生活行動。

1. 本體論：本體論關心的是人類日常生活世界中各種現象或行為，是否存在著一種真實、永恆不變的本質？如果有，那麼這種真實、永恆不變的本質是什麼？（潘淑滿，2003）本體論和以神及靈魂為中心二者的差異是強調生命意義的心智能力。有些人提到感覺，對選擇的滿意度，生命意義是一種興趣、渴望、欲望、需求和判斷重要程度的信念。

2. 客體論：指一種觀念，認為實存界存在於心神之外，而始終維持它的實體，不管人類或其他有意識的生物怎麼去想或感覺（應了口語上說的「一廂情願」）。傾向於客體論的人就是否認「滾動石頭的典故」能讓人產生生命的意義。雖然有許多人認為這個典故對生命意義的認識是令人激賞的、有必要的。

目前大多數論述生命意義的人是屬於客體論者。客體論最大的問題是對於生命意義的詮釋不清。早期的客體論者主張有意義的生命意義是由心思獨立價值的心智能力所構成。Wolf就曾說「從主體的吸引到客體的取悅」。有意義的生命價值要具備兩種要素，首先是積極的投入（engagement），其次是投入在有價值的事物上。

(二)Inving Singer對生命意義模式的分類

◆實用主義的探求方向

台灣大學哲學系傅佩榮教授認為實用主義者不以思想屬於純粹抽離的概念世界，而要讓思想在具體世界中落實生效；他們堅決反對一切思想都是為了行動，因為假使沒有目的，則行動只是盲目衝動而已。因此實用主義是強調有目的的行為，像是滿足生理需求來解釋生命意義，獲得榮譽、名望、財富、舒適、社會成就等。

◆理想主義的探求方向

理想主義又稱為「唯心論」，唯心論認為，現實的主體是由理想（心）的東西，或是「非物質」所構成。這麼說，柏拉圖、萊布尼茲和黑格爾可能是最明顯的唯心論者〔萊布尼茲可能是最有一致性的。他說，所有物質，事實上是由一堆小小的「意識」（monads）所組成。這是一種「泛靈論」（Panpsychism）〕。精神論（Spiritualism）也類似唯心論，只是它比較指宗教、超自然的實存觀念。柏拉圖可以說是西方唯心論之父，因為他宣稱實存的東西，是觀念（forms，思想形式），物體只是一些模糊的仿製品。相對於唯心論的，就是唯物論（Materialism）。在形上學，唯物論通常和主觀論（Subjectivism）有聯繫；唯心論在知識論上，則和內求主義（Intrinsicism）聯繫〔認

爲我們能感受到共相（Universals），或觀念〕。在一般使用上，理想
主義常常是道德語詞，來認定一種有強烈（有時過度的）一致性，和
價值感的人來對照務實主張者。引此理想主義對生命意義是強調創造
面，歌誦人類的美善價值，英勇、眞理、美、創造、公正、誠實、自
我滿足、同情、正直、眞理等。

◆ 荒謬哲學或虛無主義

　　虛無主義這詞拉丁文意思是「空無」，是存在論或悲觀論的極端
形式，認爲生命沒有意義，而且無論你如何努力想去完成你的價值，
到最後總無法避免地成爲一無所得。依此，虛無論類似命定論。事實
上，虛無主義比命定論更糟，因爲虛無論者通常不說生命到頭是零，
而是說是負數，因爲他們認爲生命實質上只有：痛苦。尼采常被稱爲
是虛無論者，因爲他的懷疑論或觀點論（Perspectivism），還有他拒絕
一般基督教道德，但至少在他的《中期》一書中，他比一般被貼上虛
無標籤還正面一些。虛無論一般認爲是自身的惡意摧毀，一種行動的
非理性主義。

◆ 傳統的神學宗教

　　包括傳統的各種宗教，有一神論、泛神論，相信上帝、所有神祇
和超自然力的存在，這些神的存在會影響人對生命的看法。泛神論者
是相信神即宇宙，宇宙即神，或更廣義地宇宙即神聖。一神論者則只
相信上帝是唯一的眞神，恰巧與泛神論者相反。

五、死亡對生命意義的啓發

　　死亡的意思什麼？死亡是指記憶的消失？身體的腐壞？還是靈
魂的消逝？有些人認爲死亡代表一切的終止，有些人則認爲死亡只是

軀體的敗壞，人的靈魂是不滅的。雖然有許多瀕死的案例指出人的靈魂會離開身體，但這畢竟不是人類普遍性的經驗，也很難用少數案例（指相對於所有人類而言）來證明人確實有靈魂的存在，死亡後的世界對現今絕大多數人類而言是充滿未知的。不論死後世界為何，自古至今，大地裡所有的生命物體，沒有一個可以逃離最終死亡的結局，最長壽的檜木也會有死亡的一天，而人類的歷史中古今中外的人物，如法國偉大的拿破崙、美國的華盛頓總統、中國的國父孫中山先生等等，沒有一個人能活得長命百歲，永生不滅，人都得面對人終將死亡及生命的有限性，所以死亡對人代表的意義是什麼也影響其對生命的看法及行為的表現上，人都得從死亡的終極底限重新回來去反思作為人存在的價值或者目的。

在Frankl看來，人雖然最終的命運都是死亡，但死的意義有所不同，許多人認為死後一切煙消雲散，生命不復存在，但經歷死亡的人則都感嘆，最重要的不是死亡，而是人們對死亡及對生命的態度。因此Frankl認為死亡的意義是因人而異的，不同的意義會導引出不同的的人生方向。美國生死學教授Kübler-Ross則從死亡的不可必避免性，來談死亡對人是有正面價值的，她曾經強調：「成長是人的生活方式，死亡是人類發展的最後階段。若要每天都活得有價值，而不是走進預期的死亡時刻，我們就必須面對並接受我們自己不可避免的死亡。我們要讓死亡為我們的生命提供一個環境，因為生命的意義及成長的關鍵，即在於死亡。」另外Kübler-Ross也提到：「如果你能開始把死亡看作生命旅程中一位無形而友好的伴侶——它溫和提醒你，不要等到明天才去做你想去做的事——那麼你就能學習「活」出你的生命，而不只是通過它」。因此死與生是一體的兩面，無法單獨分開來看，想要瞭解生命的意義就要先預知人會死亡的事實，要瞭解死亡，就須從人生命的有限性及人所展現的外顯行為來探看，死亡的意義也是生的意義。

死亡是無法體驗的，沒有任何一位已經死亡的人回到人世間來告

訴現存的人類死後世界的樣子，因此死亡對人類而言是神祕的、未知的。Frankl將人類對死亡的思考模式，簡化（或許是太簡化了）為視死亡為一扇門或一道牆。他的意思是說，當人看待死亡時，可以自問死亡是什麼。死亡只是生命停止了嗎？還是另一段生命的開始？許多人都是在面對死亡終將到來時，才開始思考這個問題？也才開始去正視人死亡的事實及思索死後是否真有另一世界？在這個當下，人才能看見人生的全部，有生必有死，不論人在世上是有錢者、有權者或是一般市井小民，都會在死亡的那一刻，離開所有存在現世的東西，包括自己的身體，當人有這樣的體會下，其生命的意義與那些從來不去正視死亡的人會有很大的不同，死亡提供人類一個更寬廣的角度來看待生命，讓人更珍惜現有的世界，尤其當瞭解死亡已近在眼前時，人類會更積極努力去追尋自己的目標，更認清什麼是自己想要的或不想要的，而不會去盲從社會所流行、崇尚的目標或價值。

六、如何展現自己的生命意義

人活在具體的時空限制下，該如何展現自己的生命意義？存在主義認為人活著是為尋求意義的過程，至於意義的內容是什麼呢？存在主義強調人的主體性，主觀的內省是瞭解自我生命一個重要的途徑，存在主義認為每一個體有其自主的個別生命，每個生命都有其自己的獨特方式。意即人是自己生命的設計者，想變成什麼樣的人，由人自己去決定。Frankl的意義治療的理論假設之一，就是意義意志，假定人們有追求意義的基本需求。Frankl認為人的本性是追求人生的意義。例如，人追求快樂，如果一直注意提醒自己要往快樂的目標前進，反而會阻礙人忽略了快樂背後所具有的意義，意義才是人追求快樂的目的。意義治療學家也沒有規定什麼樣的目標或人生才是有意義的，生命的意義因人、因時而異，每個人都由自己的意義來選擇自己想過的

人生。

　　阿德勒也認為人是活在意義裡，但是人對意義的看法也會有錯誤的詮釋，有人把生命的意義看成是追求一己之私慾，沒有人能從他們的成就獲得益處；而眞實的生命意義都有一個特徵，就是能夠分享與接納的意義。阿德勒認為生命的眞實意義是要對人類有貢獻，並且發展出社會興趣和愛。因此，阿德勒對生命意義的看法，除了說明生命意義具有個別性外，更強調生命意義是指對社會、對他人是有意義的。就像許多宗教家說「愛與和平」是人類共存的兩大支柱。有句話說：「人若賺得全世界，卻賠了生命又有何益處？」賺錢本不是壞事，但是當錢賺到超過生活所需的相當數量以後，若是仍然只知道賺錢而不懂得「取之於社會用之於社會」的道理，就失去了生命意義的本質，或是犧牲家庭和諧，忽視其他家人的感受。

　　但是，不是每個人所創造的生命意義都能夠對社會有貢獻、讓他人獲益。阿德勒認為人受到先天或後天的限制而影響其對生命的詮釋，先天的限制有三項，第一是人都活在地球上，第二個限制是沒有人是人類唯一成員，第三個限制是人受男女性別的支配。而後天的限制主要是指人類早期的童年經驗，童年經驗的快樂與否決定其對生命意義的詮釋。人因有這些的限制而導致生命意義有不同的區別，當生命出現錯誤意義時，唯有人重新去思考對生命詮釋有過失的狀況下，認識到自己認知的錯誤並調整策略，我們對生命意義的錯誤詮釋方能獲得調整。若是以社會的壓力或由心理學家給予協助，個人是比較容易或有機會調整自己到一個較適當的意義。

　　綜合上述而論，自存在主義以來，對人的生命意義都比較強調個別差異，也不認為生命意義有高下的區分，阿德勒雖認同，但是認為生命意義有錯誤詮釋及眞實生命意義的區別。

七、生命意義的尋求是每個人一生的課題

很多研究指出，意義的追尋並非是所有人皆需要的，即使事件在發生多年之後，仍然可能不見對於意義發現的需要，並且持續對意義的追尋，有可能是長期痛苦的指標。對於意義的不斷追問，而仍然可能得不到滿意的答案時，可能會阻斷個人建構新的觀念、目標和新的認同（引自Davis, 2001）。

因此若將焦點過度放在意義的缺乏上，將可能抑制了成長與治癒的機會。因此意義的追尋與否完全要看其對人們對意義所持的看法而定，不需要特別限定在某個範疇中去理解，或對自己存在角色的某種設定，意如Frankl所言的意志的自在（freedom of will）。余德慧認為Frankl的意志並不是俗世的建制意志（非指堅忍不拔），而是廢掉個人意志的武功，是一種經由「辨證而獲得」的意志。

問題與討論

1. 如果人生的意義就是用來解答人在一生當中是為什麼活著，你自己的解答是什麼？
2. 你同意將人生意涵分為：(1)生命的意義、價值和理想；(2)生活的方式、形態和內容；(3)人生方向的明確和可行性嗎？為什麼？
3. 佛洛伊德說：「當一個人追問生命意義和價值時，他就生病了！」，你有何看法？
4. 人活在具體的時空限制下，該如何展現自己的生命意義？請提出自己的看法

網站拾萃

心靈工坊（http://www.psygarden.com.tw/）

　　心靈工坊創辦的目的，即在提供社會大眾多元豐富的身心靈健康知識與資訊，透過出版圖書與雜誌、舉辦人文講座、成長團體、進修課程，以及網路交流等方式，使每一個人都可以獲得最快速、最正確的身心靈全方位的學習與成長。包括心靈叢書的介紹，如《生死無盡》、《生命史學》、《生命哲學》等好書介紹，並可連結鄰近好站，如心靈園地等，還有身心靈活動情報站等。試問：

1.有一本書叫《活著，為了什麼？》，你知道作者是誰？有哪些感人的故事？
2.這個組織扮演什麼樣的社會角色？
3.你知道2005年電子報主題「愛我們的動物朋友，就要『陪牠到最後』」的內容是什麼？
4.你知道心靈工坊有哪一些最新活動？

閱讀書籍

鮑家恕、魯秀儀（1991）。《生命的意義》。台北：中央日報。
李遠哲等（1999）。《享受生命：生命的教育》。台北：聯經出版。
郜元寶譯（1996）。Irving Singer著。《生命價值的創造》。台北：業強出版。
黎建球（2000）。〈生命教育的意義價值及其內容〉。出自林思伶編《生命教育的理論與實務》。台北：寰宇出版。
唐君毅（1982）。《人生之體驗》。台北：台灣學生書局。
陳俊輝（2003）。《生命思想vs.生命意義》。台北：揚智文化。

幽谷伴行──協助哀悼

- 如何與癌末病人談死亡
- 病人對病情的認知
- 病情告知指南
- 病人得知病情後，可能有的情緒反應
- 陪伴者的悲傷因應
- 寧靜地走完最後階段
- 如何為瀕死的父母預備
- 認識臨終關懷的重要名詞

> 我雖然行過死蔭的幽谷，也不怕遭害。因為你與我同在。
>
> ——《詩篇》二十三：4
>
> 陪伴不是接過對方的痛，挑在自己肩上，而是伸出自己的手，讓對方知道有人同行。
>
> ——佚名

 一、如何與癌末病人談死亡

當癌末病人面對死亡威脅時內在心情是十分複雜的，甚至五味雜陳的，有許多人會擔心害怕。一般來說有下列幾項的恐懼：對未知世界的恐懼、對孤獨的恐懼、對憂傷的恐懼、對喪失身體機能的恐懼、對失去自我控制能力的恐懼、對疼痛和痛苦的恐懼、對失去認同的恐懼。

為了協助這些癌末病人面對這些恐懼，有的研究在探討瀕死者是否已經社會化地面對死亡，可以準備死亡的到來，體悟生命有限的認知。也有的從探討臨終照護的品質，包括疼痛緩和治療以及失喪的心理悲痛的輔導；還有從靈性照護在其他方面的應用，包括：一生回顧、藝術治療、音樂治療、繪畫治療（畫橋、畫佛陀、畫伊甸園）、生命意義重建的靈性需求照顧、協助完成未竟之事、體驗生命的意義、存在的價值、苦難的詮釋。這些研究對於如何引導癌末病人談論自己希望與害怕是有相當大的幫助。

二、病人對病情的認知

病人一旦被診斷為不治之症時,家屬與病人對病情的告知與否可能有下列四種認知:

1. 封閉認知:家屬要求醫療人員不要對病人提起真實的病情,甚至希望能夠暫時朦騙病人是罹患另一種較輕微之疾病,深怕病人不安或受不了罹患絕症,無法面對將不久於人世的打擊。
2. 懷疑認知:由於重症帶來的症狀,如體重減輕、身上腫塊等,及各種檢查報告伴隨而來的檢查結果,如切片檢查、骨髓穿刺等,使病人懷疑自己應該是得了不治之症。但是家人及醫療人員在當下並不明確告知病人。
3. 相互隱瞞:病患和家屬每一個人對病情的嚴重都心知肚明,可是又互相害怕對方承受不了打擊而受到傷害。家屬害怕病人承受不了打擊,或自殺,或放棄希望。病人怕家人難受,大家都放在心裡,獨自承擔哀傷,因此就相互偽裝演戲。
4. 公開認知:病人、家屬、醫療人員坦然面對重症的事實,彼此公開討論有關疾病與治療的事情,並分享感受與想法。

三、病情告知指南

由於每個人或家庭對病情的認知不同,因此如何告知病情是需要審慎小心處理,以免發生不預期的悲劇或痛苦。告知病情通常可以參考下列幾點:

(一)當病人詢問病情時，有哪些事情會讓人擔心？

當病人詢問自己的病情時，周遭的親友、家屬大多會猶豫害怕讓病人知道實情後，是否會會有意志消沉、鬱鬱寡歡、沉默不語、無望，甚至感到人生乏味，有自傷及自殺意圖？他的情緒起伏會不會讓照顧者無法處理？所以照顧者可能會擔心，不知要如何回答病人的問題，因此若照顧者對病情的告知有困難時，應尋求專業人員之協助。

(二)到底該不該告訴病人實情？

每人皆為獨立之個體，有自我的選擇權。要不要告訴病人真實的病情，需要站在病患的自身的角度，因人而異的。我國《醫療法》第四章醫療業務第八十一條明白規定：「醫療機構診治病人時，應向病人或其法定代理人、配偶、親屬或關係人告知其病情、治療方針、處置、用藥、預後情形及可能之不良反應。」若站在病患的觀點，基於下列理由，有必要向病人說實話。

1. 絕大多數病人，包括重症病患，願意知道實情。
2. 嚴重病患在瞭解實情後，可解除心中不避要的焦慮跟恐懼。
3. 對預後不佳的絕症病患，告知實情後，在醫療人員協助下，可讓病人及家屬有較多的時間擬定生活計畫，與家屬共享生命餘暉。

此外，在告知病情前，最好先確認病人在知道病情後，不會做出自我傷害的行為。有些病人希望能事先被告知的動機較強，因為他想決定自己的醫療方式，並在有限的生命內，完成最後的心願及交代後事。但有些病人在應付壓力的能力上可能稍嫌不足，並不希望被告知。因此，當病人如尚未準備好面對病情的心理準備，恐會造成心理壓力過大，可能導致有自我傷害的行為及想法。

(三)如果決定要告知病情時,應注意的原則為何?

在確認須讓病人知道自己真實的病情後,可參考下列告知的注意原則:

1. 確信病人在獲知病情後,能面對事實及找到自我存在的意義。
2. 選擇的告知者是病人所信任的人。
3. 告知者的說辭要婉轉。
4. 掌握告知病情的情境與最佳時間。
5. 知道如何處理病人因被告知後產生的情緒。
6. 向病人保證不會以冷漠的方式對待及遺棄他。
7. 病人在獲知病情後,可能會有錯綜複雜的情緒反應,告知者應具有愛心、耐心與支持的態度,接受病人所有的情緒反應,並密切注意其行為。

(四)做決定時可參考六個W

筆者有一位朋友罹患肺癌,在切除手術完成進住病房休養多日等待出院。主治醫生告訴他暫時可以回家休養。結果在主治醫師剛離開病房後,住院醫師就自以為不應該對病人隱瞞病情馬上說:「其實他的頭部裡面上有一個擬似腫瘤的小豆豆。」使得我那位朋友的心情從原來有點放心一下子掉到谷底,出院手術已經辦好了,這下子該怎麼辦?

1. When:告知的時機要恰當。通常是讓病人採取主動。當病人有疑惑,並主動提出問題時,才是告知病情較為恰當的時刻。
2. Who:告知者需與病人關係良好,是病人信任的人。同時告知以後,病人一連串的情緒反應,及疾病的煎熬過程中,此人都能貼心陪伴。

3.How：要以溫和的方式告知，才能給予對方有希望的感覺。

4.What：告知病情內容時，並非將「一堆實情」硬塞給病人，而是看病人的反應及需要，採取一步步循序漸進，以真誠的同理心（empathy）及溝通技術。

5.Where：要考慮到現在要告知的地點能否保護病人的隱私不被干擾，是否可以讓對方盡情的抒發情緒。

6.Why：最重要的是要先明白為何要告知對方的病情？所以要先釐清告知病情後，對病人的益處有哪些？而不單只是為了自己的好奇。

四、病人得知病情後可能有的情緒反應

精神科醫師Dr. Elizabeth Kübler-Ross早在1969年出版一本膾炙人口的書*On Death and Dying*，她訪問了兩百多位癌症病人之後，歸納出他們的心路歷程有六個階段，即：震驚、否認、憤怒、憂鬱、討價還價、接受。這是最早的一本有關描寫絕症病人情緒反應的書。到1980年代以後，有關的研究及文獻愈來愈多，發現這個六階段論太過於簡單，無法表達人性面對一個重大危機時的錯綜複雜反應。事實上，人的心理是很複雜、矛盾及變化性的，而且個別差異極大，一般而言，當一個人患了嚴重的疾病，如癌症時，影響其反應的因素有：(1)人格型態；(2)知識背景；(3)過去處理危機（crisis intervention）及痛苦挫折的經驗；(4)人生哲學或信仰；(5)支持系統。

癌末病人可能有的情緒反應，除了Kübler-Ross說的震驚、否認、生氣、憂鬱、討價還價、接受之外；還可能有脆弱退化（像小孩子一樣感情脆弱）、不甘心、不捨得感、恐懼、絕望、淡漠（apathy）等等。也可能有積極的情緒反應、奮鬥意志、勇氣、平靜、希望、面對、更積極生活、尋找生命意義、準備或交待後事、認命等等。總

之，無論病人表達何種情緒，都是「正常的」，因為每一個人都不同，不要期待病人是按照某一模式的反應。

 五、陪伴者的悲傷因應

　　一個人在遭遇重大危機時，最需要的是有人關心他、瞭解他、接受他及陪伴他。因此，陪伴者可參考下列幾點：讓病人瞭解，所有的情緒反應都是正常，可被接受的；傳遞關懷的訊息給他，願意陪伴他；不作隨便的評論或建議；若病人的「憤怒」以對醫護人員的不滿表達，則以「瞭解」的態度傾聽，不要辯護，也不要「敵愾同仇」。幾年前在台北護理學院任教的李佩怡教授，在許多的演講場合提到家屬在陪伴重病的家人時，應該有下列幾項準備：

　　第一，要先瞭解病情，注意病人會遇到哪些身心靈和社會層面的痛與苦？

1. 在身體的需求方面：可以先詢問病情、有無惡化現象、體能是否退化、精力是否下降、身體機能是否漸損、體驗是否有喪失、對疼痛的忍受與折磨。
2. 在心理的需求方面：病人可能會有複雜衝突的思緒、多變易感矛盾的情緒、想放棄與求希望的掙扎、缺乏有計畫實踐的行動力。
3. 在靈性的需求方面：病人可能會特別突顯對宗教信仰的需求、對自己過去人生的頻頻回顧、想找到此生的意義與價值、質疑目前的受苦意義、對死亡的思索與死後靈魂去處的關心。
4. 在社會的需求方面：對自己所扮演的角色有既熟悉又陌生的感覺、由許多角色中退回到自己身上、慢慢放掉許多人倫的關係。此外，R. Kalish提出瀕死者的需求有五方面也是值得我們重視：生理需求、安全需求、尊重需求、愛及歸屬需求、自我實

現需求。

第二，家屬在陪伴病人的路上，將會遇到什麼情境？

1. 對生病家人一再的疼痛與各種官能的衰敗，會感到無助、無能力、不忍心、看在眼裡卻痛在心裡。
2. 與家人的互動關係發生許多的改變包括：(1)在病人面前壓抑自己的痛苦與情緒；(2)犧牲自己的需求，全力支持陪伴家人；(3)隨著病人的病情好壞，而心情起伏不定；(4)隨時恐懼死亡的到來，而覺得無法為病人多做些什麼。
3. 要對醫療環境的適應、面對病人治療方式的各種抉擇。
4. 在面對「病情告知」、「向對方重要的情感表達」及「談論後事」等議題時，經常會不知所措。
5. 家屬因為照顧病人一段時間後，出現身心方面的透支，靈性上的不安。

第三，家人可以藉由家屬哀傷的愛結與依戀投注轉換到其他事物上，藉此領悟生命的有限，善加利用生命及重新整理價值次序。

六、寧靜地走完最後階段

協助病人瞭解人生意義，學習面對死亡。面對長期照護的病人，藉著陪伴、關懷、症狀緩和、抒解疼痛，協助靈性成長，發現和體驗生命的意義，認知生命的終極意義跟出路，儘早接受為死亡做準備。簡單的做法是先瞭解對方的信仰，在交談的過程中傳達「死亡不是生命的終結」，運用宗教信仰的祈禱、祝福、詩歌、詠唱進行生命的終極關懷，尊重對方的信仰，協助病人學習放下自己、面對死亡。

「哀傷處理」可以概括地劃分為三個層次：哀傷關護、哀傷輔

導和哀傷治療。我們都必須學習如何去面對哀傷，這個學習的課程有四個階段：接受失落的事實→感受哀傷的痛苦→重新適應失落以後的新生活→練習著將自己的情緒焦點投注到其他的事務或關係上。喪葬期間縮短後、失喪者的悲傷抒發產生延遲。悲傷輔導與諮商的案例在已開發國家正逐年增加當中，其中一個被諮商專家發現的重要因素是由於喪葬期間縮短，以致許多失喪者是在處理完喪事，因失喪、孤獨或無助感覺產生後悲傷才真正開始，所以悲傷的抒發有延遲現象。此外，悲傷輔導也發現，喪葬過程當中引導失喪者將悲傷情緒適度的表達出來，對日後的生活調適有正面的功能，特別是那些常被疏忽的人所可能發生的被剝奪悲傷。

七、如何為瀕死的父母預備

國外有一本書名為 *Last Touch: Preparing for a Parent's Death*，這本書強調「為瀕死父母準備」一直都是被遺忘的領域，雖然迎接「父母瀕死」的教育就如同迎接「嬰兒出生」是一樣的重要，但是過去因為對死亡禁忌文化的關係，死亡是與生俱來、鄉村的大家族關係被都市化的小家庭取代，殯喪發展開始轉變、小家庭中可諮詢為「瀕死者預備」的訊息無法得知，使得這方面的資源實在是太有限。其實像是《嬰兒與母親》這樣的雜誌可以暢銷的原因若是因為有需要，那麼是否也意味著提供身為子女們瞭解「臨終父母」也有必要。像這樣的主題是被社會需要的。

(一)家人必須面對的問題

面對瀕死的父母，家人必須面對的問題有哪些呢？

1.為瀕死者尋求其他的醫學治療？

2.是否聯絡因各種因素居住在外地的子女或親人回來？

3.和醫生、其他照護者的關係？

4.多久探訪病房？

5.家人能夠提供什麼照護？

6.獲得情感支持有多少？這些支持者是誰？支持程度如何？

7.彼此如何照顧？

8.哪種喪葬是合適的？

(二)家人必要的預備

家人（尤其是自己年老的父母）罹患重病或慢性病時，家屬其實也不輕鬆，不是在醫院陪伴就是在家裡照顧，因此必須注意下列八項指引：

1.照顧好你自己，免得自己也病倒了，又增加家庭的困境。探討自己的感覺，愛護自己的健康，向朋友訴說，在危機時維持健康的秘訣，告訴自己要飲食正常，吃易消化的營養食物，若沒時間做飯也不吃速食。盡量吃易消化食物；當然盡可能的避免吃這樣的食物：太多糖、過多咖啡因，同時避免在開車或跑步時飲食、不抽菸、吸毒或酗酒。

2.要留意自己的擔心而不是置之不理，對於病人的病情或是呻吟應該將這些疑慮儘速請教醫護人員。許多都以為自己的擔心是不對的、多餘的。許多人在照顧醫院中年長的父母時，受到過多的驚嚇與悲傷。受到的驚嚇：看到親人躺在病床上抽搐、流口水、昏迷、插管子。悲傷：看到原本健康、有力、可以自主的人，突然連最起碼的維生、意識全無。共同的害怕：親人的慘痛、苦狀，令人往壞處想，不想對親人的生命有一絲毫的失誤，祈願他可以快快度過。有時想逃避不想碰這個話題，不接觸甚至拒絕這是個事實，而讓自己忙碌於外面的工作，或承受

另一個壓力來麻醉自己。

3.若是年老的父母罹患重病或慢性病時儘速召聚家人（尤其是在外地工作的），回來探望父母和團聚商討照護事宜。告訴父母你對死去親人的感覺，瞭解父母對死去親人的感覺；評估你對照護的看法；列出支持系統名單（如哪裡購物和清潔打掃可以接洽、提供）；計程車的服務與費用；當地最好的醫療設施，是否有緩和醫療；當地有無緊急救援系統（Emergency Response System）。

4.當父母提到自己將不久於人世或願意談論死亡時，就應該直接和父母討論他們的想法，而不要只是一味的安慰。很有可能這樣就失去了他們重要的交代。有時候死亡是伴隨著年老父母病痛而來，令人措手不及，許多人也未曾有直接談論死亡的經驗，像是「所以，你就安息吧」、「我很難過，她走了」，有些人聽到死訊會很不舒服，會以逃避式的回答。每個人情況不同：(1)「開門見山，直接說或問喪葬的安排」，有時是因為時候快接近不說不可以，當然有些當事人會很不愉快。(2)有時候間接地說「遺產處理」，提起當事人財產物品有哪些？如何處理？（相當於遺囑）(3)當父母躺在加護病房自己說出「我要走了」，是讓子女釋懷不愧疚的憑藉。當父母願意公開時可以談論：選擇死亡的地點？哪一種的喪葬儀式最喜歡？誰負責喪葬事宜（委員會）？喜歡的音樂是哪些？選擇火葬或土葬？要器官捐贈嗎？

5.召開家庭會議時，要把握眾人分工合作的原則。是否要力求在財力或人力上的公平付出，應該由家人的各自能力而定，以免傷了和氣與自尊。眾人分工合作可以一同參與採購日用品，負責三餐飲食，醫療照護，財務收支，邀請社工師協會（安寧療護、醫院或護理之家）。召開家庭會議，安排工作進度表，分工合作，討論問題，經驗分享可能產生的問題：(1)衝突：對照

顧方式、餵食、醫療處置、法律和財物的注意事項；(2)父母是否有遺囑，可以取得一些簡單格式，若有財產分配，則可能要律師協助；(3)詢問父母是否必須有一份生前預囑，如何取得？這一份是作為醫療照護的聲明（委任授權書），國外稱為DPA（Durable Power of Attorney for Health Care）；(4)填寫另外一份為父母代處理財產的授權書；(5)列出一串相關的文件，包括保險單、不動產證明、存摺、所得稅紀錄、靈骨塔或生前付款收據。

6.醫療處理的原則是以尊重病人的選擇為主要的思考。多數人都是依照醫囑接受療護，然而有一些病人同時進行尋找其他偏方，四處打聽，瞭解治療的方法。親人可以協助詢問專業醫師（腫瘤科）最好、最壞的情形，至多家醫院檢查，瞭解存活期。最後決定最合適的醫院（醫學中心有緩和病房），維護病人權利。病人有隱私權，拒絕被不相干病情的人員檢查，任何檢查要被告知，有權利拒絕治療。

7.對主治的醫師要有信心並肯定他們，不要對他們產生疏遠。若是對其醫術有疑慮乾脆就直接轉院到信任的醫院，免得彼此經常處於疑惑、辯解的地步。腫瘤科醫師經常要面對極大的左右為難的情境，他們也是需要獲得支持與鼓勵，他們的責任也是協助病人康復，但是多數病人仍是撒手歸天。多數的醫師只瞭解他人的職責是在救人，而不瞭解讓病人舒服的走也是重要的職責，因為過去的醫學教育沒有如此灌輸他們。家人對病人的病情有任何疑問時，可以事先列出，然後在醫生或護理人員有空時簡要有效率地詢問。有些醫師不會在病人面前說出病情的真實嚴重性，家屬可以到醫生辦公室去瞭解。病人危急時，尤其在醫師也認定不會有康復機會時，醫師通常會提供幾種選擇，轉到加護病房急救，或讓病人回家。

8.把握家人生病或住院的機會教育，可以在書店、圖書館或者在

醫院的護理站和走廊的衛生教育看板，找尋和這個疾病有關的
書籍、單張來閱讀，或是上網搜尋相關資訊，教導自己這方面
的相關營養、衛生保健和醫學常識，以便有預防醫學的知識。
甚至有時會這樣發現家族的遺傳病史、提早進行自己家族的診
察與治療。記錄家屬治療時的每個步驟，因為作記筆有助於自
己對病情的瞭解，隨時備妥和筆記本，記下醫生、護理人員的
囑咐，準備一本醫學口袋型字典，瞭解常用醫學名詞，向醫院
圖書館借閱詢問相關疾病單張，和醫師談論家屬病情（在美國
要有病人許可書）。

表13-1 瀕死者的希望與內容

瀕死者的希望	內容
瀕死者的需求	生理：呼吸、食慾、進食、如廁、睡眠、疼痛控制 安全：醫療照護、怕被拋棄 尊重：自己決定、維持自尊 愛及歸屬：支持來自家人、朋友、醫生、護士 自我實現：完成心願
瀕死者的失落	體驗的能力、自己及親友、控制與勝任感、完成計畫的能力、擁有的事物、自己的身體、未來的夢想
協助的對象	家人、親友、醫生、護士、社工、牧靈人員
瀕死者的照護	身、心、社會、靈性（追求生命意義、善終、死後世界）
生命與死亡的意義	活的尊嚴、死的尊嚴、生死兩無憾

八、認識臨終關懷的重要名詞

緩和或安寧療護（Palliative or Hospice Care）

　　注重你的身體、心理和心靈需要的療護。它的目的是為了提高你
的生活品質，用止痛藥來控制疼痛，同時讓你過著日常生活。它的精
髓是尊重你的文化背景、信仰、和價值觀。

維持生命或支撐生命的治療（Life-Sustaining or Life-Support Treatment）

醫療方法如心肺復甦、人工呼吸、人工營養和水分、洗腎以代替或支持身體功能。

醫療事前指示（Advance Directive）

說明兩件法定證件，一是生前預囑，一是醫療授權書。後者使你在無能力替自己安排將來醫療照護時，你可以事先指定一個人為你做一切醫療照護的決定。

生前預囑（Living Will）

狹義：是一種對未來的醫療事前指示，告訴醫生和家人要不要用積極的治療方法延長生命（也叫做「給醫生的指示」、「醫療聲明」或「醫療指示」）。

廣義：預立遺囑，還包括生命最後規劃、臨終前照護的選擇、對器官捐贈的看法、自有遺物的繼承、喪葬的安排。

醫療授權書（Medical Power of Attorney）

當你無能力替自己的醫療做決定時，事先指派一個人為你做決定。

代理人的判斷（Substituted Judgment）

當你沒有能力做決定時，允許你的親人、朋友或醫生，根據你可能會希望的替你做醫療的決定。

取代做決定的法律（Surrogate Decision-Making Laws）

一旦你失去做決定的能力時，雖然你沒有提出事前任何指示，可以在不違背現行相關法律下讓一個人或一群人替你做醫療決定。

益處和負擔（Benefit and Burdens）

決定你是否該繼續或停止治療的方式。一種對你有良好結果的治療方法就是益處。但是從一個觀點看是益處，從另一觀點來看可能是負擔。醫生、家屬和病人看法都可能不同。譬如說，你因人工呼吸甦醒了，對醫生來說這是益處，但你可能覺得甦醒後引起不必要的痛苦，這就是負擔。

腦死（Brain Death）

　　腦部永久失去功能。腦死包括在死亡的定義中。

清楚和可信服的證明（Clear and Convincing Evidence）

　　當你不能表達意願時，要有合法的證據證明你的願望。目前緩和醫學條例規定，在停止治療前須簽署放棄急救意願書。

心肺復甦（Cardio-Pulmonary Resuscitation, CPR）

　　壓縮胸部和使用人工呼吸法以便心肺復甦。

不施行心肺復甦術醫囑（Do-Not-Resuscitate (DNR) Order）

　　告訴醫療人員在心臟和呼吸停止時不要使用心肺復甦術。

安樂死（Euthanasia）

　　傳統上說就是加速死亡或「安樂死」。在自願的積極的求安樂死時，你全心同意促使死亡的方法，如毒氣注射。非本意和被動的安樂死是沒有你的同意，醫生來結束你的生命。有積極性與消極性、主動與被動之區別。DNR是被動消極性的安樂死。

問題與討論

　　1.病人對病情認知有四種，你認為哪一種最可能發生在你家？為什麼？

　　2.作為一位陪伴重病的家屬應該要有哪些準備？

　　3.面對瀕死的父母，家人必要的預備有哪八項指引？

　　4.本單元列舉了病情告知的一些原則，請簡略述說一下？

 **網站拾萃**

台灣輔導與諮商學會（http://www.guidance.org.tw/）

　　台灣輔導與諮商學會由蔣建白博士提議，成立於西元1958年12月，迄今已近六十年。誠如前理事長宗亮東教授所謂「那時候，輔導就是我們的宗教，每星期都得聚會、作禮拜。輔導工作先進長年積極引領我國輔導工作的發展，諸如：僑生輔導工作的創舉、國民中學指導活動科課程標準的編訂（今已改名為輔導活動科）、各級學校輔導工作體制的建立、救國團張老師的創設，以及社政部門的國民就業輔導工作的推動，點點滴滴的熱情和心血都是創建、推動我國輔導工作不可磨滅的力量。試問：

1. 報考心理師的相關訊息哪裡可找到？
2. 諮商專業倫理守則的修訂是專業發展的重要指標，哪裡可找到？
3. 這個學會的總則第二條「推行輔導工作以實踐三民主義教育原理為宗旨」，這是什麼意思？
4. 如果你想瞭解單親家長藝術治療成長團體，哪裡找得到？
5. 網站連結提供許多的國內助人資訊網站，你最喜歡哪一個？為什麼？

 閱讀書籍

Marilyn R. Becker (1992). *Last Touch: Preparing for a Parent's Death*. New Harbinger Pubns Inc.

死亡概念與發展

- 發展階段的死亡概念理論
- 影響兒童死亡認知與生死態度的因素
- 面對不同情況之死亡遭遇的感受與反應
- 協助發展階段中青少年面對死亡
- 與死亡情境相關書籍之介紹

> 死亡像出生一樣，都是屬於生命的。讓生時麗似夏花，死時美如秋葉。
>
> ──泰戈爾《漂鳥集》
>
> 心若改變，你的態度跟著改變；態度改變，你的習慣跟著改變；習慣改變，你的性格跟著改變；性格改變，你的人生跟著改變。在順境中感恩，在逆境中依舊心存喜樂，認真活在當下。
>
> ──馬斯洛

一、發展階段的死亡概念理論

有關兒童死亡概念（death concepts）的發展研究中，以Nagy所建立的死亡概念三個階段發展模式是最早被提出的，其次分別是Kane對不同年齡兒童所歸納的死亡概念內涵。Speece與Brent從研究中歸納出四個死亡概念要素，包括：普遍性、不可逆性、無機能性及原因性。Wass針對兒童與青少年的死亡概念和皮亞傑認知發展理論所作之比較。

(一)Nagy的死亡概念

Nagy的論述著重在不同階段中兒童對死亡概念建構的情形。

◆第一階段：3～5歲

不明瞭死亡是人生的終點，否認死亡是一定的及最終的過程。此

階段的兒童，視死亡是可逆的過程，是一種離去，故死亡是可隨環境的變化而改變存在的方式；死亡是暫時的，故死亡可區分為各種不同的程度。此階段亦反應出兒童的分離焦慮。

◆第二階段：5～9歲

是擬人化的階段，不再否認死亡的存在。此階段的兒童認為死亡是代表一個人，它叫做死人（deathman），只有被死人抓走的才會死，所以兒童已知道死亡是生命的終止，但不是普遍的，不希望自己會死。他們認為死亡不是經常發生的，而是神奇的事，死亡和死者被認為是相同的。因為自我中心的思想，或者「以人類為中心」的思想，而仍有泛靈論的想法，認為人造物也有生命。而死亡是可以避免的，如聰明的人、幸運的人、特殊的人不會被死亡先生抓走。

◆第三階段：9歲以上的階段

兒童知道死亡是普遍的、是真實而不可避免的。此時泛靈的及人為化的傾向已不顯著，自我中心的思想也不明顯了。

(二)Kane的死亡概念

Kane研究是以不同年齡層的兒童，對死亡認知的內涵歸納為下列九項：

1.真實感（realization，包含擬人化）：知道死亡、重病的情形會發生於任何人身上，或使活的生物死亡。其中擬人化（personification）亦指將死亡的想法具體化為人或一個東西。
2.分離感（separation）：關心死者去哪或死者在哪。
3.不可移動性（immobility）：知道死者能否移動的想法。
4.不可逆性（irreversibility）：認為死亡是永久的不可逆或暫時而可逆。

5.原因性（causality）：導致死亡的原因是來自外在因素，如刀、槍；或內再因素，如心臟病；或包含兩者。

6.無機能性（dysfuncionality）：對死後除了感覺之外的身體功能的想法是認為無或有或僅是部分有功能。

7.普遍性（universality）：知覺死亡是必然性的事實，認為每個人都會死或沒有人會死或有例外的。

8.無感覺性（insensitivity）：認為死者的精神及感官功能在死後是全無或存有或僅是部分有感覺，如不會思考、聽、說等。

9.外貌（appearance）：關於死者看起來的外貌是和生時一般無異或無法和生時一樣。

(三)Speece與Brent的死亡概念

Speece與Brent（1984）從許多研究中歸納出四個死亡概念要素，包括：普遍性（universality）、不可逆性（irreversibility）、無機能性（nonfuncionality）、原因性（causality），以及肉體不再存在（noncorporeal continuation）。至此死亡概念的發展是從兒童時期的不成熟瞭解至成人期的成熟瞭解。

1.普遍性：普遍性指理解所有的生物必死之事實，死亡是立即可能的事，是個人的事，是不可避免的事。

2.不可逆性：不可逆性所指的是一旦身體死亡即無法復活，死亡是最終的，不可能恢復及也不能永久存活的。

3.無機能性：無機能性指一旦生物死亡，其所有生命功能都會停止。

4.原因性：原因性不同於普遍性、不可逆性、無機能性，原因性在成熟成人理解的死亡概念並不一致。

(四)Wass的死亡概念

由於許多文獻或研討會上呈現對於「死亡本質與是否有死後生命存在的爭議」，使得「宗教性與哲學性的理論與信念」加入了死亡概念的內涵。Wass認為青少年的死亡概念的內涵與發展是應該修正的，於是他就對兒童與青少年的死亡概念和皮亞傑認知發展理論作了如**表14-1**的比較。

表14-1　青少年死亡概念的內涵及發展與認知發展理論的比較

發展階段	死亡概念內涵及發展	皮亞傑認知發展理論
嬰幼兒期	無概念	感覺動作期
學齡前兒童	不成熟的死亡概念、可逆性、有不同方法可以復活、擬人化、死亡外在因素、暴力因素引起、意外、棺木中的屍體。	前運思期（2～7歲），其認知發展尚未成熟，兒童理解死亡是「別離」或「消失」，但死去的人仍可用不同方式復活。
學齡兒童至青少年	從不成熟到成熟的死亡概念、普遍性、不可逆性、無機能性、來世的基督信仰、文化或宗教習例或符號。	具體運思期（7～12歲），具邏輯思考能力，能處理具體問題。此時之兒童已知死亡是每個人皆無法避免的最終事實。
青春期至成人	成熟抽象的死亡概念、宗教或學理論、自然死亡的想法、死後的存在性、死亡的本質、死亡是新生活或轉戾點、死亡的歸因。	形式運思期（12歲以後），具抽象思維的能力，對宗教、哲學或文化上的死亡議題感到興趣，能加以討論，進而成為自己的生命觀或死亡觀。

(五)青少年死亡概念的與發展階段的理論

一般人到了青少年時期階段對死亡的認知已相當成熟，也因為他們知道死亡是必然且存在，亦即包括自己在內每個人都會死。因此，當他們思索到這項議題時，理論上他們在情緒上會出現焦慮、害怕、逃避行為，甚至會以否認或防衛機制來面對處理各種死亡遭遇。

Fleming和Adolph（1986）整合失落適應理論和青少年自我發展理論所建構的模式，提供了諮商實務工作上的有用參考價值。這個模式列舉了青少年三個發展階段的失落調適任務與面對的衝突，如**表14-2**。

表14-2　Fleming & Adolph的青少年失落調適模式

階段	年齡	任務	衝突
第一階段	青少年早期11～14歲	情感與父母分離	分離／團圓
第二階段	青少年中期14～17歲	能力、自主、控制	獨立／依賴
第三階段	青少年晚期17～21歲	親密與承諾	親密／疏離

在第一階段（青少年早期），青少年為尋求自我認同而努力於與父母的分離。在第二階段（青少年中期）包括個人能力感的發展。第三階段（青少年晚期）著重在來自人際親密感的挑戰。這個理論架構的特色是企圖將青少年發展與哀悼理論整合為全面性的青少年喪慟理論（theory of adolescent bereavement）。

Fleming和Adolph（1986）的模式中提出了青少年不同年齡典型的想法、感受和行為，鼓勵將這些不同年齡層的任務和衝突與浮現出的哀悼反應配合，以瞭解青少年發展中的性格是否受到失落的影響。據此，這個青少年哀悼的發展模式強調青少年在努力於因應生活危機時的不同反應；換言之，這個模式認為在適應一個重要客體或他人的死亡上，部分受到青少年發展階段和死亡發生時他所面對的主要人際任務的影響。

遭遇死亡和失落的經驗對青少年和他們的發展任務是有顯著的影響。舉例而言，在青少年早期，他們努力在情緒上脫離對父母的依賴，如果此時突然經驗了父母的死亡（有時是祖父母，如果他們是父母的代理者），會使他們產生一種複雜和衝突的狀態。到了青少年中期，正是他們尋求能力、自主和控制的時期，他們沉醉於自主性中，此時若發生親人死亡，他們可能對於這新得到的獨立感有一種明

顯的危機感。其他青少年的死亡越是突發的、不可預測的、創傷性的和暴力的，越可能引發青少年對自身期待和安全的恐慌。當青少年認知到死亡可能降臨在同齡的人身上時，這些仍帶著「個人童話」（personal fable），或者兒時的「不死者的破斗篷」（tattered cloak of immortality）神話的人，可能會被挑起其脆弱的一面。

當他們進入青少年晚期時，則會努力於建立親密感和給重要他人承諾，在遭遇較年幼親人死亡時（如弟弟、妹妹、朋友或他們自己的嬰兒），可能會感受到挫敗感和挫折感，就在他們試圖投入一段關係並與上述年幼親人建立親密感時，可是若此人突然死亡將會導致正在建立的關係受阻，所以年幼親人的死亡經驗若沒有經過適當的調適，將使得青少年在與其他人建立關係的過程中充滿痛苦和無力感。

二、影響兒童死亡認知與生死態度的因素

(一)兒童面對死亡的反應

兒童面對死亡會有哪些反應？伊爾·葛羅門（Earl Grollman）提及兒童面對死亡共同的反應包括：

1. 否認：是指因某某人死亡導致情感方面的障礙，如孩子無法接受父親或母親已死的事實。
2. 身體上的困擾：孩子經歷的心理壓力可能會直接反應在身體上，如果孩子在居喪期間，生理上有不正常的現象，可能是身體哀悼的方式。
3. 對死者或對其他人的敵意反應：孩子會覺得別人背叛了他；孩子可能因喪親的劇痛而導致人格的改變，孩子可能會對老師或朋友出氣，可能將目標轉到醫治病人的醫師身上，也可能怪母

親在父親生病時沒有好好照顧他。

4.代替：是指孩子想以某一位生者取代死者。

5.理想化：孩子只記取死者好的一面，並把這些記憶加以偶像化。

6.焦慮及驚慌：這兩種對死亡的心理反應，可能伴隨其他的心理徵狀而來，這種反應通常會隨時間的流逝而消失。

7.害怕自己或父母會死亡：孩子遭遇重大的損失，蒙受極大傷害，所以害怕自己或與自己親近的人會再死亡。

(二)青少年面對死亡的態度

青少年面對死亡的態度會和兒童一樣嗎？其反應包括：

1.青少年在生物機能及快速成熟和性方面的發育發展使青少年意識到身體將無可避免的老化至死亡。

2.青少年在尋求自我認同、重新評估父母的價值觀時，對於剛發展出來的認知能力，及受到人人必有一死的事實挑戰，此時青少年對於死亡的概念仍很抽象。

3.青少年與家人、同儕的關係有所改變，這改變也將決定他們人生會過得豐富還是孤單。

4.青少年對發展和死亡的感受可能交織在一起。

(三)影響兒童及青少年死亡態度的相關因素

影響兒童及青少年死亡態度的相關包括：

1.年齡：年齡與死亡概念的關係密切，但年齡並非決定死亡概念發展的唯一因素，仍必須與其他個人或環境因素交互作用，才能獲得完整的發展。

2.情緒：當兒童及青少年瞭解死亡是不可逆的事實時，他們會恐

懼、焦慮。瞭解他們的死亡態度必須將情緒因素納入考量，且注意情緒因素與死亡概念對兒童及青少年人格發展產生的影響。

3.生活經驗：包括父母的態度、宗教信仰、死亡經驗、文化、社會規範等皆會影響。

4.媒體：國內學者的研究指出兒童與青少年在解釋死亡的原因性時，普遍受到大眾媒體的影響。

上述青少年對死亡的認知雖能達到成熟的瞭解，但也隱藏著對死亡的諸多疑惑、害怕與恐懼，且往往以自我的防衛方式呈現。Kastenbaum（1977）認為青少年對死亡的想法與自我認同有關，呈現對未來與死亡的焦慮與煩惱。他們一方面想擺脫過去（兒童時期）什麼也不是的感覺，也避免去思想遙遠的未來（包括死亡）。他們認為自己都會沒事，壞事和死亡不會發生在自己身上，同時對死亡會有美化或浪漫的憧憬，因此容易為情或崇拜的偶像自殺，也可能認為自己是年輕人有絕對不敗的想法，而容易有自傷的行為或太劇烈的行動，根據衛生署92年統計青少年主要死因前三名依序為：事故傷害；自殺；腫瘤。青少年的死亡態度大都受娛樂媒體所影響，因為電視和網路占據他們的童年及青春期大部分的時間。青少年希望只遙望對死亡的感受，且盡量與死亡經驗保持距離，同時藉由個人參照的價值和意義方式來運用死亡的概念，以便在抽象的死亡概念中找尋意義。

三、面對不同情況之死亡遭遇的感受與反應

兒童及青少年在面對不同情況之死亡遭遇會有怎樣的感受與反應呢？

(一)長輩及父母的死亡

　　祖父母死亡不見得一定會影響年幼兒童的許多生活的層面。祖父母死亡通常是兒童第一次經驗到的家庭失落。他們可能第一次看到父母公開的哭泣，第一次接觸死亡，第一參加葬禮。雖然在小家庭結構，祖父母的死亡不會影響年幼照顧的功能及帶來太多的改變，但兒童仍會憂傷。另外，每個孩子多多少少都會擔心不幸的事會降臨在自己的父母親身上，而造成父母親的死亡。事實上大部分的孩子，不會在兒時經歷這樣的事。大部分的父母可以活到看著自己的孩子長大成人，還有許多的父母更可以看到自己的小孩生兒育女。

　　在現實生活中，每個人面對死亡這個字眼應該都會有些畏懼，而且死亡對我們來說是一種很難以用言語來形容的字眼。更何況我們要將這死亡的意義傳達給我們自己的小孩，這是一個很艱鉅的課題。畢竟若是我們自己不曾經歷過這樣的感覺，那麼要如何用小孩能理解之解釋方法來告訴他們也是很不容易的一件事。

　　青少年期或更早面臨的喪親之痛，有時讓人有矛盾的感覺，一方面這種遭遇損害了建立長期關係的能力，另一方面又促使他們早熟、提早預防嚴重憂鬱和對重要他人之間關係的看重。因為他們同時具備成人和兒童的特性，青少年在這個階段遭遇喪慟經驗的最大不同的是對情緒反應的強度，反應強度的大小是受到失落經驗與性格發展間的交互作用來決定。然而，並不是所有喪親青少年都會遭遇複雜的結果，對許多人而言，雙親的死亡也是一個促進性格成長、成熟和新的自我覺醒的機會，即使是面臨前述感受與行為的青少年，在危機中也有機會強化自我和提升對他人的價值感受。

(二)自身的死亡威脅

如同成人人一樣，兒童罹患致命疾病的反應也是多面向的。他們也許會否認疾病或有其他反應，包括生氣、罪惡、憂傷、退化與依賴行為、支配與控制行為，以及發飆與抗拒行為。

儘管孩子瞭解世界上人常常因意外事故，或是因為不治之症而死亡。但是當他自己知道得了絕症時，要面對自己可能會死的事實可能是困難而且是令人害怕的經驗。對大多數的孩子來講，他們很少要去處理疾病對死亡的威脅。所以對死亡有較寬廣的瞭解就只能在他們日後的各種成長階段。無論如何，對這些面臨了嚴重疾病的孩子們來說，許多的愛、支持和資訊，確實能幫助他們走過這艱難的歷程。

青少年比兒童有更成熟的死亡和瀕死概念，能夠瞭解死亡的恆常性和永遠的分離，因此，疾病末期青少年對失去未來的哀悼如同對失去過去。對青少年而言，此時已有堅定的生活目標，當他面對死亡時他可以意識將失去這些，癌症青少年對治療的結果處於不確定之中。

每一位青少年面對死亡的威脅都是獨特的，因為他們病情進展的差異、家人和病人的性格差異、病人所偏好的照顧方式以及醫療照顧上許多不同的要求。有些青少年可能選擇否認死亡，有些可能要求熱鬧，有些可能希望平和安靜，有些希望家人陪在身邊，有些則不希望，有些即使痛苦也希望保持清醒直到過世，有些則希望沉睡死去。

在瀕死的過程，通常失去自主能力比死亡更令青少年害怕。他們害怕變成無法動彈必須完全依賴別人，他們害怕個人衛生要依賴他人，他們害怕變得癡呆、無助、像個孩子似的尷尬。在醫院時，許多青少年表達他們擔心再也無法看到自己的房間或自己的家，或者沒有機會和寵物說再見，最大的痛苦是他們在乎所愛的人，年輕人常提到擔心他們的死亡會對手足或父母造成影響，他們也害怕和家人或一些特殊朋友的分離。值得特別注意的是他們的這些擔心比較常告訴照顧

者、朋友，甚至只告訴他們覺得願意聽、誠懇且值得信賴的人，反而不是他們自己的父母。Papadatou（1989）指出，重病的青少年堪稱面臨雙重危機，一是即將來臨的死亡，一是他們發展的年齡。許多研究報告中顯示青少年在對抗絕症和面對臨終的需求及反應的表現是：「青少年並不是那麼害怕死亡，而是害怕臨終的過程。」

(三)同儕與手足的死亡

死亡只是結束生命並非結束關係，這似乎特別適用於兒童期遭遇手足的死亡。要孩子面對同儕或手足的死是尤其困難的。即使這樣的情況並不是很普遍，有些孩子卻已有同學、朋友或兄弟姊妹去世的經驗。當這樣的情形發生時，它可能讓人很悲傷或讓人很害怕。

家中有人死亡，會帶給家人很多的空虛及不安感。同樣的，家庭有重病的病童時，經常會帶給家人憂傷與憂鬱。父母的焦點僅在病童的病，健康手足的常態發展問題變得無關緊要，他們的計畫都附屬在病童的健康前提之下。結果會讓病童的手足經驗到深沉的孤立與干擾，甚或經常面對自己健康的焦慮。

手足死亡對青少年的認同形成與自我發展是有影響的。手足間對彼此的認同形成扮演重要的角色，藉由他們如何看待對方的親密性交換過程產生影響。手足的死亡也會改變一位青少年認同形成的方式，因為在他們的手足過世之後，他們必須重新定位角色和關係。喪慟手足的研究顯示，他們覺得自己變得比朋友和同儕更成熟、更能應付壓力、和家人有更親密的關係、更能知道輕重、更能領會同理心、慈悲心和對他人與自己的包容力增加。

每一個體的死亡會帶給許多人喪慟，包括認識的人、最好的朋友們、團體成員、同班同學、戀愛對象、幫派成員等，此外還有他們自己的家人。因意外、自殺、謀殺和愛滋病而導致的死亡常被認為是可預防的，然而這些原因竟是大部分青少年的主要死因。今日青少年死

因的另一個特色是死亡的發生是突發的或暴力的。當死亡的發生被認
為是可預防的時候,憤怒和罪惡感常因而加劇。當個體須為朋友的死
亡負責時,個人的罪惡感變得相當大,此時若受到也關心死者的人責
備時,罪惡感更為加劇。

(四)寵物死亡

在童年的快樂時光中,寵物常在其中扮演相當重要的角色。兒童
第一次經歷到所愛者的死亡,通常是他們的寵物死掉的時候。有時,
如果孩子還太小,他們並不完全察覺到發生什麼事。孩子們在面臨寵
物死亡時那種害怕、不捨、無助與罪惡,是每個有養過寵物的孩子都
會經歷過的情境。身為父母的人應是幫助孩子瞭解死亡而非逃避,當
孩子在面對所飼養的心愛寵物即將永遠分離時,這正是一種最好的機
會教育。讓孩子發洩他們的情緒並給予一種告別儀式以協助孩子處理
悲傷,進而初步的瞭解到生與死到底是什麼,為什麼在愛的同時會伴
有分離這是很重要的,也就因為有死亡的發生才能更加珍惜彼此間相
處的時間。

(五)非自然死亡

非自然死亡主要是指一些例如自殺、謀殺及意外死亡等。這樣
的死亡事件中會引起小孩子強烈的震驚、悲傷和失落感。意外死亡事
件對小孩而言會產生極大的影響,我們可以幫助小孩的方式就是讓他
瞭解在意外發生時如何尋求協助。我們知道在不同的年齡層對死亡的
認知是不同的,因此在幫助他們的同時,也要先去試著瞭解小孩子的
想法,並抒發他的情緒,降低心靈的衝擊,才能提供最適切的幫助。
畢竟在不同背景、文化中成長的小孩,其內心世界也有著非常大的差
異。

四、協助發展階段中青少年面對死亡

(一)教導正確的死亡知識

　　如何教導兒童及青少年正確的死亡知識？簡略的做法有：(1)別建立無所不知的形象；(2)避免問過度專業化的解釋；(3)別盡說恐怖的細節；(4)對孩子特別關心的問題，要仔細說明；(5)對孩子的教導，要敏銳而帶感情，但不要感傷或矯情；(6)要注意孩子問題的真正意思；(7)避免妄自猜測並先入為主；(8)以小孩能瞭解的程度來討論；(9)鼓勵孩子主動講出心中的話，別只顧著自己說話；(10)用第三人稱加以糾正。

　　協助兒童面對死亡的方法與原則如下：(1)誠實才是上策，不要以欺騙的安慰或神話來告訴兒童，不實的言語只會讓他們無法分辨事實，更不要搪塞說：「你長大就會知道了……」；(2)配合兒童的認知發展階段，以其能接受的方法坦承告知，不要使用委婉說法，如以簡單短語，解釋死亡是因為身體停止工作並且不再需要工作；(3)幫助孩子表達他們的感情，允許兒童表達他們的任何情緒與想法，鼓勵孩子大聲哭喊（cry-out）他們的悲痛，並且說完他們的想法和對死的感覺，他們需要機會「說出來」而不是「被告知」；(4)當一位好的傾聽者，如同大人一樣，孩子需要談論失落；(5)讓孩子經驗並且用他們自己的方法表示悲痛；(6)提供連續的愛和保證；(7)不要隱藏你的悲痛不讓孩子知道，坦承表達自己的悲傷；(8)注意兒童的個別差異，兒童對死亡的態度，受很多因素的影響，對死亡的情緒反應也不同，不應以某些必然的模式去處理或對待不同的兒童情緒反應；(9)不要邀請其他人幫助你的孩子，因為他們要比自家人付出更多的努力、關懷和照顧。

　　原則上，年紀過小、不懂葬禮意義而會搗亂的孩子，最好不要去參加葬禮；而特別敏感與沮喪的孩子，也不參加爲宜。兒童若要參加喪禮，也應逐項對他說明喪禮的情形。當兒童參加喪禮時大人須注意事項有：(1)爲什麼要舉行喪禮；(2)喪禮的進行程序；(3)爲什麼參加喪禮的人都很悲傷；(4)大家爲什麼要參加喪禮；(5)舉行喪禮的地點，及參加的人中有哪些是孩子認識的；(6)喪禮會進行多久。

(二)討論死亡的原則

　　如何和青少年談論死亡？青少年的死亡概念已完全成熟，但對死亡多有負面情緒，McNeil提出與青少年談論死亡的原則如下：(1)以增加青少年對死亡關切的察覺爲先，並以開放的態度與其討論任何他們想探索的主題；(2)主動地與知覺地傾聽青少年的敘述，能表現出關心、支持的態度；(3)將青少年的情緒均視爲眞實的、重要的及正常的；(4)表現出同理心；(5)試著讓青少年自己去尋找答案；(6)家長或教師平日應花時間和青少年爲伴，並能提供經常可以在一起談話的機會。

　　此外，於親友死後可給予青少年以下的支持與援助：(1)提供安全的環境讓青少年可以探索自己的困難；(2)一路幫助喪失親友的青少年處理發展任務與環境任務；(3)協助青少年參與同儕支持團體，藉以克服被孤立的感覺。

五、與死亡情境相關書籍之介紹

　　童書中，死亡是鮮少探討的主題，在孩子成長的過程中，難免會面對生離死別的悲傷時刻，對於親人好友甚至寵物的離去，是難以理解卻又不能不接受的事實，悲傷的情緒要如何抒解？下列是有關兒童

繪本與多媒體、書籍的介紹（紀潔芳，2002b）。

(一)兒童繪本

1. 黃迺毓譯（1999）。芭貝・柯爾著。《精采過一生》。台中：三之三文化。

   藉由爺爺奶奶敘述人生每個階段不同的變化，引發主角對死亡主題以不同角度思考。

2. 漢聲編輯部譯（2001）。Jon Blake著。《我最喜歡爺爺》。台北：漢聲出版社。

   描述孫子陪伴爺爺走出喪偶陰影的故事，藉由故事告訴我們當失去所愛，要能從悲傷中獲得成長。

3. 張莉莉譯（1999）。艾蜜麗・弗利德著。《爺爺沒有穿西裝》。台北：格林出版社。

   主角面對爺爺死亡的複雜心理，突顯死亡主題中，小孩的存在是不容忽視的。

4. 孫晴峰譯（2004）。湯米・狄波拉著。《樓下的外婆和樓上的外婆》。台北：台灣麥克。

   藉由曾外婆和外婆的死亡顯露兒童從小培養面對死亡的勇氣與能力，而能從生活中成長。

5. 陳質采譯（2001）。夏洛特・佐羅托著。《想念外公》。台北：遠流出版社。

   藉由主人翁與母親的對話，學會分享思念的情緒。

6. 陳致元（2000）。《想念》。台北：信誼基金出版社。

   藉由思念與死去親人連結，讓逝者永存心中。

7. 方素珍（2000）。《祝你生日快樂》。台北：國語日報。

   以一種開朗的態度面對不知何時會出現的死神，藉以鼓舞大家能用積極樂觀的心接受生命的挑戰。

8.劉清彥譯（2002）。敘伊芙・邦婷著。《小魯的池塘》。台中：三之三文化。

每個子都可能被迫面對難以忍受的死亡事件，故事中告訴我們，父母、老師如何協助小女孩去面對小魯的死亡。

9.漢聲編輯部譯（2000）。Elisabeth Reut著。《安安——和白血病作戰的男孩》。台北：漢聲出版社。

面對自己的死亡是一個令人害怕的經驗，故事表達出愛與支持能幫助他們走過這個歷程。

10.林眞美譯（2001）。蘇珊・巴蕾著。《獾的禮物》。台北：遠流出版社。

敘述年老的獾善用自己的經驗和能力，幫助其他動物，當牠的生命走道盡頭時，動物們才察覺到，獾送他們的是一輩子享用不盡的財富。

11.趙映雪譯（2000）。漢思・威爾罕著。《我永遠愛你》。台北：上誼出版社。

故事圍繞著一個男孩和一隻狗，告訴我們及時的愛，可以克服死亡帶來的分離和悲痛。

12.漢聲編輯部譯（2000）。Holley Keller著。《再見，斑斑》。台北：漢聲出版社。

故事傳達寵物死亡時兒童的情緒反應。

13.林眞美譯（2002）。大塚敦子著。《再見，愛瑪奶奶》。新竹：和英出版社。

故事傳達死之將近的愛瑪奶奶尊嚴死的訊息。

14.陳芳玲譯（2002）。Jame Loretta Winfsch著。《葬禮之後》。台北：心理出版社。

描述兒童參加喪禮後的心理感受，讓成人知道如何處理兒童失落的複雜反應。

15.張秀琪、白森譯（1999）。李奧・巴斯卡力著。《一片葉子落

下來》。台北：經典傳訊。

葉子從未想過自己會隨著冬雪墜落，直到它逐漸失卻翠綠的顏色，並經歷友人的離去，葉子才體會到死亡的意義。

16.賴美玲譯（2004）。葛倫‧林特威德著。《好好哭吧》。台北：大穎文化。

死神要帶走生病的老祖母，孫兒們都捨不得，想了很多方法拖延死神，於是死神說了一個故事，孫兒們終於瞭解死神並沒有想像中那麼可怕。

(二)多媒體、書籍

1.生命理念的建立（參考台灣地區生命教育人力資源與教學資源）。

2.活出自己：生命教育——教學媒體錄影帶（國立教育資料館）。

3.面對挑戰：生命教育——教學媒體錄影帶（國立教育資料館）。

4.人生四季錄影帶（安寧照顧基金會）。

5.小宇宙DVD。

6.林芳萍譯（1990）。Robert Munsch著。《永遠愛你》。新竹：和英出版社。

7.林眞美譯（2002）。大塚敦子攝。《生命的最後一課》。新竹：和英出版社。

8.徐淑芳譯（1999）。大衛‧萊斯著。《生命有多長？》。台北：遠流出版公司。

9.林眞美譯（2000）。加娜‧拜亞茲‧阿貝爾斯著。《請不要忘記那些孩子》。台北：遠流出版公司。

10.周逸芬譯。雷‧克里斯強森著。《不是我的錯》。新竹：和英出版社。

11.遠遠親子館譯（1998）。柳瀨房子著。《小桑尼的心願：不要

地雷，只要花(一)(二)》。台北：遠流出版公司。

12.劉清彥譯（2001）。珍妮‧威利斯著。《珊珊》。台北：上誼文化實業。

13.林海音譯（1997）。英諾桑提著。《鐵絲網上的小花》。台北：全高格林出版社。

14.黃嘉慈譯（2001）。泰德‧洛比著。《潔西卡和大野狼——給會做惡夢的孩子》。台北：遠流出版社。

15.陳聰德主編（1992）。《我救了小島》。南投：淨德學舍。

16.涂淑芳譯（1999）。凱琳‧愛爾蘭著。《奇妙的自然、奇妙的你》。台北：遠流出版社。

17.劉清彥譯（2000）。湯姆‧波爾著。《世界為誰存在？》。新竹：和英出版社。

18.劉美欽譯（2002）。碧翠絲‧阿雷馬娜著。《克拉拉的寶藏》。台中：三之三文化。

19.趙美惠（2001）。《超級哥哥》。台北：國語日報。

20.方素珍譯（1998）。羅拉‧克羅斯‧梅莫著。《雨小孩》。台中：三之三文化。

21.顏湘如譯（2002）。狄更斯著。《小氣財神》。台北：格林出版社。

問題與討論

1.請簡要說明發展階段的死亡概念理論有哪些？

2.影響兒童死亡認知與生死態度的因素有哪些？

3.面對不同情況之死亡遭遇，兒童和青少年會有哪些感受與反應？

4.請說明如何協助發展階段中青少年正確的死亡知識。

 網站拾萃

National Association of School Psychologists（http://www.nasponline.org/resources-and-publications/resources）

　　學校心理學家協會的成員是專屬學校團隊的合格專家，他們的職責是支持學生的學習能力和教師的教學能力。他們應用心理健康、學習和行為方面的專業知識，成功幫助兒童和青少年在學業上、社交上、行為上和情感上的發展。學校心理學家與家庭、教師、學校行政人員和其他專業人士合作，創建安全、健康和支持性的學習環境，並加強家庭、學校和社區之間的聯繫。試問：

1.兒童面對喪親之痛時如何安慰他？網上有哪些文章是有幫助的？
2.兒童對死亡有許多的誤解，網上有哪些文章是有幫助的？
3.兒童也有許多複雜的悲傷，網上有哪些文章是有幫助的？
4.如何對兒童解釋喪葬？網上有哪些文章是有幫助的？
5.面對兒童的悲傷要如何處理才合適？網上有哪些文章是有幫助的？

參考相關網站：Discussing Death With a Child & Explaining Death to a Child，http://www.nfda.org/keytopics.php

15

一死值千金

- 為何要有喪葬禮儀？
- 殯葬從業人員對生死關懷應有的認識與作為
- 生死教育對喪葬的訴求
- 民眾對殯葬的認知與需求
- 消費者的意識抬頭
- 台灣殯葬業者的角色與功能
- 殯葬禮儀師的由來與發展
- 殯葬禮儀師的職責
- 台灣現行喪葬服務教育與考照
- 國外喪葬服務教育的現況與發展
- 殯葬教育政策認知與期待

> 看在耶穌的份上，好朋友，切莫挖掘這黃土下的靈柩；讓
> 我安息者必得上帝的祝福，遷我亡靈者必定遭亡靈的詛咒。
>
> ──莎士比亞

 一、為何要有喪葬禮儀？

　　人一生下來即注定要走向死亡，這是不爭的事實，然而面對死亡或失落親人的善後處理，中西文化各異，雖然都很隆重，但相較之下中國人對於死之禮儀或禁忌比西方來得多且繁瑣。在這一切的繁文縟禮中，其代表的意義又爲何？是值得我們去瞭解及深思的。

　　喪葬對一般中國人的重負則有自從漢朝厚葬風氣以來簡化不易，喪事過程要以苦行僧式來表孝意、終生追思、墳墓遍野。何謂喪葬？根據行政院主計處對殯葬業的定義爲：「從事殯儀館、火葬場及墓地服務之行業。」殯葬人員是指從事殯葬相關業務，包括「緣」、「殮」、「殯」、「葬」、「續」五階段事宜的工作人員。我國殯葬的臨終關懷部分，殯葬人員應做到的是提供法律諮詢、財物的處理、社會資源的尋找及喪禮的安排。但回顧我們所參與的喪葬典禮中，殯葬人員真的有做到如上述的角色準則嗎？這有待大家去討論、評價。

　　美國喪葬業者協會主席Paul Irion對喪葬的解釋是一連串對個人有重大意義和價值的儀式經驗來滿足喪家在宗教、社會及心理層面上的需要。這些需要包括死者死亡的真實性、要能表達出哀傷、得到社會支持，及對死亡有意義的表現內涵。儘管喪葬會因不同民族、文化、時代的變遷而有不同。喪葬對一般中國人的意義在於祖宗保佑、財富繼承、孝道奉行、血緣親疏關係的表現。

　　喪葬對死者家屬而言，至少要具備三種功能：

1. 喪葬儀式之心理層面的功能：(1)哀傷情緒正式化的表達；(2)使家屬進一步確認死亡的事實；(3)家屬可以表達他們哀傷的情緒；(4)使家屬明白不必再為死者付出更多的情感，而必須與生者建立新的關係。

2. 喪葬儀式之社會功能：(1)喪葬儀式是死者家屬與他人共同面對死亡的社會活動；(2)在儀式中參與者相互表達安慰與支持，因為單獨面對悲傷過程一個人必須承受所有情緒與感覺，這可能造成重大傷害；(3)喪葬儀式是一個短暫的支持性團體，形成親友與社區鄰里的支持網絡。

3. 喪葬儀式之價值功能：(1)喪葬儀式是一個死亡與生命意義的表達場所；(2)對無宗教信仰的人來說，死亡無異是一個生物體的終結；(3)但對一個有宗教信仰的人，宗教儀式則可能表達出死亡後的意義。

二、殯葬從業人員對生死關懷應有的認識與作為

　　民國89年12月台北市政府民政局為了協助喪家在時間短促下要決定處理許多繁雜的喪葬事務，提供足夠的諮詢服務，特別舉辦喪葬禮儀志工訓練安排的課程來提升國內殯葬業的服務品質，課程包括殯葬流程和殯葬範圍的介紹、如何輔導即將死亡者的親人、志工應扮演何種協助哀傷者的角色，以及讓志工熟悉民間殯葬業者相關的文化風俗。這項課程可以促使殯葬志工人員提供市民有關喪葬儀式的諮詢，協助往生者家屬在悲傷的情緒中，心理不靜的辦理喪葬，讓殯葬禮儀能夠更合乎各種的禮節，使殯葬過程達到適情適理。接著民國90年社會局開辦以殯葬相關人員為主的殯葬禮儀班以及以高級管理人員為對

象的殯葬管理班，希望這些殯葬業老闆或從業員，可本諸「與悲喪者
同悲」的態度服務喪家。可見政府對於殯葬從業人員的生死關懷的認
識與作為是非常的重視。

民國91年通過的《殯葬管理條例》的特色有四：

1. 規範殯葬設施：除了考量公共衛生之外，並兼顧殯葬方式多元
   化及殯葬規劃人性化、綠美化。
2. 殯葬服務業部分，除了建立經營許可制及殯葬專業人員證照制
   度之外，並要求收費標準等消費資訊透明，以及生前契約服務
   收費加入履約保險。
3. 殯葬行為之規範則包括禁止巧立名目，強索增加費用，禁止擅
   自轉介承攬意外事件或不明原因死亡屍體之殯葬服務，以及辦
   理殯殮事宜妨礙公共通行、公共安寧等規範。
4. 其他如考量因地制宜，授予地方政府更多殯葬管理之自治權
   限，及賦予亡故者在世時對殯葬儀式之自主權等。

 ## 三、生死教育對喪葬的訴求

生死教育對喪葬的訴求有以下幾點：

1. 簡單隆重葬禮的舉行：由於信仰多元化之下，死者和其家屬對
   身後事的舉行會產生不同意見，若無事先說明或委託，恐怕家
   屬就只好全權委託葬儀社或依照家屬自己而不是死者的意見去
   辦理。
2. 打破死亡的禁忌：生死倡導教育社會大眾對臨終關懷、哀傷關
   懷與輔導的同時，也建議應提早為個人建立生命的終點──死
   亡做準備，像是預立遺囑、交代遺物、遺言的準備，為自己的
   葬禮預做安排規劃來打破死亡的禁忌。

3.臨終關懷的推廣：現行有安寧病房的醫院受臨終關懷推廣的影響，除了設立家屬祈禱室或佛堂外，並將原本處於陰暗偏僻角落的太平間重新裝潢成明亮、清靜、寧靜的往生室，大大提高醫院之服務品質。

4.替哀傷找出口：死亡是生命中難以承受之「痛」，當生命升起與落幕的當下，難免彼此牽掛，逝者不會沒有無憾，被留下來的人要學習面對擁有及失落的態度與處理方式，殯葬過程當中應適時掌握如何能讓我們彼此關懷，為生命的消逝找到悲傷的出口，以及讓悲哀的傷口痊癒？

5.事先規劃的葬禮：生死教育中強調從自身架構來表現對死亡的尊嚴追思，就是平時能夠重新評量統整生命意義，藉由反省和確立個人的人生觀及價值觀，來建立合宜的喪葬禮儀與文化，並導正現行不當的喪葬禮俗。如此，自然就能夠按照死者託付莊嚴地來追思死者，可以避免目前社會中多數人只能用相同宗教儀式進行，這也是落實心靈改革，破除宗教亂象。

四、民眾對殯葬的認知與需求

　　民眾對殯喪的認知大都是十分陌生或迷惘，所以多半委由葬儀社或禮儀公司協助，像是殯喪的規劃、儀式禮節的進行或相關物品的備辦上，以省去諸多的不便或避免不當疏忽的發生。多數的民眾是從喪葬進行的過程中才有機會領悟到信仰的終極關懷。民眾對殯喪的需求大致上是：

1.殯喪進行過程要對死者尊重：像是從醫院病床搬運遺體，仍應以親切態度與動作來移動病床而不是像搬運物品的方式，因為現在躺在床上的死者對家屬而言仍是活著的個體，前一小時家

屬還在為死者的臨終告別而撫慰悲痛，實在很難接受立即被物化般的處理。因此在遺體搬運中任何致使遺體的碰撞或不適當放置都是大不敬，會造成對家屬的二度傷害。若遺體搬運能夠像醫院在臨終前的親切妥善照護，一定會令家屬感謝的。

2.接受殯喪過程是傳遞教化的重要社會化過程之一：特別在對終極關懷的信仰表達，如基督信仰的安息主懷追思、佛教的生死輪迴及西方淨土、傳統民間的招魂守孝等。

 五、消費者的意識抬頭

　　台灣省政府社會處曾經對國內的喪葬費用進行調查，發現平均約三十七萬元，然而美國的喪葬費用平均為三千美金，英國則大約是二千英鎊（約新台幣十萬元左右）。從國內外喪葬費用的比較發現，國人相較花費許多，難怪有志之士大力倡導簡單隆重葬禮，不要落入傳統的厚葬行列中。此外許多消費者心聲如：

1.殯喪服務的劣質文化：像是價格不夠透明、一個動作要一個錢，有紅包才提高服務的現象無法改善嗎？因此有業者開始推出類似壽險保單的「生前契約」，以期讓消費者事前就具體瞭解自己可以得到哪些服務。

2.殯葬設施的革新：殯儀館一定要長得像廟嗎？還是可以設計得美侖美奐像五星級大飯店，美國與日本的殯儀館與火葬場就是。此外，葬儀社和棺木店，也可以像是婚紗攝影店面一樣，不一定是要冰冷冷讓人毛骨悚然的外觀，這些都必須從新費心思考並發揮創意，這樣的革新為的是讓大家可以賞心悅目易於接納。

3.公園化的墓園：國外公園化的墓園草木扶疏，不會像亂葬崗般

令人害怕，讓許多國外移民或旅遊者稱羨。

因此，國內已經有許多殯葬機構以滿足消費者的高品質要求下進行，像是台北市殯葬管理處設計的生命追思紀念網，或者新竹市殯葬管理所設計「生命紀念公園」的構想是在園區內設有博物館、樹葬區、槌球區與烤肉區。北部三芝地區的金寶山樂園更是擁有國內外評價很高的藝術品陳列園內，讓人耳目一新，免除陰森恐怖之感。那附近就興起了藝術墓園區，例如龍巖的金龍殿、北海福座等。

「死亡禁忌」有哪些？對喪葬、喪親家屬的影響為何？舉個例來說，「先父母而逝者，出葬起靈，父或母須以掃帚敲擊其靈柩」，雖意在懲其先逝而去，不顧養其親，犯不孝之行；但就以Worden的哀悼任務論來說，父母在接受失落事實、經驗痛苦之際，卻強迫其做出違反心意之表示，其間之倫理意涵、正當性與否，值得重新省思。

六、台灣殯葬業者的角色與功能

筆者有一位研究生，印象中她的舅舅曾帶她至他的朋友家做客，她對舅舅的朋友所從事的行業（開設棺材行）一開始就感到非常的恐懼不安。她對那次做客的經驗中，只能用「坐立難安」四個字來形容。因為在她的觀念裡，總認為與死亡相關的事宜應是大家避之唯恐不及的事情，死亡是個不吉利的徵兆，亦可能會為個人帶來晦氣。那麼為什麼會有人要從事這類的相關行業呢？直到她23歲進入國立台北護理學院的生死教育與輔導研究所，在研一上學期修了生死教育專題的課程後，才有機會開始去省思自己對死亡的看法，去閱讀國內的相關文獻，進而整理、改變自己對死亡的態度。在她的生平裡，曾參加過兩位親人的喪葬儀式，在那兩次的經驗中，對於以前所稱呼的「土公仔」，或者是現今所標榜的「禮儀師」之所作所為並無深刻的印

象，他們是否真的有做到「緣」、「殮」、「殯」、「葬」、「續」五階段的工作事宜嗎？她在此方面並無相當的體會。

七、殯葬禮儀師的由來與發展

殯葬禮儀師這個名詞最早是在1990年代左右由民間喪葬企業自行在職訓練之後所稱。在過去的社會裡從事殯葬行業的人員是以「土公仔」來稱呼，直到民國89年6月10日，才在《中國時報》及《聯合報》的地方新聞報導上第一次出現「禮儀師」這個詞，這個名詞和國外從事殯葬行業的人員的funeral director（可以稱為喪葬承辦商或喪葬經理人）有相當大的不同。

取名為禮儀師的重要意義是要去汙名化，因為過去從事喪葬工作者的社會形象很差，主要原因依照尉遲淦（2002a）的解釋有下列幾種：(1)土公仔所從事的工作，正是沒有希望的工作；(2)從事這種會為自己帶來霉運的工作，且對於從事此行業的土公仔，除非必要，否則是避而遠之的；(3)喪葬的處理要求較高的費用，喪家又必須請其協助，因此容易讓人覺得不滿，且有發死亡財之嫌；(4)土公仔穿著打扮邋遢隨便；(5)土公仔言行舉止讓人覺得粗俗無禮；(6)業者競爭激烈的今日，往往易發生搶屍體的事件。殯葬禮儀師的稱呼才會慢慢地成為土公仔的現代稱謂，希望藉由這種稱呼的改變，提供土公仔全新的內涵與服務模式。

八、殯葬禮儀師的職責

民國91年三讀通過《殯葬管理條例》的第四十六條規定，「具有禮儀師資格者，得執行下列業務：(1)殯葬禮儀之規劃及諮詢；(2)殯殮

葬會場之規劃及設計；(3)指導喪葬文書之設計及撰寫；(4)指導或擔任出殯奠儀會場司儀；(5)臨終關懷及悲傷輔導；(6)其他經中央主管機關核定之業務項目。」另外第八十七條指出，「未具禮儀師資格，違反第四十六條第二項之規定以禮儀師名義執行業務者，處新台幣六萬以上三十萬元以下罰鍰；連續違反者，並得按次處罰。」陳繼成（2003）陳列出十一項禮儀師之職責，分別包括：

1.二十四小時待命。
2.接到家屬電話並給予建議。
3.迅速到達死者家裡。
4.自死亡地點將屍體移開。
5.運送屍體。
6.載送屍體抵達殯儀館。
7.與家屬洽談喪葬事宜。
8.完成政府相關文件。
9.遺體的處理（整個處理過程包含七個階段：初步整理、防腐、調整姿勢、重建、化妝、穿衣以及在喪禮中的遺體呈現）。
10.組合棺木與入殮。
11.喪禮的執行：其中包含禮儀師的專業素養及喪禮的程序：(1)移靈——從殯儀館到喪宅；(2)家祭；(3)排列花圈、花籃；(4)安排座次；(5)發引——從喪宅到墓園／火葬場；(6)引導車隊；(7)抵達小教堂；(8)喪禮前的準備工作；(9)喪禮；(10)遣返靈車；(11)安慰家屬；(12)回程。

　　西方國家與我國之禮儀師在殯葬禮儀上的規劃與諮詢、殯殮葬會場上的設計、指導喪葬文書的撰寫及臨終的關懷與家屬的悲傷輔導等，所執行的業務內容並無不同。其中較有差異的事項是在國內的禮儀師大多擔任出殯奠儀會場的司儀，主導整個法會的進行；而西方國家則傾向於由牧師在小教堂內，掌控喪禮的進行。這個不同之處，

可能和中、西的文化背景與宗教信仰有關。另外，值得一提的是，西方人對於遺體的處理相當的講究，從屍體的初步整理到防腐、調整姿勢、重建、化妝、穿衣以及最後的遺體呈現，皆謹慎地著手進行，期望死者的遺容及姿態能和生前祥和的睡容一樣，進而減低觀禮者內心的哀慟與悲傷。在這裡，筆者要強調的是，防腐技術在西方國家之所以盛行，是源自於美國的南北戰爭；那時，大部分的家屬皆希望死者的遺體能安葬在自己家鄉的墓園，因此，防腐師便開始在戰場上服務。相對於國內的殯葬業者，對於遺體之處理程序，則大多少了防腐這個步驟，這可能和我國特有的喪俗——撿金（又稱撿骨、洗骨）有關；「撿骨再葬」的習俗，一直流傳至今，現代的國人大多在撿骨後將屍骨進駐家族塔，或是二次火化後寄存靈骨塔。

 ## 九、台灣現行喪葬服務教育與考照

　　《喪葬管理條例》第四章第五十九條規定，「喪葬服務業之公會每年應自行或委託學校、機構、學術社團，舉辦殯葬服務業務觀摩交流及教育訓練課程」，以提升會員之服務品質。當時國內有一些學者依照這項規定然後參考國外的喪葬課程而提出建議的課程設計，主要是規劃為五大領域：人文、社會、管理、基礎科學、健康等（鈕則誠，2002；呂應鐘，2002；尉遲淦，2002b）。

　　取得禮儀師證照要依《禮儀師管理辦法》第二條：「具備下列資格者，得向中央主管機關申請核發禮儀師證書：

一、領有喪禮服務職類乙級以上技術士證。

二、修畢國內公立或立案之私立專科以上學校殯葬相關專業課程二十學分以上。

三、於中華民國九十二年七月一日以後經營或受僱於殯葬禮儀服務業實際從事殯葬禮儀服務工作二年以上。」

　　至於殯葬相關專業課程二十學分以上的取得，內政部民政司規範《禮儀師管理辦法》第二條第一項第二款殯葬相關專業課程，制定人文、健康和社會三項科學領域。殯葬課程科目有必修科目至少十學分，人文科學領域的殯葬禮儀二學分、殯葬生死觀或殯葬倫理二學分、殯葬文書或殯葬司儀或殯葬會場規劃與設計二學分；健康科學領域的臨終關懷及悲傷輔導二學分、社會科學領域的殯葬政策與法規二學分。選修科目至少十學分，包括殯葬學、遺體處理與美容、殯葬衛生、殯葬服務與管理、殯葬經濟學、殯葬設施、殯葬規劃與設計、殯葬應用法規與契約等科目。

(一)殯葬專業與證照

　　殯葬業經常是穿著黑衣，在黑夜裡打理遺體工作，週末假日引導喪親家屬致哀與亡者辭別。殯葬工作者的稱呼從美國的undertaker到mortician和funeral director，代表這行業的社會變遷。早期殯葬這行有販售棺材殯葬用品，處理安葬遺體進墓穴的工人叫undertaker，類似台灣的土公仔。19世紀在美國南北戰爭為了遺體運送而培養一群處理遺體防腐技術員embalmer，被funeral homes聘請來協助處理遺體，他的工作要使用解剖器具、注射儀器，這些工具經常更新改良以吸引家屬。embalmer接受課程訓練通過考照後會得到證照，美國殯葬業以mortician稱呼他們。到了1990年代美國的殯葬業開始興起殯葬要重視的不是只有死人遺體處理與安葬，心理諮商界開始呼籲喪親家屬因為悲傷的需要沒有獲得足夠表達與抒解，是造成後來出現精神疾病的重要因素之一。喪禮服務是要安排喪禮流程，funeral director成為這項專業工作的人員，要學習許多管理、社會和心理方面的知識。至今，美國大概就只有遺體防腐技術員embalmer和喪禮指導員funeral director兩類的殯葬職類。

　　澳洲殯葬服務業在技能證照有四個級別和一個執照，分述如

下：初級喪禮服務員（Certificate I in Funeral Services）、二級喪禮操作員（Certificate II in Funeral Operations）、三級墓地和火化操作員（Certificate III in Cemetery and Crematorium Operations）、三級棺木起掘與墓地維護員（Certificate III in Gravedigging, Grounds and Maintenance）、三級喪禮操作員（Certificate III in Funeral Operations）、四級喪禮服務員（Certificate IV in Funeral Services）、四級遺體防腐員（Certificate IV in Embalming）、喪禮服務管理師（Diploma of Funeral Services Management）。

中國大陸在1989年全國工人技術等級標準將殯儀服務員、屍體接運工、屍體整容工、屍體防腐工、屍體火化工、墓地管理員等六個工種與假肢製作裝配工、矯形器製作裝配工一同列入民政部的行業。1993年民政行業工人技術等級標準又將殯葬服務人員歸屬第四大類商業的服務業人員（編號4），第七中類社會服務和居民生活服務人員（編號4-07），第十四小類殯葬服務人員（編號4-07-14），當時簡稱殯儀二員四工。後來北京101研究所在2006年提出殯儀一工二員三師，就是遺體接運工、殯儀服務員、墓地管理員、遺體防腐師、遺體整容師、遺體火化師。這六個工種又分工級有三個級別、員級有四個級別、師級則有五個級別。

(二)禮儀師的悲傷輔導角色與職能

禮儀師的工作內容第五項臨終關懷及悲傷輔導的工作內容多年來備受爭議與討論。《殯葬管理條例》除了第四十六條載明具有禮儀師資格者得執行悲傷輔導業務之外，還有第十三條殯儀館與第十四條單獨設置禮廳及靈堂規範應有悲傷輔導室的設施。因此，直轄市只規範悲傷輔導室的硬體要一室以上，每室建築面積十平方公尺以上，設有照明、空調、桌椅等設施，沒有載明要如何進行悲傷輔導和進行哪些內容。

　　禮儀師的「臨終關懷及悲傷輔導」工作內容主要是在進行對喪親家屬心理層面的關懷陪伴。因此，應該具備的工作有下列幾項：

1. 輔導者：禮儀師要讓家屬接受逝者已經離開他們的事實，並建構新的生活形態及人際關係。

2. 陪伴者：禮儀師在治喪過程中，有許多時間是陪伴在家屬旁邊的，因此，有些喪親家屬把禮儀師視爲在這個人生低潮時的「陪伴者」。

3. 協調者：在家屬意見衝突的同時，許多過去不愉快的情緒，也常常在喪失親人的低潮期爆發出來。這時，禮儀師是直接面對這個壓力的人，爲了讓治喪過程順利進行，他必須擔任解決家屬間紛爭的協調者。

4. 指導者：在家屬不知所措沒有準則可以遵循時，禮儀師應該擔任起整個治喪事宜的指導者，藉由自己對於喪葬禮儀的專業，讓整個過程順利圓滿的完成。

　　美國諮商專家Wolfelt曾經著文提出喪禮服務人員應該具備四項後續關懷服務悲傷支持的能力：(1)悲傷支持的認知能力；(2)後續關懷的執行及溝通能力；(3)後續關懷的管理能力；(4)後續關懷的自我照顧與成長能力。其中與悲傷輔導最有關係的是第一項悲傷支持的認知能力，他指出該能力應有十四項內容：(1)知道失落與悲傷的關係；(2)認識不同年齡層的悲傷反應；(3)認識不同性別的悲傷反應；(4)認識悲傷歷程與時間；(5)區辨單純與複雜性的悲傷；(6)瞭解創傷的徵兆；(7)儀式對悲傷的功能；(8)儀式對失落者的意義；(9)瞭解人際溝通技巧的內容；(10)瞭解臨終關懷的內容；(11)認識悲傷的迷思以及在社會中造成的影響；(12)區辨不同家庭成員對失落事件的悲傷反應；(13)認識特殊情境之悲傷反應（車禍、災難、大體解剖、器官捐贈）；(14)知道親人遺體的完整性對喪家的意義。這些內容是殯葬學分班悲傷輔導的授課重點，自然也是技能檢定或是學分班考試的出題方向。

　　禮儀師在悲傷輔導的角色工作可以說是「要將喪禮流程規劃為
對喪親家屬具有意義的活動，如此便是提供喪親者悲傷療癒的一扇
門」。當喪禮活動對喪親家屬是否有意義？重要的差別在於喪葬活動
能否促進喪親者的悲慟能有抒發的機會，使得他們的悲傷得到支持，
在哀悼親人的經歷中身心維持健康。我將美國悲傷輔導專家提出悲傷
的五項任務改稱做「悲傷療癒方程式」，覺察與接受死亡的事實、獲
知對分離的反應、提供對逝者的回憶、協助調整原先與逝者的依附關
係、協助重新投入新的生活。因為這五項內容是對喪親家屬進行悲傷
支持的通則。

十、國外喪葬服務教育的現況與發展

　　一般來說，美國的喪葬教育有兩種：喪葬服務（Funeral Service）
和殯葬科學教育（Mortuary Science Education）。喪葬服務以美國New
York州American Academy McAllister Institute of Funeral Service為例，它
強調喪葬服務教育不是一個靜態領域。特別提出過去十年喪葬服務教
育有了以下的改變：通識教育課程增加、助理證照釋出的數量不多，
以及由喪葬學院提供了更寬廣的專業教育和訓練的範圍和內容。殯葬
科學教育則以美國Connecticut州為例，課程包括：死亡學、生理學、
解剖學、病理學與實驗、辦公室會計學、管理學、防腐處理等。

　　近百年來，美國非常重視喪葬服務教育的發展，並且一直都有重
要之改革（Landerman, 2003）。透過相關文獻的探討來瞭解美國目前
的喪葬教育發展及其趨勢，以明瞭美國喪葬教育課程如何與社會需求
結合，藉以避免我國喪葬服務教育在設置的過程中重蹈覆轍。喪葬服
務教育的設置是提升喪葬服務品質的重要機制，加上近年來喪葬服務
專業日趨多元化，喪葬服務人員必須運用認知上（cognitive）、人際
上（interpersonal）以及技術上（technical）的技能來處理遺體，並提

供遭遇喪事的個人、家庭、社群適當的協助及支持。因此建立正確的喪葬服務理念，以及針對課程設計對於喪葬服務人員的培育，其重要性自然不言而喻了。

因此從瞭解美國喪葬服務教育之定義，其意指能成功訓練一個優良喪葬服務專業人員的課程，此處指的美國喪葬服務專業人員，不是指喪儀館、火葬場或墓園的工作人員，主要是指喪葬指導師（funeral director）與防腐師（embalmer）。他們受的訓練包括公共衛生、企業管理、社會科學與法律倫理等四個領域的課程，最近許多學校還增加了所謂通識的課程（邱麗芬，2002）。透過這五個領域課程之訓練，並進一步通過喪葬專業證照考試的測驗，自然具有優良的專業服務品質。故可以從瞭解美國喪葬服務教育與考照，進一步提出並探索我國未來喪葬教育以及國內殯葬禮儀師考照的發展方向。

日本則於2000年4月在神奈川縣平塚市成立第一家葬儀專業學校Human Life Ceremony。中國則於1995年在湖南長沙成立第一家葬儀專業學校「民政技術學院殯儀系」。

十一、殯葬教育政策認知與期待

我國殯葬專業證照制度規劃，為取得禮儀師已明確將領取喪禮服務乙級技術士證是必要條件之一。只是領有喪禮服務丙級技術士證者，查《殯葬管理條例》、《禮儀師管理辦法》及相關法令，充其量僅為殯葬業者聘任員工之參考，無法看出在整體殯葬專業證照制度規劃架構之下有任何功能性。

其次，禮儀師「不具排他性」。《殯葬管理條例》第四十六條第二項：未取得禮儀師資格者，不得以禮儀師名義執行以上各款業務。由此可知，未取得禮儀師資格者仍能執行各項殯葬禮儀服務，僅不得以禮儀師名義自稱。內政部目前的做法是以公司的規模大小，例如

一千萬資本額以上至少要配置一位禮儀師。

現階段殯葬教育已存諸多異議，雖協調出尚可接受的法令條文，但是政府當局不可以此為滿足，應該廣納產、官、學及民眾之意見，更積極輔導殯葬教育制度，加速殯葬證照相關配套制訂，如此方能達到永續發展之目的。我國不能往下紮根，建立殯葬專門學校，建全殯葬專業證照考試，戮力培養專業殯葬人才，則此一目標將遙不可及。

(一)台灣殯葬團體的困境

◆有團體但是規模不大

台灣現有的殯葬職業和社會團體中以經營者為會員是最主要的組成，從業人員其次，學界和消費者所占比例相當低，經營規模大小除了商業同業公會之外其他的人數大概都在100人以下。這會影響很多面，例如對政府影響力是有限的，消費者爭取自己權益的管道也是有限，只能去消基會爭取或是靠著殯葬業者的職業道德，殯葬業者彼此的職業道德約束也是有限。有些團體已經很少出現，知道的人很少，例如中華民國殯葬禮儀發展服務協會、台灣優質殯葬禮儀協會。也曾經有幾個相當有作為的團體，但是最近幾年已經出現後繼無力的現象，例如中華殯葬教育學會。

◆歧見多而且整合不易

台灣現有的殯葬職業和社會團體在發展的過程當中都有一個現象，就是在長期競爭關係導致相互信任基礎不足。各殯葬團體在發展中大都秉持著「寧為雞首，不為牛後」，或「客親相安，認真翻臉」的模式。於是競爭者當中要不是規模大者就自立門戶、要不就盡量不觸碰容易導致衝突的主張，這就導致鮮少有大作為的計畫，因為歧見多整合不易。

◆有活動但是格局太小

台灣現有的殯葬職業和社會團體歷年來舉辦的活動很多,但是共襄盛舉的太少。記得幾年前殯葬業和學界在參加2003年上海殯葬用品展暨論壇以後,就計畫著要在台灣舉辦類似的首屆殯葬博覽會,後來博覽會的規模小到只在哪棟大樓的地下室舉行並且是和其他相關關懷的團體共同舉辦,這種有活動格局太小的現象正是今日殯葬的困境。

(二)對殯葬團體經營環境的期待與展望

◆屏除己見,共謀雙贏的合作模式

以美國全國喪葬指導員協會(National Funeral Directors Association, NFDA)來說。NFDA是美國也是全世界組織最大且歷史最優久的國際性喪葬服務組織之一。NFDA提供殯葬業各種支援、教育、訊息、產品、計畫和服務,以幫助會員們提升服務消費者家屬的品質與數量。它的會員超過20,300名,會員資格是有執照的喪葬禮儀師、遺體美容師、喪葬學校的學生及退休的喪葬服務專業人士,他們都是符合NFDA的會員資格。這些人有一些是經營者,但是大多數是從業人員,也有部分是殯葬學校的教職員,因此有相當十足的代表性。反觀台灣的各種殯葬團體在面對上述的缺失與困境,經營者如何能夠屏除己見,從業人員又如何在建立專業地位之後和業者攜手合作,共謀雙贏的殯葬業,將有待日後有心人士的大聲疾呼與無私的努力。

美國的殯葬團體除了全國喪葬指導員協會(NFDA)之外,還有美國喪葬學院校協會(The American Association of College of Mortuary Science)、國際喪葬服務考試聯盟(ICFSEB)、全國喪葬學院協會(The National Association of College of Mortuary Science)、美

國大學喪葬學教育協會（The University Mortuary Science Education Association）等殯葬相關的社會團體組織及一般大眾的代表，可以提供我們參考。

◆確立有共識的殯葬服務內容及主體意識

NFDA會員所代表的職責是「可靠、道德、卓越與信任」，台灣殯葬業是否也有塑造業者的職業道德責任？若是有，那是什麼？此外，NFDA還致力於服務民眾及其會員，服務項目包括協助會員對家屬提供優質服務，並提供多數的資源爲消費者解說、認知有關「葬禮規劃、生命回顧、失落類型、哀情和居喪、消費者要訣、尋求支持和慈善組織的連結」等主要議題。NFDA的顧客服務都是以解決消費者一般性喪葬服務問題爲宗旨。反觀台灣地區的殯葬業對於殯葬服務的內容一直都是相當含糊不清。

◆訂定殯葬服務各年度的重點工作計畫

NFDA的最近專業發展計畫（Professional Development）是爲專業的喪葬服務提供比其他喪葬組織更創新、更符合需要且更彈性的的進修教育機會和資源。項目包括會議、研討會、工作坊、在家研習、網上教學、視訊會議、網際研討會和唯一的全國性先修檢定計畫（national preplanning certification program）。台灣殯葬業是否也有類似的年度重點工作計畫？若是有，那是什麼？

◆藉由與國際接軌，帶動殯葬服務品質的提升

雖然中華民國殯葬禮儀協會是兩岸殯葬交流的代表，但是由於會員侷限在北部加上人數占全國殯葬從業總人數的比例仍低，未來的努力仍相當吃重。此外，國內殯葬的產官學界過去和國際相關團體的接觸也相當不足，大抵上仍停留在個別參訪，不像其他國家在國際殯葬協會的各項活動時，有國家的代表出席，以便參與學習國外的經驗與

優點，並共商現階段各項殯葬相關議題。

◆監督政府儘早確立並完成殯葬教育體制的工作方針

台灣殯葬教育一直都處在無法制度化，政府各行政部門之間仍缺乏共識，這會導致殯葬專業無法發展。美國有一百年以上的明確殯葬教育，中國大陸也至少有十二年的完整殯葬教育體系，但是台灣呢？所以殯葬團體應該再度起來監督相關的主管機關內政部、考試院、教育部、勞委會等，共同來整合理念做法並且形成「殯葬教育體系白皮書」的共識，如此一來，台灣才會有明確的喪葬教育方針並在規定的年限加以落實。

◆監督政府協助並完成殯葬專業證照地位

勞委會和內政部正積極的籌備喪禮服務技能檢定來確立殯葬專業證照地位。急切盼望教育主管機關能夠重視並核准直接以「殯葬」或「生命事業管理」為科系名稱的系所。因為「殯葬相關科系」之設立事關殯葬專業教育體系的完備發展，未來禮儀師國家專技考試之相關條件、標準的規範與辦理。

喪葬禮儀調查：一死值千金

1.最近五年內你有無家人去世？

2.若有，當時喪事如何處理？你知道那次的喪葬費用大約是多少嗎？包給葬儀社辦理？自己人做主處理？請伯叔長輩做主處理？由鄰居、親友幫忙辦理？由教會神職人員指導處理？

3.遺體該怎麼被處理？送到殯儀館，由殯儀館處理？停放在自宅，由死者親屬處理？請葬儀社來辦理？

4.人死後，他的遺體最好是——捐出器官？土葬？火化？

5.可以在巷道上搭棚停柩辦理喪事？

6.喪事做七可以附近的寺廟辦理？

7.在家治喪，但不能長期搭棚占用，馬路只允許出殯當天搭棚？

8.取締喪事做功德或誦經聲音過大？

9.保存出殯隊伍最前面沿路撒買路紙錢的習俗？

10.喪事焚燒冥紙的數量按照家庭傳統的習俗？

11.為親人做七的日子可以縮短？

12.由政府統一制定喪葬禮儀來減少鋪張浪費？

問題與討論

1. 在《殯葬管理條例》第四章殯葬服務業之管理與輔導，第四十六條第五點有提到禮儀師需具備臨終關懷及悲傷輔導的能力，始可執行業務。在此，請你思考一下，你認為殯葬禮儀師（funeral director）在執行此項業務內容時，有哪些實際行動，才算達到法規所訂立的「具備臨終關懷及悲傷輔導的能力」？請提供具體意見。

2. 在回顧我國與西方國家的喪葬習俗時，明確地看到國內有做七、做百日、做對年及做三年的事宜，相較於西方國家，這等喪俗事宜勢必花費國人額外的金錢與時間。試問，您認為是否需要延續上述所提及的傳統喪俗事宜？請詳述理由為何。

3. 國外課程和國內現行規劃的課程有哪些差異？國外課程已經是正式學制內的課程、有學位。國內現行規劃的課程中偏重禮儀的部分比國外高。國外課程因為有防腐的技術，因此這部分的比例較高。國外稱為喪葬承辦商（funerl director），但是國內稱為殯葬禮儀師。這樣在字義上的差異有哪些？

4. 國內起草的殯葬業證照制度在建立上出現哪些問題？高考還是特考的問題？還是證照的認定？宜由內政部民政司負責規劃立法事宜，考試院考選部負責規劃考照事宜？

5. 目前業者面對證照的難題有哪些？如何解決目前業者的難題？

6. 國內現行的喪葬教育是否應該和國外接軌？

7. 國內喪葬教育制度應該如何建立？

8. 未來國內喪葬教育課程應如何發展？

網站拾萃

美國殯葬服務教育協會（American Board of Funeral Service Education）（http://www.abfse.org/html/about.html）

　　美國各殯葬院校的殯葬教育學程，需經由ABFSE的專業評鑑。它是一個全國各大專院校及公司所公認的殯葬服務教育代理機構。1962年得到美國教育部及高等教育評鑑協會認可，成為自治組織，負責殯葬服務教育的評鑑。目前組織成員是來自於美國全國殯葬指導師協會、美國殯葬學院校協會、美國殯葬服務考試聯合委員會、全國殯葬學院協會、美國大學殯葬學教育協會等組織及一般大眾的代表。美國每一個教授殯葬服務的科系都得通過ABFSE嚴格的專業評鑑，其畢業生方能參加專業執照考試，取得殯葬指導教師或防腐師的資格。因此，ABFSE是發展美國殯葬教育的最大功臣，除了訂定相關學程的標準外，並擔負評鑑之重任，以確保殯葬從業人員的專業素養，讓各州制定相關的證照規定時有參考的標準，各學程設計時有依循的標準。

試問：

1.ABFSE成立於哪一年？

2.何以ABFSE是美國殯葬教育發展的最大功臣？

3.為何美國的喪葬教育主體上是以二專為主，較少學院及大學課程？

4.為何美國喪葬教育最重視的是公共衛生及企業管理方面的課程，此兩種課程總合占所有課程規劃的七成？

5.為何美國殯葬人員的證照考試著重實務，與美國殯葬服務教育協會所規劃的課程內容有相當大的差距？

16

生命發展階段的死亡關注

- 嬰兒期（0～1歲）的死亡關注
- 兒童期（1～14歲）的死亡關注
- 青春期（15～24歲）的死亡關注
- 成人期的死亡關注
- 老年期的死亡關注

> 　　生有時，死有時；栽種有時，拔除有時；殺害有時，醫治有時；拆毀有時，建造有時；悲傷有時，歡樂有時；哀慟有時，舞蹈有時；同房有時，分房有時；親熱有時，冷落有時；尋找有時，遺失有時；保存有時，捨棄有時；撕裂有時，縫補有時；緘默有時，言談有時；愛有時，恨有時；戰爭有時，和平有時。
>
> 　　　　　　　　　　　　　　　　　　　——《傳道書》二章

　　死亡關注（death concern）這個詞最早是西方心理學家們提出的，他們用這個詞來表示人們面對各種不同的死亡遭遇或事件而產生的反應與因應之道（張靜玉等譯，2004）。本文將依照死亡關注這個詞的內容引申為死亡遭遇、死亡原因、死亡相關經驗與概念的發展、影響這階段死亡態度的因素、這階段罹患重症者的反應、這階段罹患重症者的社會心理需求、這階段痛失親友者可能面臨的問題，以及協助這階段痛失親友者的原則等項目。本文特別以文獻探討從人類發展的四個階段來討論各階段的死亡關注。

　　根據行政院衛生署統計資料顯示，民國92年台灣十大死因排行如**表16-1**所示。上述統計資料可清楚看出，總的來看，十大死因排行依序是惡性腫瘤、心臟疾病、腦血管疾病、糖尿病、事故傷害、肺炎、慢性肝病及肝硬化、腎炎和腎徵候群及腎性病變、自殺、高血壓性疾病。對於死亡遭遇和形成原因，屬於突發事件的情形有二件事故傷害、自殺，疾病所引起的有八件，是占大多數。

　　93年6月14日台視新聞報導指出，「台灣衛生署公布的最新台灣民眾十大死因調查，惡性腫瘤也就是癌症，連續第二十二年蟬連榜首，死亡人數中有近三成是罹患癌症，而其中又以口腔癌和乳癌死亡率明顯增加。抽菸、喝酒、嚼檳榔這些壞習慣已經成為台灣民眾死因的隱

形殺手。台灣衛生署公布92年台灣民眾十大死因調查，榜首惡性腫瘤已經是連續第二十二年奪魁，將近三成的比例大幅領先第二名的血管疾病。值得注意的是，第一名肝癌第二名肺癌和第三名的直腸癌，都和去年相同，不過女性乳癌排名第四，口腔癌的排名也從第十一上升到第七。行政院衛生署建議，正確的飲食習慣、運動習慣和定期檢查，才是確保癌症不上身的不二法門」。

表16-1　台灣地區92年十大死因排行

死亡原因	死亡人數	每十萬人口死亡率	死亡百分比（％）
所有死亡原因	129,878	575.63	100.00
1.惡性腫瘤	35,201	156.01	27.10
2.腦血管疾病	12,404	54.98	9.55
3.心臟疾病	11,785	52.23	9.07
4.糖尿病	10,013	44.38	7.71
5.事故傷害	8,191	36.30	6.31
6.慢性肝病及肝硬化	5,185	22.98	3.99
7.肺炎	5,099	22.60	3.93
8.腎炎、腎徵候群及腎性病變	4,306	19.08	3.32
9.自殺	3,195	14.16	2.46
10.高血壓性疾病	1,844	8.17	1.42

資料來源：http://www.doh.gov.tw/statistic/data/死因摘要/92年/92.htm

　　根據衛生福利部統計資料顯示，民國106年台灣十大死因排行如**表16-2**所示。十大死因排行依序和92年有些微改變。除了惡性腫瘤仍高居第一外，其次依序是心臟疾病、肺炎、腦血管疾病、糖尿病、事故傷害、慢性下呼吸道疾病、高血壓性疾病、腎炎和腎徵候群及腎性病變、慢性肝病及肝硬化。其中自殺不在十大死因，顯示自殺防治有成效，但是慢性下呼吸道疾病致死人數增加許多。

表16-2　台灣地區106年十大死因排行

死亡原因	死亡人數	每十萬人口死亡率	死亡百分比（％）
所有死亡原因	171,857	729.6	100.0
1.惡性腫瘤	48,037	203.9	28.0
2.心臟疾病＊	20,644	87.6	12.0
3.肺炎	12,480	53.0	7.3
4.腦血管疾病	11,755	49.9	6.8
5.糖尿病	9,845	41.8	5.7
6.事故傷害	6,965	29.6	4.1
7.慢性下呼吸道疾病	6,260	26.6	3.6
8.高血壓性疾病	6,072	25.8	3.5
9.腎炎、腎徵候群及腎性病變	5,381	22.8	3.1
10.慢性肝病及肝硬化	4,554	19.3	2.6

註：＊高血壓性疾病除外

資料來源：https://dep.mohw.gov.tw/DOS/lp-3541.html

　　就年齡別觀察，1～24歲死亡人口以事故傷害居死因首位；25～44歲以癌症與事故傷害居前二位；45歲以上則以慢性疾病之癌症與心臟疾病居死因前二位。十大癌症死亡率依序為：(1)氣管、支氣管和肺癌；(2)肝和肝內膽管癌；(3)結腸、直腸和肛門癌；(4)女性乳房癌；(5)口腔癌；(6)前列腺（攝護腺）癌；(7)胃癌；(8)胰臟癌；(9)食道癌；(10)卵巢癌，其中卵巢癌由原順位第十二上升為第十，原順位第十之子宮頸及部位未明示子宮癌下降為第十一（衛生福利部，2017）。

 一、嬰兒期（0～1歲）的死亡關注

　　根據行政院衛生署（衛生福利部）統計資料顯示，民國92年和106年台灣嬰兒死因排行如**表16-3**所示，由上述統計資料可清楚看出，周產期疾病和先天性畸形是嬰兒死亡的前兩項原因。

表16-3 台灣地區嬰兒十大死因排行比較

十大死因	92年			十大死因	106年		
	死亡人數	每十萬人口死亡率	死亡百分比（%）		死亡人數	每十萬人口死亡率	死亡百分比（%）
所有死亡原因	1,105	486.63	100.00	所有死亡原因	772	396.7	100.0
1.源於周產期之病態	539	237.37	48.78	1.先天性畸形	152	78.1	19.7
2.先天性畸形	305	134.32	27.60	2.源於周產期的呼吸性疾患	107	55.0	13.9
3.事故傷害	72	31.71	6.52	3.與妊娠及胎兒生長疾患	80	41.1	10.4
4.惡性腫瘤	13	5.73	1.18	4.事故傷害	59	30.3	7.6
5.肺炎	8	3.52	0.72	5.特發於周產期的感染	39	20.0	5.1
6.腦膜炎	6	2.64	0.54	6.嬰兒猝死症候群（SIDS）	23	11.8	3.0
7.敗血症	3	1.32	0.27	7.心臟疾病（高血壓性心臟病除外）	17	8.7	2.2
8.他殺	2	0.88	0.18	8.肺炎	17	8.7	2.2
9.腸道傳染病	1	0.44	0.09	9.胎兒及新生兒出血及血液疾患	13	6.7	1.7
10.其他	156	68.70	14.12	10.敗血症	12	6.2	1.6
				11.其他	253	130.0	32.8

資料來源：http://www.doh.gov.tw/statistic/data/死因摘要/92年/92.htm；https://dep.mohw.gov.tw/DOS/lp-3541.html

二、兒童期（1～14歲）的死亡關注

(一)死亡原因

根據行政院衛生署（衛生福利部）統計資料顯示，民國92年和106年台灣兒童死因排行如**表16-4**所示。由上述統計資料可清楚看出，兒童死因排行為意外事故為最大宗，惡性腫瘤列居第二大死因，先天性畸形列居第三大死因，可見在兒童期，對於死亡遭遇和形成原因，意外事故居首住，但疾病所引起的占多數。

兒童期的死亡遭遇，包括兒童本人的死亡與周遭他人的亡故（Corr, 1995）。就兒童自身之死來看會有兩種情形（楊淑智譯，2004）：

1. 嬰兒的夭折：在美國，在嬰兒時期死亡的比例，高過其他童年期。在兩年內嬰兒夭折的原因，主要為下面四個原因：先天性畸形、胎兒在母體懷孕過程中失調或者出生時體重太輕、嬰兒猝死症（SIDS）以及新生兒受母體懷孕併發症影響。

2. 嬰兒期以後夭折的孩子：像是1～4歲的兒童夭折，主要是因為意外及先天性畸形，而5～14歲兒童，則是因為意外、癌症、車禍、遭謀殺、感染愛滋病。

另外，兒童遭遇到喪親或喪友的情形則總是會被多數的成人低估兒童死亡相關經驗的普遍性跟重要性。而這經驗對兒童往後發展有重大的特殊意義。孩童經歷不同死亡相關經驗，不論是喪失祖父母、父母、兄弟姊妹、其他親戚、同學鄰居、老師、寵物或野生動物，都可能成為孩子一生中的重大事件。不同文化、種族、社會經濟地區的兒童，對周遭人的過世，也有不同感受。此外，隨著當代科技傳播的發

表16-4　台灣地區兒童1～14歲十大死因排行比較

十大死因	92年			十大死因	106年		
	死亡人數	每十萬人口死亡率	死亡百分比（%）		死亡人數	每十萬人口死亡率	死亡百分比（%）
所有死亡原因	1,041	24.14	100.00	所有死亡原因	390	13.3	100.0
1.事故傷害	379	8.79	36.41	1.事故傷害	86	2.9	22.1
2.惡性腫瘤	144	3.34	13.83	2.惡性腫瘤	76	2.6	19.5
3.先天性畸形	97	2.25	9.32	3.先天性畸形變形及染色體異常	29	1.0	7.4
4.他殺	27	0.63	2.59	4.加害（他殺）	19	0.6	4.9
5.心臟疾病	26	0.60	2.50	5.心臟疾病（高血壓性疾病除外）	15	0.5	3.8
6.肺炎	26	0.60	2.50	6.肺炎	8	0.3	2.1
7.貧血	10	0.23	0.96	7.敗血症	7	0.2	1.8
8.腦膜炎	9	0.21	0.86	8.腦血管疾病	7	0.2	1.8
9.腦血管疾病	8	0.19	0.77	9.原位與良性腫瘤（惡性腫瘤除外）	6	0.2	1.5
10.自殺	7	0.16	0.67	10.流行性感冒	4	0.1	1.0
				11.其他	133	4.5	34.1

資料來源：http://www.doh.gov.tw/statistic/data/死因摘要/92年/92.htm；https://dep.
mohw.gov.tw/DOS/lp-3541.html

達，兒童也能藉由電視、網路等傳播媒體，得到其他地區其他重大損失與傷亡，如911恐怖攻擊事件，或是921大地震等。兒童在面對這些活生生的畫面，會在不知不覺中，對心理產生重大的影響，譬如經常接觸視訊媒體的孩子，可能會把一些殘暴的死亡方式，視為正常的。

(二)兒童期的死亡相關經驗與概念的發展

◆孩子面對死亡時的三個主要發展階段

　　學術界自1930年代才開始對兒童死亡有系統的研究。其中有不同的學者歸納出不同理論，例如Maria Nagy（1959）就認為孩子面對死亡時，約有三個主要發展階段，但在各年齡階段上，並沒有完全的絕對的區隔，總是有重疊之處。分別是：

1. 5歲以下兒童分辨不出死亡是不可逆轉的事實，他們在死亡中看見生命。他們對死亡沒有明確概念，並認為死亡為遠遊或睡覺的狀態。

2. 5～9歲孩子常認為死亡為象徵性的偶發事件。兒童會把死亡想像成另一象徵替代物，或是把死亡擬人化。例如：恐怖冷酷死神、骷髏、鬼或死亡天使。藉此，兒童認為，死亡是可以脫逃的，並非世界上每個人都會死。

3. 9歲以後，兒童才確認，死亡是按某種法則發生在每人身上，為肉體生命的終止。兒童至此已能接受死亡為每人必經之路，也對死亡與世界有實務的看法。

◆兒童的死亡概念

　　學者Mark Speece和Sandor Brent（1984）則認為，兒童的死亡觀念並不簡單，包含許多可分辨的次觀念，而每個次觀念都是兒童對整個死亡觀念的核心。這些概念有：(1)普遍性，其中包含所有的人（all-inclusiveness）、不可避免（inevitability）、無可預料（unpredictability）；(2)不可逆性；(3)無機能性；(4)原因性；(5)肉體不再存在。

　　成人若努力想從兒童對死亡概念中擷取概念，以教導孩童有關死

亡之事，因應悲傷或心理支持等，至少需要注意四項觀點：(1)兒童的發展層面：認知發展不是唯一的相關變數，成熟是多向面的過程，包含兒童一生的身、心、社會、精神等各層面；(2)生活經驗：為關鍵因素，會影響對死亡瞭解的程度；(3)個性：也是重要變數；(4)溝通及支持模式：兒童的溝通能力和意願，會影響是否與他人分享死亡的相關思想，以及是否得到他人的安慰和支持。

◆影響兒童期死亡態度的因素

影響兒童期死亡態度的因素，有透過傳播媒體所顯露的訊息、父母、家人、兒童所接觸的其他人，以及兒童自己的生活經驗。與兒童期死亡態度有關的事項包括與死亡相關的遊戲——如躲貓貓，兒童似乎從遊戲中領悟到，他們的生命可能因為死亡而有重大改變，因此將這個認知投入遊戲的幻想世界中。其次，詩詞韻文、兒歌、笑話和童話故事——與死亡有關的題旨也經常出現在兒童的韻文和笑話裡，如英文兒童繪本《繞著羅希團團轉》、《小寶寶乖乖睡的搖籃曲》。童話故事無論是口傳或是文字，也充滿與死亡有關的含意，如小紅帽、糖果屋、白雪公主、養鵝姑娘。

◆罹患重症的兒童之反應

罹患致命重病且已經奄奄一息的兒童，經常會產生焦慮。當他們知道自己的狀況之後，可能自我概念會明顯的改變，以致很容易和別人分享有關死亡焦慮的特殊話題。

1. 生病中及臨終兒童的焦慮：Weachter在1971年第一次開始研究重病兒童及臨終兒童時，發現父母和看護通常都不會和病童分享正確的診斷和預後情形。Weachter調查病童的態度時，將6～10歲的受訪兒童分為四種類別：罹患慢性病且預期最後會致命、慢性病兒童但預後良好、短暫疾病的兒童、未住院，健康的兒童。她在調查期間，給每個兒童做投射測驗（有一疊圖畫，

每張圖畫都讓兒童發展出一個故事），和一份測量焦慮感的測驗。研究結果指出，罹患致命性疾病的兒童遠比其他兒童更加焦慮，而且在有關死亡、孤單、切除肢體手術等項目上，顯的比其他兒童更加焦慮。其他針對生命及臨終兒童的研究也證實類似的結論。

2. 獲知消息及自我概念的改變：自我概念與生病過程中所發生的事和兒童獲知消息有關。此處的關鍵在於產生這些變化期間外在事物的關聯，兒童會整合從經驗中衍生出來的訊息，以建構新的自我概念。

◆臨終病童的情緒需求

生病及臨終兒童的社會心理需求可能集中在愛、安全感、沒有疼痛、沒有焦慮或罪惡感、歸屬感、自尊和瞭解自己（Wolfe et al., 2000）。Stevens（1998）將臨終病童的情緒需求歸納為三類：(1)所有的兒童（不論生病或健康）都需要的需求；(2)兒童對疾病的反應及住院的需求；(3)兒童對死亡觀念的需求。

◆痛失親友的兒童可能面臨的問題

痛失親友的兒童可能面臨三種主要的問題：(1)是我造成親友的死亡或其他損失的嗎？(2)死亡會發生在我身上嗎？(3)日後將由誰來照顧我？父母或其他照料者死亡，尤其可能使兒童挑起前述第一個和第三個問題。如果家中有人逝世，兒童可能覺得父親（或醫師、其他人）並未防止或無法防止這件悲劇發生，因此他們可能憂慮自己也會慘遭同樣的橫禍。喪失親友的兒童可能延緩悲傷的情緒，或延緩透露情緒；再者他們可能會出現強烈的憤怒、害怕被拋棄或死亡。這時兒童也常會一再問問題：「我知道祖父死了，但是他什麼時候會回家？」──藉此測試事實真相，確定長輩告訴他的事實並沒有改變。另外，兒童問的有些問題會讓成人不知如何回答，例如：「死亡在哪裡？」

從發展和經驗的觀點來看，兒童常為所發生的事情尋找意義。

　　協助兒童處理死亡的基本原則在於態度，而非方法或是技巧。成人唯一的責任就是提供兒童相關的知識、經驗和處理的資源（McCue & Bonn, 1996; Nussbaum, 1998）。成人無法替兒童承擔面對死亡的情緒，但是成人可以訓練兒童為自己承擔這些悲傷，且可在兒童身旁陪伴至少度過一段路。協助兒童克服死亡是一個漸進的過程，而不是在某個特定時間點發生的單一事件。

三、青春期（15～24歲）的死亡關注

(一)死亡原因

　　相較於其他年齡層而言，「死亡」發生在青春期是一種特殊的模式。首先，「青春期」本身就不容易定義，各家學者亦有其不同見解，然而為了可出統計資料稍見其端倪，故以下敘述中暫將青春期劃定為15～24歲。在這個年齡層中，死亡的出現可能比較偏向於突然的、無法預期的，而不是一些慢性疾病所造成，以下將對於國內青少年死亡原因做一簡介。

　　根據台灣行政院衛生署（衛生福利部）統計資料顯示，民國92年和106年青少年（15～24歲）之前十大死亡原因相關統計如**表16-5**所示。由上述統計資料可清楚看出，青春期之死亡原因在意外事故上為最大宗，而自殺竟為第二大死因，這與國內十大死亡原因之排序大有不同（92年時事故傷害為第五名，自殺為第九名；106年時事故傷害為第六名，自殺為第十一名），可見在青春期時，對於死亡的遭遇與形成原因，主要是屬於突發狀況，且多半會造成家屬重大的傷痛與失落，並不是在於慢性疾病等較可預知的情形。

表16-5　台灣地區青少年15～24歲十大死因排行比較

十大死因	92年			十大死因	106年		
	死亡人數	每十萬人口死亡率	死亡百分比（%）		死亡人數	每十萬人口死亡率	死亡百分比（%）
所有死亡原因	2,069	56.61	100.00	所有死亡原因	1,157	38.5	100.0
1.事故傷害	1,073	29.36	51.86	1.事故傷害	530	17.6	45.8
2.自殺	223	6.10	10.78	2.蓄意自我傷害（自殺）	193	6.4	16.7
3.惡性腫瘤	192	5.25	9.28	3.惡性腫瘤	122	4.1	10.5
4.心臟疾病	53	1.45	2.56	4.心臟疾病（高血壓性疾病除外）	55	1.8	4.8
5.先天性畸形	38	1.04	1.84	5.加害（他殺）	19	0.6	1.6
6.肺炎	29	0.79	1.40	6.骨骼肌肉系統及結締組織之疾病	18	0.6	1.6
7.腦血管疾病	23	0.63	1.11	7.腦血管疾病	17	0.6	1.5
8.他殺	17	0.47	0.82	8.先天性畸形變形及染色體異常	14	0.5	1.2
9.支氣管炎、肺氣腫及氣喘	12	0.33	0.58	9.肺炎	10	0.3	0.9
10.糖尿病	11	0.30	0.53	10.原位與良性腫瘤（惡性腫瘤除外）	7	0.2	0.6
				11.其他	172	5.7	14.9

資料來源：http://www.doh.gov.tw/statistic/data/死因摘要/92年/92.htm；https://dep.mohw.gov.tw/DOS/lp-3541.html

　　在青春期階段，最有可能遭遇到的死亡經驗有下列幾種：家中長輩死亡、手足死亡、朋友死亡、寵物死亡。而且，這些經驗往往是其生命中初次面對死亡課題，要如何在這些情境下妥善予以適當之生命與死亡教育，相當重要。若能在此階段給予青少年清楚正向的生命觀，將會深刻影響其一生，此亦為從事教育工作者亟須重視者。

(二)影響青春期死亡態度的因素

影響青春期階段死亡態度的因素有下列幾項：

1. 認知發展：西方社會的青少年在此階段進入了皮亞傑所謂的「形式運思期」。研究者普遍同意，認知發展正常的青少年通常都能理解死亡的的觀念及基本的次觀念。
2. 青少年對死亡的瞭解可能源自生物、認知、社會和情緒因素的模稜兩可或緊張氣氛影響。例如身體的快速成熟與性發育，使他們意識到身體將無可避免地逐漸退化，終至死亡。或者在尋求自我認同時，受到人人必定會有一死的殘忍事實挑戰。而正當他們面對人際關係擴大，走出原生家庭的同時，因為必須創造新的社交生活，以求避免「社交死亡」。同時在他們追求自主性與個體化的同時，也害怕喪失自己。
3. 受娛樂媒體影響，主要的途徑有電視、電影和電玩充斥暴力與死亡。流行音樂有時也會傳達作詞和作曲者的思維。
4. 許多青少年無法認同個人的必死性，這可能是因為青少年的生活經驗和眼界有限。生活經驗和眼界的有限就影響到青少年死亡態度的成熟度。

這階段罹患重症者的反應有許多種，有的是面臨雙重危機，一是即將到來的死亡，一是他們的發展年齡。或者，有的青少年不是那麼害怕死亡，而是害怕臨終。也有的青少年會邁入「喪失」的模式（pattern of loss），在身體形象、生活模式中經歷喪失和變化。

(三)罹患重症者的社會心理需求

青春期階段罹患重症者的社會心理需求主要有二：

1.青少年和他周遭的相關者的挑戰在於學習如何與不斷惡化、威脅生命的絕症相處，這需求在個人、家庭資源和家人的溝通上，會產生許多需求。

2.絕症青少年仍渴望用自己的方式過活，與同儕、學校和家人保持有價值的互動，這是一般青春期生活的背景。

(四)影響青春期階段喪失親友的經驗之變數

影響青春期階段喪失親友的經驗主要有三項變數：自我觀念、憂鬱和年齡。巴爾克（Balk, 1990）研究青少年遭遇手足過世的經驗，顯示自我觀念很強的青少年比較不會憂鬱、懼怕、孤單和驚惶困惑；自我觀念中等者較憂鬱、孤單且憤怒；自我觀念低者則比較多驚惶困惑，但較少憤怒。就年齡來看，年紀較大的青少年會經歷更多心理上的悲苦，且更可能與朋友討論此事，而年紀較小的青少年，則會承受更多身體上的苦惱，且較不可能與朋友討論此事。青少年的悲痛會以一些行為表現：諸如驚惶困惑、哭泣、覺得空虛或孤單、睡眠和飲食失調且疲憊。無論如何，喪失親友可能會對脆弱的青少年造成問題，使他們未來的生活經驗衍生困境的可能性。

(五)如何與痛失親友的青少年溝通

以下簡易的指導原則教導成人如何與痛失親友的青少年溝通有關死亡的事：(1)以高度警覺的態度，關心青少年對死亡的憂慮，並討論青少年想探索的問題；(2)主動、敏銳地傾聽青少年訴說，並注意他們話語背後可能隱藏的情緒；(3)接納青少年的情緒，視情緒為真實、重要且正常的；(4)運用支持式的回應，反應接納、瞭解青少年試圖訴說的話；(5)成人常會親自出馬為青少年解決問題，其實成人應該幫助青少年自己找到解決之道，來反應你肯定青少年的價值；(6)花一點時間

享受與青少年在一起的時光，並經常提供機會對談。

 四、成人期的死亡關注

　　成人期一般區分爲壯年期（25～44歲）和中年期（45～64歲）。這階段成人的死亡遭遇是來自承受周遭各種人死亡的悲痛，包括父母、祖父母、配偶、手足、朋友、子女和他們自己。這時期悲痛的本身就有獨特的地方，那就是兒童和大部分青少年都不會經歷自己子女死亡的悲傷，大部分稍微年長的成人其父母也都會先過世。壯年人和中年人的失落經歷最大特點在於可能遭遇各種人的亡故。

　　通常衝擊成人喪失親友的悲痛依次是喪失子女、配偶及父母。有句俗諺：「死了父母，等於死了我的過去；死了配偶，等於死了我的現在；死了子女，等於死了我的將來。」因此坊間有這樣的說法，人一生中的大不幸有三：「幼年喪父、中年喪偶、老年喪子」。

(一)死亡原因

　　1999年，美國壯年人（25～44歲）的前三大死因分別是意外、癌症和心臟病，幾乎占這個年齡總死亡人數的一半。其次是自殺和愛滋病。而他殺和自殺在這階段前半期年齡層（25～34歲），占相對顯著的地位，後半期年齡層（35～44歲）則以癌症和心臟病死因較爲顯著。這個變化顯示年輕成年其因人爲因素死亡的機率比較低，相對的，年紀越大死於退化性疾病的機率則較高。男女成年期（45～65歲）男女，死於癌症和心臟病的人數幾乎占全美總死亡人數的60％，其次是意外和退化性疾病。男女癌症死因多半是呼吸道和胸腔器官癌症（肺癌），男其次是攝護腺癌和直腸癌，女則是乳癌和直腸癌。成年的他殺率不高，但自殺率一直占有穩定的比率。成年人死亡的兩大

變數包含性別和種族。反觀台灣的情形則如**表16-6**和**表16-7**所列。

根據行政院衛生署（衛生福利部）統計資料顯示，民國92年和106年中年（25～44歲）十大死亡原因相關統計如**表16-6**所示。由上述統計資料可看出，中年之死亡原因惡性腫瘤位居第一位，事故傷害為第二大死因，自殺為中年第三大死因，可見在中年時，對於死亡的遭遇與形成原因，主要是屬於突發狀況，且多半會造成家屬重大的傷痛與失落。

表16-6　台灣地區中年25～44歲十大死因排行比較

十大死因	92年			十大死因	106年		
	死亡人數	每十萬人口死亡率	死亡百分比（%）		死亡人數	每十萬人口死亡率	死亡百分比（%）
所有死亡原因	11,466	152.40	100.00	所有死亡原因	8,351	115.5	100.0
1.惡性腫瘤	2,831	37.63	24.69	1.惡性腫瘤	2,035	28.2	24.4
2.事故傷害	2,192	29.14	19.12	2.事故傷害	1,234	17.1	14.8
3.自殺	1,217	16.18	10.61	3.蓄意自我傷害（自殺）	1,200	16.6	14.4
4.慢性肝病及肝硬化	991	13.17	8.64	4.心臟疾病（高血壓性疾病除外）	734	10.2	8.8
5.心臟疾病	539	7.16	4.70	5.慢性肝病及肝硬化	601	8.3	7.2
6.腦血管疾病	475	6.31	4.14	6.腦血管疾病	318	4.4	3.8
7.糖尿病	281	3.73	2.45	7.糖尿病	199	2.8	2.4
8.肺炎	166	2.21	1.45	8.肺炎	144	2.0	1.7
9.他殺	125	1.66	1.09	9.高血壓性疾病	117	1.6	1.4
10.腎炎候群	119	1.58	1.04	10.腎炎、腎病症候群及腎病變	92	1.3	1.1
				11.其他	1,677	23.2	20.1

資料來源：http://www.doh.gov.tw/statistic/data/死因摘要/92年/92.htm；https://dep.mohw.gov.tw/DOS/lp-3541.html

　　根據台灣行政院衛生署（衛生福利部）統計資料顯示，民國92年和106年中年（45～64歲）之十大死亡原因相關統計如**表16-7**所示。由上述統計資料可清楚看出，中年之死亡原因在惡性腫瘤仍居首位，慢性肝病及肝硬化為第三大死因，由此可知45～64歲的中年死因排行主因為疾病，常伴隨著家屬的慢性失落。

表16-7　台灣地區中年45～64歲十大死因排行比較

十大死因	92年			十大死因	106年		
	死亡人數	每十萬人口死亡率	死亡百分比（%）		死亡人數	每十萬人口死亡率	死亡百分比（%）
所有死亡原因	28,491	595.45	100.00	所有死亡原因	37,644	536.4	100.0
1.惡性腫瘤	11,098	231.94	38.95	1.惡性腫瘤	16,010	228.1	42.5
2.腦血管疾病	2,298	48.03	8.07	2.心臟疾病（高血壓性疾病除外）	3,872	55.2	10.3
3.慢性肝病及肝硬化	2,114	44.18	7.42	3.慢性肝病及肝硬化	2,092	29.8	5.6
4.事故傷害	2,100	43.89	7.37	4.腦血管疾病	2,047	29.2	5.4
5.糖尿病	2,030	42.43	7.13	5.事故傷害	1,911	27.2	5.1
6.心臟疾病	1,974	41.26	6.93	6.糖尿病	1,671	23.8	4.4
7.自殺	1,023	21.38	3.59	7.蓄意自我傷害（自殺）	1,482	21.1	3.9
8.腎炎、腎徵候群及腎性病變	718	15.01	2.52	8.肺炎	936	13.3	2.5
9.肺炎	490	10.24	1.72	9.高血壓性疾病	883	12.6	2.3
10.高血壓性疾病	245	5.12	0.86	10.腎炎、腎病症候群及腎病變	693	9.9	1.8
				11.其他	6,047	86.2	16.1

資料來源：http://www.doh.gov.tw/statistic/data/死因摘要/92年/92.htm；https://dep.mohw.gov.tw/DOS/lp-3541.html

　　成人期的死亡相關經驗有兩類，面臨絕症和臨終的成人以及遭遇喪慟及悲傷的成人。在這階段的成人典型會遭遇到的死亡相關經驗有喪失長輩、兄長痛楚。其他的死亡相關經驗還包括撫養發展中的兒童及三明治世代的喪子或喪女之痛、因為新生兒或其他嬰兒之死、童年或青春期死亡、父母喪失子女時的罪惡感、父母喪子之痛中的性別與角色、痛失配偶、終生伴侶、手足、同儕或朋友的父母或祖父母死亡。

(二)影響成年期死亡態度的因素

　　這階段的成年人在面對死亡時的最大特色，就是在塑造個人對死亡的態度。中年階段的發展任務有重新評估人生及自我，死亡的意涵在這階段扮演很重要的角色。尤其是在生活經驗中經歷死亡相關事件時，通常會產生個人化的新死亡觀。他們的新死亡觀常藉由以下兩種方式產生，一種是透過父母、同儕、手足的死亡，且是個人第一次遭遇親友死於自然因素，另一種則是透過個人新浮現的認知，明瞭每個人都難免一死，且隨時都可能死亡，或總有一天會死亡。近幾年來，壯年人和中年人面臨許多新的死亡危險，例如人類免疫功能缺失、病毒和愛滋病、核子或環保威脅、戰爭、酗酒或濫用毒品或藥品，使得他們見到同年齡的人因各種死亡威脅而導致死亡率明顯增加，逐漸意識到自己也越接近死亡。

(三)罹患重症者的反應與社會心理需求

　　成人期階段罹患重症者的反應可區分為兩部分來說，第一是壯年成人期，這階段的成人將會面臨阻斷其個人發展任務的完成，包括建立親密關係、表達性慾，及獲得親友支持其人生目標和未來計畫的需求。壯年人尋求與他人建立親密關係，基本上是透過互惠的自我表

露。而若他罹患重病或即將臨終，當然就可能會損及此過程的完成。當他患有絕症時可能就會面臨威脅許多方面的目標與未來計畫，壯年人必須重新評估自己的計畫，決定在新的際遇之下，哪些目標和計畫才是適合的。其次是中年成人期，這階段的成人基本發展任務在於追求生產力，就罹患重症和臨終的觀點而言，這意味需要重新評估自己的人生、繼續扮演自己的角色，並將自己所有事務安排得井然有序。同時警覺到自己是罹患重症，而且可能會因此更加增強這些任務的發展過程，而不是妨礙。所以對任務的重新評估、守成和預備是所有中年人特有的活動，中年期階段罹患重症者，可能要面臨重新考量這一路走來所建立的成就，是否值得繼續走下去，或重新評估其原先訂下目標的永續價值。

這階段罹患重症者的社會心理需求亦可以區分為兩部分，壯年期成人為獲得良好生活品質，罹患絕症或臨終的年輕人依舊需要追求及維繫親密關係，事實上親密關係是罹重症或臨終年輕人的基本生活要素，應該在生活中培養這些性愛的表達能力（Lamb, 2001）。表達的方式可能包括決定要整飾儀容或穿著打扮、溫柔的觸摸或愛撫、公開地討論身體和心理需求，以及其他方面對自己的好感。罹患重症的中年期成人在生命有限的催促下，會奮力將自己的事務安排得井然有序，通常這涉及繼續努力對心愛的家人及親友負責，以確保在死亡之前善盡義務。當事人可能奮力盡可能影響未來，或安排別人代為完成特殊的責任。如計畫自己的喪禮和埋葬事宜，代表當事人具有健康活力，繼續扮演有價值的角色，且有能力減輕死後的混亂或造成別人的負擔。

(四)痛失親友者可能面臨的問題

成人期階段痛失親友者可能面臨的問題有三種情形：第一種是喪失子女之痛，因子女在不同生命階段其面臨的問題也有差異；第二種

是喪失配偶、終生伴侶、手足、同儕或朋友的痛楚;第三種是經歷父母或祖父母死亡的痛楚。

◆喪失子女之痛

1. 胎兒之死:因為打從得知懷孕之始,父母即開始與胎兒建立關係,所以當胎兒因流產、死胎或自發性早產而導致死亡時,會導致結束父母原已與胎兒建立的關係及情感。因此仍需適當讓胎兒父母表達悲傷的情緒,透過有計畫的處理,如保留遺物、確認嬰孩的生死儀式等,提供機會讓父母與已故的嬰兒適度的互動、分享經驗,強化哀悼的真實基礎。

2. 新生兒與其他嬰兒之死:大部分遭遇嬰兒過世的父母和其他相關人士,都會面臨各種問題,包括覺得要為嬰兒之死負責任、失去理想中的孩子,喪失部分的自我和自己的未來、缺乏紀念和哀悼的儀式,且缺乏社會和專業人士的支持(Davis, 1991)。即使有人提供支持,也可能滿足不了嬰兒父母的需求,或無法在他們需要時,給予及時的協助。

3. 童年或青春期之死:喪失的子女是因兒童和青少年之死往往涉及許多層面,包括兒童喪失生命、父母喪失部分的自我、喪失孩子帶來的希望和夢想,及尋找生死的意義等(Klass, 1999)。喪失子女常令父母感到格外悲痛,恆久無法抹滅。這樣深沉、衷心的經歷需要匯集個人與家庭所能獲得的所有資源,以便協助克服難關(Rosof, 1994)。

經歷喪失子女之痛的父母常會面臨一個特殊的問題:你有多少個子女?喪失子女的父母要如何看待自己的身分?喪失子女的父母如何中心守著已故的孩子和他留下的回憶?當子女之死起因某種故意行為(自殺、酗酒開車、意外等),父母在喪子之痛將夾雜著對子女的責任和罪過,感到憤怒、責備子女或自責,這些因素導致父母更多的哀

慟和悲傷（Bolton, 1995; Chance, 1992）。

導致父母的罪惡感有六個因素分別是：(1)因導致罪惡感，父母親相信是因自己未善盡保護責任導致孩子死亡；(2)與疾病有關的罪惡感，因父母沒有盡到責任導致孩子生病死亡；(3)對父母角色產生罪惡感，父母相信自己未達到自我期許或社會責任；(4)道德罪惡感，父母相信孩子之死是違反道德或宗教標準，而遭到天譴；(5)還活著的罪惡感；(6)悲痛的罪惡感，父母在孩子過世後所產生的情緒或行為有罪惡感。

◆喪失配偶、終生伴侶、手足、同儕或朋友的痛楚

成人為周遭的成人過世而哀傷的程度，要看死者與當事人的親密程度，及他在生者人生中所扮演的角色而定。喪失手足、配偶和其他親密友人，將使生者喪失部分自我認同，也可能改變生者的世界、他人和生者自己。光是這樣一個親近的人過世，就足以改變引發許多情緒、社會、精神、財務的問題和其他失落。這也可能令生者陷入重新尋找自我認同的困境（DiGiulio, 1989）。

◆經歷父母或祖父母死亡的痛楚

大部分的成人都會預料自己的父母或祖父母會比自己先過世，這是成年人最常碰到的喪親經驗。他們的過世使人喪失有生以來的深情和所有分享的經驗（無論悲喜）。成年的生者可能會感覺父母或祖父母之死等於是挪除了抵抗他個人之死的緩衝或保護資源。有時，父母或祖父母的死亡，也牽涉到成年的生者或生者子女喪失機會、未完成計畫，或未能經歷某種發展或跨越某種里程碑。如再也沒有機會站在成人對成人的基礎上，更新或擴充與死者的關係，許多困難和重要的問題可能迄今仍未解決。所以父母或祖父母之死帶給成人發展上的催促壓力，讓他們覺得自己的能力有限，且警覺到自己的責任加重，因為自己是家中最老的一輩。

　　根據行政院衛服部統計資料顯示，民國92年和106年台灣65歲老年死因排行如**表16-8**所示。由上述統計資料可清楚看出，老年死因排行以惡性腫瘤為最大宗，腦血管疾病、心臟疾病、糖尿病和肺炎也高居前幾名，可見在老年期，對於死亡遭遇和形成原因，疾病所引起占多數。

 ## 五、老年期的死亡關注

(一)死亡原因

　　根據行政院衛生署（衛生福利部）統計資料顯示，民國92年和106年台灣65歲以上老年人死因排行如**表16-8**所示。由上述統計資料可清楚看出，老年死因排行以惡性腫瘤為最大宗，腦血管疾病、心臟疾病、糖尿病和肺炎也高居前幾名，可見在老年期，對於死亡遭遇和形成原因，疾病所引起占多數。

(二)死亡遭遇

　　所有族群的老人中，死亡率隨著年齡持續升高，且男性死亡率高於女性。配偶、手足、終生伴侶、朋友或其他重要親友過世，是年齡稍長後會碰到的經驗，往往會產生喪親之痛，精神頓時變得匱乏且抑鬱、悲傷、孤立且寂寞，因而老人可能比其他任何年齡層的人經歷更多、更廣且更快速的喪失親友經驗。但也並非每個老人都遭遇過那麼多親友喪亡，因有的老人或多或少都承受著一兩項與疾病有關的重擔。

表16-8　台灣地區65歲以上老年十大死因排行比較

十大死因	92年			十大死因	106年		
	死亡人數	每十萬人口死亡率	死亡百分比（%）		死亡人數	每十萬人口死亡率	死亡百分比（%）
所有死亡原因	85,706	4161.47	100.00	所有死亡原因	123,543	3,876.4	100.0
1.惡性腫瘤	20,923	1015.92	24.41	1.惡性腫瘤	29,790	934.7	24.1
2.腦血管疾病	9,600	466.13	11.20	2.心臟疾病（高血壓性疾病除外）	15,951	500.5	12.9
3.心臟疾病	9,193	446.37	10.73	3.肺炎	11,365	356.6	9.2
4.糖尿病	7,690	373.39	8.97	4.腦血管疾病	9,360	293.7	7.6
5.肺炎	4,380	212.67	5.11	5.糖尿病	7,969	250.0	6.5
6.腎炎、腎徵候群及腎性病變	3,461	168.05	4.04	6.慢性下呼吸道疾病	5,821	182.6	4.7
7.事故傷害	2,375	115.32	2.77	7.高血壓性疾病	5,072	159.1	4.1
8.慢性肝病及肝硬化	2,071	100.56	2.42	8.腎炎，腎病症候群及腎病變	4,588	144.0	3.7
9.高血壓性疾病	1,569	76.18	1.83	9.敗血症	3,147	98.7	2.5
10.支氣管炎、肺氣腫及氣喘	1,213	58.90	1.42	10.事故傷害	3,145	98.7	2.5
				11.其他	27,335	857.7	22.1

資料來源：http://www.doh.gov.tw/statistic/data/死因摘要/92年/92.htm；https://dep.mohw.gov.tw/DOS/lp-3541.html

　　這階段老人的死亡相關經驗主要有下列幾項：(1)生病、失能、失落；(2)疾病可能危害生活品質，造成身體、心理、社會以及靈性的重大損失；(3)配偶、手足、終生伴侶、朋友或其他重要親友過世；(4)成

年子女死亡：違反自然規律竟然比老人先死；去世子女原為照顧者也可能提早被送進安養院；(5)為成年子女的配偶及其子女感到哀惜和悲痛，或代替已故的成年子女，照顧孫子；(6)孫子和曾孫死亡；(7)寵物之死：可能是極重大的失落；(8)自殺問題：最顯著因素為憂鬱，自殺率比年輕人高，老年男性的自殺率高於老年女性。

(三)影響老人期死亡態度的因素

影響這階段老人的死亡態度的因素主要有下列幾項：

1. 「歧視老年人」現象。
2. 老人比年輕人不怕死，其可能原因有三：(1)已經活那麼久心滿意足了；(2)早就接受自己會死，已看見太多親友過世；(3)視自己的人生比年輕人沒價值，不反對自己放棄生命。
3. 身體不好、心理不健康、鰥寡孤獨或因精神問題被收容等。
4. 即使是在相當拘束、不鼓勵談論年老和死亡話題的環境，老人還是經常談論這類話題。
5. 衰弱、孤獨或必須依賴別人比死亡的威脅更嚴重；想逝於家中，且希望沒有疼痛，不會成為家人的負擔。

(四)老年期罹患重症者的社會心理需求

這階段面臨致命疾病或臨終的老人有四種特殊需求：(1)維持自我感；(2)參與有關自己生活的決策過程；(3)確定自己的人生依舊有價值；(4)獲得適當且充分的健康照顧服務（Cook & Oltjenbrun, 1998）。

此階段痛失親友者可能面臨的問題有三種：(1)健康問題，如生病、失能、身體功能退化；(2)心理問題，如抑鬱、悲傷、失落、思念、痛苦、憤怒、孤立、寂寞、罪惡感；(3)社會問題，如減少與社會接觸、不願與外界接觸。

(五)協助老年期痛失親友者的原則

主要有下列五種：

1. 不要太快給建議、說道理：不要勉強老人家很快就動起來，說道理或給建議。因易刺激當事人，更不敢在親人面前釋放情緒。

2. 不建議強行長輩搬家：例如失去另一半，老人家成了「獨居老人」，子女得適當安置父母，但當父母不願意搬離老家，子女不能為了解決自己的焦慮，強行決定，還是得適度尊重父母。也許父母經歷了失去摯愛後，不願意再承受原有居住空間的失落。子女不妨增加回家探望的次數，平時多打電話問候，或請人照顧。

3. 注意長輩感官功能的衰退、身體健康的問題：老人家可能沒有明顯的情緒問題，卻不斷出現生理徵狀，好比頭昏、胸悶、心悸、沒胃口。生理功能的衰退，也可能就是老人家另一種表達悲傷與孤單的方式。因此增加陪伴或照顧生活起居，可以讓長輩得到基本生活照應。

4. 不要把長輩的悲傷背在肩上：陪伴不是接過對方的痛，挑在自己肩上，而是伸出自己的手，讓對方知道有人同行。陪伴失去老伴的長輩也一樣，我們只能多陪伴，多傾聽並分享悲傷。除了傾聽和陪伴之外，儘量多鼓勵長輩走出家門接觸人和參與社交活動。也許剛開始他可能會抗拒，但是家屬要鍥而不捨，盡可能讓長輩重回原來的社交網絡。

5. 全家共同參與整個歷程：忙碌的儀式過後，不妨藉著整理遺物，做成紀念冊、回憶錄，或將死者原先房間的一隅裝飾成紀念的角落，以便讓全家人有機會再一次共同回憶。譬如在這個歷程當中可以討論哪些衣服要留做紀念，整理照片時聊聊當年

有意思的回憶，全家聚在一起吃吃飯，追憶過去美好事物，這
都有助於撫平悲傷。

本文曾經發表在2004年萬能科技大學第三屆生命關懷教育學術研討
會。感謝國立台北護理學院生死教育與輔導研究所研一學生協助整理。

問題與討論

1.何謂死亡關注（death concern）？
2.請簡略說出人類發展的四個階段是指哪些？
3.請說明為何說兒童死亡遭遇的經驗對兒童往後發展有重大的
　特殊意義？
4.請說出教導成人如何與痛失親友的青少年溝通的簡易指導原
　則有哪些？
5.請說出台灣地區各年齡層十大死因排行在92年和105年比較
　下的差異有哪些？例如65歲以上老年、45～64歲、25～44
　歲、15～24歲、1～14歲、嬰兒期等。

生命教育全球資訊網網站連結區（https://life.edu.tw/）

共分五類：

1. 宗教、生死學與人生：近年來死亡學、生死學的研究蔚為風潮，誠然，如何面對死亡、正視死亡的意義乃是探究人生意義與價值追求的必修課題。本區蒐集宗教學與比較宗教研究、人生意義與價值追求等相關網路資源。

2. 倫理學：在高呼重整道德風氣的今日，深化道德思考及反省能力實屬第一要務，而倫理學研究正提供這樣一條途徑。本區共分四子區，分別蒐集基本倫理學、應用倫理學、倫理學家、經典著作之網路資源。

3. 人格統整與情緒管理：廣義的倫理學範疇中，其中有「德行倫理學」，強調德行的養成。在我們的分類中則將德行養成此課題另闢一區；在基本倫理學與應用倫理學方面強調的是對道德真理的探索，也就是去探問「道德上正確的行為實踐」，德行倫理強調的則是善念、良心、美德的養成；一主「知」，一主「行」。此外本區亦蒐羅情緒管理、全人教育、公益團體或文教基金會、人格心理學理論與心理學家等網路資源，以輔助德行倫理及品德教育，畢竟德行養成與個人對自身情緒的掌握、因應、實際參與公益活動等，有緊密之關係。

4. 網路上的好幫手：本區蒐羅網路上各式「好康」的工具。以方便查詢倫理學術語、可供倫理反省之事實或新聞等，舉凡政府機關、國內外大型倫理中心、大學系所及研究機構、線上百科

全書（哲學類為主）、線上期刊、新聞媒體、搜尋引擎、網路書庫，均在此區蒐集之列。

5. 生命教育：生命教育的重要性在近年來越來越受到教改計畫的重視。國內外的學者與教育主管機關對於生命教育的內涵與落實方式有著熱烈的討論與參與。本區蒐集與生命教育議題相關的官方網站與民間團體網站。

試問：

1. 這個網站有哪些內容和生死學有關？
2. 這個網站特別重視倫理教育，你知道為什麼？
3. 這個網站在網站連結區的「宗教、生死學與人生」類別提供了哪些網站？
4. 這個網站在網站連結區的「倫理學」類別提供了哪些網站？
5. 這個網站在網站連結區的「人格統整與情緒管理」類別提供了哪些網站？
6. 這個網站在網站連結區的「生命教育」類別提供了哪些網站？

生命最後規劃

- 何謂生命的最後規劃？
- 生命最後規劃的由來
- 認識生前預囑
- 遺囑的相關知識
- 生前預囑撰寫簡表

> 　　過去沒有人教導我們生命規劃的重要性，現在有人告訴了我們生命最後規劃，你體會出它的重要嗎？為什麼？
>
> 　　就拿我來說吧，成為教授以前，我努力工作到忽視健康、興趣、心願，過去的兩年，我生病了，以為是椎間盤突出，做過許多檢查包括MRI，醫生認為還沒那麼嚴重，可是我就是經常性的脊椎、腰痛，容易疲勞，冬天怕冷。我又有遺傳病史，外祖父的肝癌、二舅的糖尿病、小舅的直腸癌都讓我擔心不已。我的人生下半場要怎麼過呢？
>
> 　　去年在獲知升等通過以前我想通了，我告訴自己「我寧可要健康、興趣、心願，我願意放棄要為升等而必須做的犧牲」。今年我要成功泳渡日月潭和一萬八千人一同作見證，在潭中領受生命的美好。接下來呢？明年打算以十四天完成騎單車環島、泳渡日月潭！未來還在想！

　　2004年溫世仁先生紀念音樂會上讓許多人產生對自己生命的深情凝思與反省，因為溫先生是英年早逝。人生有許多事情，是可以請別人代替，唯獨只有生命一事是無法讓他人替代，更是無法重來！在短短的五十三年中，溫先生也曾經留給許多人溫馨又溫暖的回憶，尤其是許許多多的大陸黃羊川人民，遠從四、五小時的路程只為向「台灣來的溫先生：一鞠躬」！可是並不是每個人都像溫先生一樣做到有意義的事情，多數人其實都還在尋找。美國作家海倫‧聶爾玲曾說過：「我們在何時何地死去並不太重要，重要的是：我們如何應付死亡，我們知道死會來臨；我們等待著它。」

一、何謂生命的最後規劃？

有人說是生前的預立遺囑，也有人說是善終。我認為可以有四部分，安寧自主、喪禮自主、情感自主、遺物自主。

1.安寧自主——不受苦，要樂活。
2.喪禮自主——不拘禮，要永續。
3.情感自主——不拘格，要傳情。
4.遺物自主——不拘法，要傳愛。

社會對死亡的禁忌是來自避諱談論死亡，或因害怕不吉利，怕談論死亡不知如何談起，遭受責備或會引起悲傷，以致於對生命禮俗的相關事宜，例如生前預囑、喪葬進行、善終場所、遺產分配、臨終照護、哀傷輔導瞭解有限。國人對死亡的避諱呈現在醫院中沒「死」的諧音上，像四樓如同死樓。又如生命禮俗的進行是由黃曆上選定日子，往往造成當日活動擁擠的進行。由於遺囑普遍被認為是臨終前才完成的，因此生前就規劃預囑被視為不是很自然的事，然而最近意外事故死亡率高居台灣死亡原因的第三位，許多有生前規劃預囑的人，家屬的經濟來源獲得保障，更顯現出各年齡層都可以進行生前預囑的規劃，做好死亡準備，平時就做好交付遺物、遺言、喪葬進行、臨終照護、器官捐贈遺愛人間，如此個人對生命意義才能具備坦蕩的心，滿懷感恩。

賈卓穎（2003）在《死前要做的99件事》這本書提到，假想一下，如果今天就是我們生命中的最後一天，想想還有什麼事是我們未完成的，不要等到生命終結的最後那天才去做，如此一來這一生才不會留下太多的遺憾，生命只有一次，很多時候人們就是缺少一種醒悟，和立即去做的勇氣。在這短暫又無常的生命裡，讓我們學著使自

己和別人快樂，讓我們的人生變得更加精采。生命最後的規劃可使我們更盡心和充實地過日子，不會白白浪費生命，珍惜生命中美好的事情，讓生命更有意義。

二、生命最後規劃的由來

(一)為了被瞭解和尊重

作者托爾斯泰於1884年完成《伊凡・伊里奇之死》作品，創作靈感來自1881年一位法官瀕死之前，針對往逝的生命歷程自我總結與評價的真實故事。同時也反映作者自己本身多次有關生死問題的親身體驗。托爾斯泰在描述依凡患上絕症前的愉快生涯，開頭一句話：「依凡・伊里奇的生活最是單純，且最為平凡，故是最恐怖可怕的。」「最平凡單純」的人間生活，例如：無憂無慮規律生活、夫妻恩愛、有子女、大房子，是大家所滿意的，然而伊凡患不治之症時突然意識到所謂「最單純，最平凡」成了「最恐怖可怕」的「向死存在」。

(二)表達醫療委任

不施行心肺復甦術（DNR）是指因嚴重傷病，經醫師診斷認為不可治癒，而且病程進展至死亡已屬不可避免。願意接受緩解性、支持性之醫療照護。願意在臨終或無生命徵象時，不施行心肺復甦術（包括氣管內插管、體外心臟按摩、急救藥物注射、心臟電擊、心臟人工調頻、人工呼吸或其他救治行為）。當本人罹患嚴重傷病，經醫師診斷認為不可治癒，而且病程進展至死亡已屬不可避免而本人無法表達意願時，同意由委任代理人代為簽署「選擇安寧緩和醫療意願書」或

「不施行心肺復甦術意願書」。

(三)降低面對死亡的恐懼

　　由於對種種死亡、亡魂的恐懼，不但影響了中國人的祭祀、喪儀，更造成了生活上的禁忌，中國人忌諱一切所謂的不祥事物，避免與「死」諧音的「四」字。死亡無論是對年輕人或老人總是一大陰影，沒有任何人可以逃避過這一階段；它本身是一剎那的，但對我們而言真正的恐懼是瀕死的過程。根據帕帝森（Pattison）的分析，瀕死病人面對生命即將結束有許多的不安與恐懼：(1)未知的恐懼；(2)對孤獨的恐懼；(3)對憂傷的恐懼；(4)對喪失身體機能的恐懼；(5)對失去自我控制能力的恐懼；(6)對疼痛和痛苦的恐懼；(7)對失去認同的恐懼。

　　以上的恐懼不論是單獨存在或是合併發生，都會引起個人相當程度的焦慮及不安，需要個人以希望及勇氣面對。

(四)追尋生命意義

　　日本名導演黑澤明於1952年製作《活下去》影片，製片動機是黑澤明說有時候我想到自己的死亡，想到自己停止生存。我想到，我怎能呼吸生命最後片刻的一口氣呢？我還在過我的人生之時，我怎能離開它？我覺得我有太多的事待我去做，我總在想我還活得太少。

　　《活下去》的主題是患有胃癌的渡邊死前幾個月之間，對於生命意義的探索，以及通透積極的善行（促成一個全新的兒童公園）的人生肯定。《活下去》劇情內容：渡邊去看醫生，向醫生詢問病情真相，是否得到癌症？醫生未說實情，但渡邊內心自知罹患癌症，當天晚上一時感到痛苦與恐懼後，開始反顧二十五年來的無聊生活，感到無生命意義。渡邊取出一大筆錢，到小吃店喝酒，遇到一位作家，他告訴作家他患有胃癌，於是作家帶著向來不懂玩樂的渡邊到處玩樂，

但卻令渡邊反思，此類享樂還是空虛一片，解決不了他的生死問題。

渡邊「活下去」的意義是要把一塊骯髒而影響兒童健康的荒廢之地，轉變成一座兒童公園。一找到這個「生命意義」時，消沉脆弱的渡邊，忽然產生一股生命的活力出來。經他的努力與推動，幾個月後就在新公園剪綵的那一天，渡邊坐在觀眾席中死去。在渡邊的追悼會中，人們談話焦點是，「他們無法瞭解罹患絕症的渡邊在死前推動新公園的驚人活力、熱情與幹勁一點都不像是病人」；同事們認為渡邊一定自知有癌症，之所以那麼努力推動兒童公園的蓋建，一定是想在死前幾個月完成那件事，因此自我肯定生活勇氣，自我實現生命的意義。

(五)對自己的摯愛表達美好的人生與告別

作者海倫·聶爾玲在《美好人生的摯愛與告別》一書中表達了可以自然老死而沒有痛苦。海倫於1904年出生在一家相當富裕且有自由開放氣氛的書香門第，父母參加全球性組織的神智會，這並不是特定宗教，而是一種普遍性意義的友愛組織。故事主題：海倫與比她年長21歲的丈夫斯各特所過半個世紀以上的恩愛生活，敘述重點擺在1983年斯各特過百歲生日時，他自行了斷（她旁助）的生死因緣。海倫與斯各特的背景、性格、特長等雖大有不同，各成一面，但宇宙觀與人生觀則能一致，共同分享。婚後兩人在鄉下過著二十年的田園生活，農家勞作與寫作的知性工作，也常旅行到世界各地宣揚世界和平與社會正義。在斯各特過百歲生日的一個月前，斯各特絕食，只喝飲料；海倫同意並協助他喝各種飲料近一個月。之後斯各特只喝水，這樣仍不生病，仍很清醒，但精力很快消失。斯各特死去的那一天早上，海倫在旁低聲跟他說：「就這樣讓你身體告別吧，與潮水一起走吧，與它一起流去吧。你已過了美好的人生。你已盡了你的一切份內事。走進新的人生吧，走入光明吧。愛與你一起走去。這裡一切都好。」斯

各特呼吸最後一口氣時說了「All right」。

　　從海倫與斯各特的價值觀表現出「老齡化」就是在大地與死亡之間的人生之輪上面走下坡，有好處，也有精力減退的不利之處。「健康與長壽」——日常操作積極樂觀的思考、善良之心、戶外體操與深呼吸、不吸菸、不喝酒、不吸毒、不飲茶或咖啡、簡素的食物（如吃素、無糖無鹽又少油等），避免醫藥、醫生以及醫院。「上帝—就是一切（all that is），一切的存在（the all-being）；偉大的全體（the great entirety）；上帝的性質仍是一種圓圈循環，到處都是中心，周邊並不存在」，由此可見，他們完全超越制度化的宗教觀點。

(六)留下生命的光輝

　　根據中華民國財團法人器官捐贈移植登錄中心的統計，到2018年1月底止，台灣地區7,259人等候腎臟器官中14人已移植，1,206人等候肝臟器官中5人已移植。此外，國人因慢性腎衰竭而到達需洗腎的發生率和盛行率高居世界第二位，而且有可能已變成世界第一位，前三名的另兩個國家分為美國和日本，呼籲國人應重視腎臟的保健。「器官移植」（transplantation）是現代高級醫學科技的一種治療方法與專業技藝。目前國內各大醫院移植小組已順利完成多種器官的移植手術，所以手術技巧不是問題。最大問題就是移植器官來源不足，嚴重的供不應求。由於國人有「全屍」的觀念及保守心態，使國內遺體器官捐贈風氣不盛，許多病人等不到可移植的器官，就先後死去。有鑑於此，目前國內熱心人士、團體及各醫院共同發起器官捐贈運動，倡導填寫器官捐贈同意卡，表明自己同意死後捐出器官，遺愛人間。這即是生命的光輝，用器官捐贈來重燃生命的火花，發輝無限的希望與愛心。

　　除了上述的六項之外，最後規劃還包括到嚮往之地旅遊、盡情享受美食、學習渴望的技能、編寫自己生命成長的回憶錄、回到早年生長的故鄉尋找舊識或希望家人陪伴走完最後的歲月等的轉變。

　　本西念寺的坊守夫人——鈴木章子在得知罹患癌症後，將她在病房內寫的手記跟詩詞彙集成冊，出版了《在癌症告知後——我的如是我聞》一書，裡頭的一篇詩詞（引自田代俊孝，1997）。

生死
一旦自覺死亡這件事
生的時候將更充實
死的時候會更安詳
真是不可思議呀！

賈卓穎（2003）的書中建議生命最後規劃安排可以有這幾項：

1.自我的陶冶：編寫自傳回憶錄、改掉不好的習慣、體會勞動者的生活、每天閱讀十五分鐘等。

2.心靈的安頓：培養個人興趣、學習技能、會見心中偶像、當一位志工、爲慈善募款等。

3.澈悟的力量：憑弔古代戰場、爲自己種樹、參加元旦升旗、看一次日初或日落等。

4.生活的使命：爲父母按摩、信守承諾、實現願望、挑戰困難等等。

5.理清人際關係：找到眞正的友誼、尊重對手、表達心中的感激、熱心幫助他人等。

6.享受時光：盡情享受美食、到嚮往的地方旅遊、傾聽大自然的聲音等。

7.情感的麥田：回到故鄉找尋舊識、拜訪恩師、陪伴家人、找回失去的朋友等。

8.事業、健康、財富：選擇熱愛的職業、爲健康投資、創業一次、尋找娛樂等。

(七)安寧自主──不受苦，要樂活

　　一般民眾可選擇「預立」類的意願書，願意接受「全部」安寧療護內容者，只需簽署「預立選擇安寧緩和醫療意願書」即可；若只想選擇臨終前放棄心肺復甦術急救部分，則簽署「預立不施行心肺復甦術意願書」；而目前仍無確定意向者，可先立下可代替自己表達意願的「預立醫療委任代理人意願書」。

　　已罹患重病的末期病患，因面臨醫療方式及臨終處置的抉擇，即可簽署「選擇安寧緩和醫療意願書」或「不施行心肺復甦術意願書」，選擇全部或部分安寧療護內容；至於陷入昏迷或意識不清，又未預立醫療代理人者，臨終前則可由家屬代為簽署「不施行心肺復甦術同意書」。意願書可由最近親屬出具代替；意思表達的優先順序為配偶、直系血親卑親屬、父母、兄弟姐妹、祖父母或三親等旁系血親、一親等直系血親。簽署「預立或選擇安寧緩和醫療意願書」，罹病末期時即包括可接受緩解性‧支持性醫療照護，及放棄臨終前不施行心肺復甦術急救部分；意願人或代理人可以隨時反悔，撤回緩和醫療的要求。

(八)喪禮自主──不拘禮，要永續

　　2016年內政部提出現代國民喪禮的三大核心價值「殯葬自主」、「性別平等」、「多元尊重」。《喪禮vs.人權──干誰的事？》小手冊也邀請民眾一起思考傳統喪禮是否合乎現代的人權觀念。內政部表示，「學習看待死亡」是我們共同的人生課題，每個人都可以突破傳統殯葬思維，建立殯葬自主意識，在生前預為規劃身後事，對於不同性別、族群、宗教的家人，都願意秉持尊重差異、傾聽包容與溝通協商，期望透過圓滿的喪禮，讓亡者安息、生者安心。

　　台灣在2000年以後出現了個性化喪禮或是客製化葬禮。意思是逝者可以為自己「量身訂作」或「客製化」的方式來設計喪禮活動的每項流程，就比照個人化婚禮一樣。為了能夠抓住亡者一生的特色來規劃喪禮，喪禮規劃書就必須經過詳細的記載溝通協調、治喪流程、喪禮布置主軸和奠禮進行的建議與注意事項。因此，個性化喪禮一方面滿足家屬和親友緬懷的需求，另一方面也是完成死者專特的紀念，讓喪禮的悲傷緬懷呈現意義又多了不同層次的思惟表現。這樣的喪禮上展露出親朋好友對主人翁生前的印象，藉由亡者生前的興趣、職業，在最後一個畢業舞台的展現，喚起來參加告別式的人，回憶起主人翁生前種種，表達思念，立即將思念感傷反映出來，若是能提醒家屬好好活下去，更能達到悲傷輔導專家所說的儘早接受新的角色投入生活工作。

　　另外，根據內政部統計2015年全國遺體火化率已達93.74%，民眾將火化後骨灰安置於納骨設施是辦理身後事的主要選擇。但是，近年來私人墓園朝著精緻、景觀、藝術造園、遊憩休閒發展，安置於私人納骨設的費用逐年攀升，從花費數萬、數十萬甚至上百萬元不等。公立納骨設相對便宜，但是受限於民眾對塔位的選擇性不足加上環境景觀不及私人墓園。

　　內政部近年來提倡「殯葬自主」的建議，就是民眾可依照安寧自主書寫環保葬的意願書，向親人表達自願採用樹葬、花葬、海葬等方式，請家人依照遺願來處理。這項策略一來可以減輕民眾經濟負擔，目前已有二萬四千多人，選擇以樹葬、花葬、海葬的方式處理身後事。另外也符合「入土為安」的民俗，環保葬法突破傳統土葬占地築墓的思維，也擺脫火化入塔坐奉陰宅的觀念，並為下一代留下一片淨土。

三、認識生前預囑

何謂生前預囑（living will）？在美國，病患於意識清醒期間，透過文件簽署表達對於自己醫療措施的意見，它是一種對未來的醫療事前指示，告訴醫生和家人要不要用積極的治療方法延長生命，也可以叫做「給醫生的指示」、「醫療聲明」或「醫療指示」。因此這項表達有兩種可能性發生，其一是依照民國89通過的《安寧緩和醫療條例》簽署的不施行心肺復甦術（DNR）意願書，其二是同樣的在對「生命」尊重的前提下，病患對於自己的醫療措施也應該可以要求醫療盡一切可能實施救治，這就是Will To Live文件的簽署，這可以說是對於生前預囑的一項反向的思考。

按照這個定義，生前預囑可以分成兩個部分：第一，生前預囑是指病患要求在面臨生命即將結束並停止一切不必要的急救措施，使病患能在安詳的狀態下完成生命的結束。這樣的立意是基於「生命」的尊嚴必須被尊重的想法下所展開的，與安寧療護運動有著極大的關聯性。其次，由於生前預囑涉及到法律行為的部分，有某種程度的「強制」意味，但對病患而言，對於「加諸身上的醫療措施」的意願是經常變動的，加上對醫學科技的寄望，病患可能今天希望能安寧歸去而簽署生前預囑，明天又覺得疾病的治療是可能的，反而擔心因為簽署了生前預囑而導致醫療小組對於疾病的治療不積極，這樣的矛盾心態使得生前預囑在使用上可能會產生很大的困擾。

若生前預囑僅僅是個人對醫療措施意願的表達，可以稱為狹義的生前預囑。但是在生死教育當中的生前預囑是廣義的，內容包括說明生前預囑的擬訂係出於自己的意願、說出對生命的反省、言明臨終前照護選擇的意願、對器官捐贈的看法、自有遺物的繼承、喪葬的安排、生命最後的規劃與安排。

(一)預立遺囑的重要性

一般人總認爲人在往生之後才需要處理喪葬事宜，或到時候再規劃或安排就可以了，而對自己的往生之後的事也常以船到橋頭自然直的態度，甚至加以漠視或對其議題避而遠之。一旦人們生命結束，常因未做生命的準備或規劃，又因事前對殯葬事宜並沒有準備或不瞭解，常是措手不及或不知如何處理，又因傳統禮俗或宗教風俗的影響，對於什麼事該做或什麼事不該做，幾乎完全不瞭解（黃有志，2002）。達賴喇嘛說：「在我看來，死亡就像脫掉破舊的衣服，沒有什麼特別的意義。」他認爲人可以用兩種方式來面對死亡：一是選擇忽略死亡，讓它暫時脫離；一是勇敢面對它，分析它，試圖減輕由死亡帶來的某些必然的痛苦。因此，生死就像生活事件般地自然，能覺知人生中的生與死將是有益的，其實死亡也是生命的開始（達賴喇嘛，2003）。

自己是自己生命的主人，因瞭解人終會死，所以坦然無懼地面對死亡，避免自己往生時受到不適當或缺乏人性尊嚴的殯葬禮俗之束縛，同時減少生者對自己往生時的驚恐或慌亂。

(二)生前預囑書寫的心路歷程

生死教育當中「生前預囑」的教學活動是整個課程當中不可少的，因爲可以使學生適切的認識死亡的各種情境與反應；引導學生對生死的思維，並經由其個人宗教信仰的指引、哲學的思考在生死學課程中促使警醒與覺察；藉得降低他們對死亡的恐懼或潛意識的逃避死亡課題；盡可能的降低學生對死亡的害怕、恐懼與逃避；能夠以坦然、積極的態度面對死亡；賦予學生自己對生命意義的重新體驗；讓學生珍惜自己擁有的生存時光並且提高生前的生活品質；讓學生對其

人生做最後旅程的事前規劃。生死教育活動的進行也是要等到正規教學活動進行一半以上再請學生仔細思考生前預囑的寫作，如此也比較能夠達到教學效果（曾煥棠，2000a）。

作者依照上課同學們的分享以及書寫「生前預囑」以後的心路體會的報告中，加以整理和歸納，提出**表17-1**以作爲教學的參考。

表17-1　生前預囑書寫的心路轉變歷程

開始前的心理感受	書寫時的想法	書寫後的心情	建議
逃避	不捨	很好	生死學是提供
矛盾	減輕負擔	滿足	給學生一種生
無聊	體會生命無常	感恩	命意義以及靈
掉淚	珍惜生命擁有	無憾	性教育的體驗
高興	帶給生人悲傷	安全感	活動
期待	發現被許多人所愛	真實感	
興趣	有機會重新審視自己的生命	必要的	
慶幸	要為臨終病人做好臨終護理	如釋重負	
怕應驗		成長自己	
毛毛的		有意義的	
心情複雜		坦然面對死亡	
不太能接受		心中坦然踏實	
不知如何下筆		愛要表達出來	
個人真情告白		增加與家人溝通	

生前預囑作爲生死學的教學活動可以有下列的幾種功能：

1. 打破傳統文化的死亡禁忌：生死學的生前預囑是廣義的，不是只做遺產的分配或交代，因爲狹義的生前預囑會讓當事人容易有戒心，擔心若是遺產分配不均而讓繼承人產生衝突，造成分裂或疏遠會擴大他的悲傷。

2. 提供學習者一個反省教育的機會：生前預囑是生死教育一連串教學活動當中的一個，有其連貫性。學員經過其他相關活動之後，領悟它的重要性以後比較願意發自內心的去正視這個問題，再說出自己對生命的反省。

3.它是生涯最後規劃的教育：學員們要思考的前提是假設生命只剩下半年，思考的內容包括對器官捐贈的看法、自有遺物的繼承、喪葬的安排、生命最後的規劃與安排。

4.提供學習者一個價值澄清的機會教育：透過分享的機會讓學員們有機會去思考，有無為生前預囑作上述那些安排的人會有什麼差別，藉此機會來澄清心中的疑惑與不安。

 ## 四、遺囑的相關知識

你立遺囑了嗎？大多數的年輕人，聽了這話，大概會說：「為什麼要立遺囑？等我老了再說吧！」其實，在現實生活中，遺囑之事太重要了，不但關係到醫療委任、遺願的託付、個人財產的保護，也直接涉及家庭財產的繼承。更何況人有旦夕禍福，早早地立下遺囑可以省去許多不必要的麻煩。

(一)遺囑的種類與效力

我國《民法》就遺囑之方式可分為：(1)自書遺囑；(2)公證遺囑；(3)密封遺囑；(4)代筆遺囑；(5)口授遺囑（筆記口授遺囑、錄音口授遺囑）。

1.自書遺囑：應自書遺囑全文，記明年、月、日，並親自簽名，如有增減塗改，應註明增減塗改之處所及字數，另行簽名。

2.公證遺囑：應指定二人以上之見證人，在公證人前口述遺囑意旨，由公證人筆記、宣讀、講解，經遺囑人認可後，記明年、月、日，由公證人、見證人及遺囑人同行簽名。遺囑人不能簽名者，由公證人將其事由記明，使按指印代之。

3.密封遺囑：應於遺囑上簽名後，將其密封，於封縫處簽名，指

定二人以上之見證人，向公證人提出，陳述其爲自己之遺囑。

4.代筆遺囑：由遺囑人指定三人以上見證人，由遺囑人口述遺囑意旨，使見證人中之一人筆記、宣讀、講解，經遺囑人認可後，記明年、月、日，及代筆人之姓名，由見證人全體及遺囑人同行簽名，遺囑人不能簽名者，應按指印代之。

5.口授遺囑：遺囑人因生命危急或其他特殊情形，不能依其他方式爲遺囑者，由遺囑人指定二人以上之見證人，並口授遺囑意旨，由見證人中之一人，將該遺囑意旨，據實作成筆記，並記明年、月、日，與其他見證人同行簽名。

(二)公證遺囑的效力

公證的效力能完整的實現立遺囑人的意願，避免今後不必要的訴訟。在現實生活中，遺囑不僅僅是反映私人財產的繼承，而且有自己未完成的願望讓別人代替完成的。

立遺囑不一定就非得找律師不可。若是立遺囑人自己能書寫且對法律有一定程度的瞭解，就可採用「自書遺囑」來交代身後事。使用自書遺囑者應該親自書寫遺囑全文，並且記明年月日，最後再親自簽名。如果日後遺囑有什麼塗改的地方，必須註明增減塗改的處所及字數，另行親自簽名。如果用蓋章，或蓋指印的方式，遺囑是不能成立的。如果立遺囑人是文盲或者不瞭解法律，就可用代筆遺囑來交代後事。法律規定，代筆遺囑必須由遺囑人指定三人以上之見證人，由遺囑人口述遺囑內容，使見證人中之一人筆記、宣讀、講解，經遺囑人認可後，記明年月日，及代筆人之姓名，由見證人全體及遺囑人同行簽名，遺囑人不能簽名者，應按指印代之。

(三)遺產的繼承、分配及拋棄

父母將財產贈與孩子，應注意哪些事情？《遺產及贈與稅法》第二十條第六項中規定，配偶間相互贈與財產不計入贈與稅的總額。而《遺產及贈與稅法》所規定的免稅額是一百萬元。

遺產該如何分配？如果被繼承人未立遺囑，就要依據《民法》第一千一百三十八條的規定，遺產將由配偶與(1)直系血親卑親屬（例如子女、孫女）；(2)父母；(3)兄弟姊妹；(4)祖父母（不分內外），且以上四順序繼承的人，以親等近者為先，共同繼承遺產。各繼承人的應繼分，則按照法律規定，但是如果被繼承人死後沒有繼承人存在，則遺產歸屬國庫。

《民法》規定繼承人得以拋棄繼承，但這必須在知悉繼承時起兩個月內以書面向法院為之，並以書面通知因拋棄繼承而應為繼承之人，但不能通知者不在此限。但是，如果繼承人是無行為能力人時該如何呢？（《民法》第十三條：「未滿七歲之未成年人，無行為能力。滿七歲以上之未成年人，有限制行為能力。未成年人已結婚者，有行為能力。」）無行為能力人的意思表示是無效的，所以無行為能力人需由法定代理人代為意思表示，並代受意思表示。無行為能力人拋棄繼承時，應由法定代理人代為表示，始有效力。限制行為能力人為拋棄之意思表示應得法定代理人之允許，方為有效。胎兒也可以為繼承之拋棄，只是需由法定代理人代理之。

(四)遺囑的效期有多久？

遺囑是在立遺囑人死亡之時，才發生效力。一般而言，口授遺囑是在逼不得已的情況下（當事人性命垂危或其他特殊情形），才能採用。因此，在立遺囑人有能力依其他方式為遺囑之時起，經過三個月

而失其效力。至於其他方式的遺囑，除非遺囑人依法撤回，其遺囑均不因時間而失其效力。

 # 五、生前預囑撰寫簡表

下列簡表是要提供讀者書寫時的參考。

1.聲明：生前預囑係出於自己的意願。
2.做法：臨終前照護的選擇、對器官捐贈的看法、自有遺物的繼承、喪葬的安排。
3.目的：仔細考慮之後提出的這項要求。

（典型的）生前預囑

在目前的法律改變之前，每一個人在生前都應該立好遺囑，以保證他不會違背自己意願地被強留在人世，以接受異常治療。

「聲明」

死亡與成熟或年老一樣是一個事實——它是生命必然的現象。

如果我＿＿＿＿＿（姓名）有一天無法參與決定自己的未來，就讓這份聲明代表我的意願——此刻我的大腦還很清醒。

「做法」

如果將來我的身體或心理傷殘的情形沒有恢復的希望，我要求讓我死去，而不要任何人工方法或「冒險的」治療方式讓我苟延殘喘。我不想病情惡化、依賴他人或忍受無望的痛苦，它們會使我喪失尊嚴，我對它們的恐懼程度，並不亞於我對死亡的恐懼。因此，我要求仁慈地給我必要的藥物，以減少痛苦——即使這會加速我的死亡。

「目的」

　　我在仔細考慮之後提出這項要求。我希望所有關心我的人都能感到有道德義務要接受這項委任。我知道這是交代給你們一個相當沉重的責任，但是這紙遺囑的目的，就是要解除你們內心的負擔，我根據自己堅強的信念，將它加諸我自己身上。

問題與討論

1. 生命最後規劃指的是什麼？
2. 生前預囑有狹義和廣義之分，請說明。
3. 你聽過財團法人器官捐贈移植登錄中心嗎？這單位有哪些業務重點？

生命的結束（End of Life Care）
（https://www.npr.org/tags/148245890/end-of-life-care）

　　網站登錄許多小說、短篇故事、詩篇、宗教儀式、臨床研究、劇本對於死亡的描繪與探討，並有個人提供瀕死或遭逢喪親之痛的經驗分享，與來自心理學、神學、哲學等對人面臨死亡之態度等議題之分析，此外，並收有死亡學書目與醫療重症相關的網路資源。試問：

1. 你喜歡網站上的哪一篇小說、短篇故事？
2. 你知道如何在網頁找到Frankl, V. E. 的書 *Man's Search for Meaning*？
3. 自己動手做喪禮「do-it-yourself funerals」正在美國盛行，你知道為什麼嗎？

參考文獻

安寧緩和醫療條例（2001）。《安寧療護雜誌》，6（3），42-44。

陳錫琦、曾煥棠（1999）。〈不同的生死學教學對護生生命最後規劃的影響〉。《醫護科技學刊》，1（1），93-105。

曾煥棠（2001）。〈生死學非同步虛擬教室的室外延伸教學效果初探〉。彰化師範大學青少年生死教育研討會。

曾煥棠、紀惠馨（2000）。〈生死學教學內容需求的評估與改進之初探〉。《師大學報》，45（1），1-24。

附錄一　教學觀摩

藉由學員在參觀與生死有密切相關的機構，例如產房、育嬰房、老人院、老人中心、急診室、安寧病房、殯儀館等。觀察並寫下懷孕待產者、老人、病患、瀕死者及家屬的心情以及臉上表情或反應如何，是喜悅、日落西山、落寞、人生百態、罪惡、仇恨、願望、回顧、安享天年等。

一、產房生死學

在產房上班，常有很多人羨慕我不用接觸到病人的病痛及死亡的威脅。

我真的非常幸運每天可以迎接這麼多新生命的到來，看到初為父母面對生產的緊張及孩子出生後的喜悅，曾經有媽媽對我說這一生沒有遺憾了！心理只覺得或許太過誇張了，後來漸漸接觸越來越多狀況不同的產婦，讓我比較能體會出他們的感想；有的產婦因為有早產現象，必須在床上躺到生產，除了無法自在的活動，還須忍受安胎藥的副作用，而我們的角色也只能扮演鼓勵及支持者，並不能給予實際的減輕痛苦。

當產婦好不容易挺到生產完畢，或許旁人無法體會那種感覺，但是看到他們抱著小孩那一刻，所有的辛苦都有了代價，如釋重負的表情全寫在臉上；而家屬，尤其是爸爸，對媽媽辛苦付出的感謝及對新生命的疼愛都化為實際行動，讓我也不禁感染到他們的欣喜，但有一個個案至今仍讓我印象深刻，這個媽媽因前一胎是剖腹產，因此這一胎也決定採剖腹生產，產檢過程還算順利，到剖腹產前一天早上因為破水提早住院，但禁食時間不夠，須等到下午才行剖腹產，期間監測胎心音變異性還不錯，一直到下午狀況都在掌控中且準時送進開刀房，但是在醫生把娃娃抓出來那一刻，大家臉色全變了，因為娃娃膚

色全紺、無哭聲、無心跳，經過緊急急救仍宣告死亡。

在這種不預期的情況下，連我都無法接受的事實，何況是已辛苦懷胎十月的家人，尤其是媽媽！住院期間曾和這位媽媽談過原本對小孩的期待，也已計畫好小孩的未來，一下子由天空中摔落谷底，從迎接生命的喜悅到必須面對死亡的悲痛，那種痛可能不是我們所能理解的，我想哀傷可能會跟著她很長一段時間！當時我面對死亡的態度也不夠成熟，只能膚淺的表達出我的關心，並不知道她真正所需要的，或許我只要在旁陪伴讓她說出她的感覺發洩她的情緒就夠了。這位個案讓我之後遇到相似情形，如胎兒先天異常，被迫需要終止懷孕的媽媽，比較能夠敞開心胸，站在他們的立場，以他們的角度來面對新生命的死亡。整體來說，產房給我的感覺是快樂的，隨處可見家庭的溫馨與甜蜜，在產房所看見的生與死都是莊嚴的，新生命的誕生也代表著充滿無限希望，讓我更加能以最原始的角度珍惜掌握我的生命。

二、老人院生死學

自從我升上二技以後，自己常會利用閒暇的時間去當志工，所以當紅十字會有在徵召義工到老人院時，我毫不考慮的報名了。

每到週末，常常是我最期待的時候，約坐五十分鐘的車程到松山某市立博愛院當義工，博愛院內有分老人院及育幼院，上午到老人院下午到育幼院，是我們這群紅大服人員一天的行程，起先對老人院的想法，是陳舊灰暗的，而老人家可能是較沉默寡言，甚至是無精打采的，可是事實上它並不如我想像的一般，還非常整齊清潔；老人家亦不如我想像中那麼頑固腐朽，登時對老人院的印象改觀不少。博愛院的老人安養（養護）服務：設籍本市六個月以上，年滿60歲具低收入戶資格或孤苦無依無謀生能力且未患法定傳染病及精神疾病者。具生活自理能力或因家庭因素致遭遺棄而保護安置者。

所以住在這裡的老人，大約是獨自一個人，而博愛院正好也成為他們仰賴的地方，也許因為背景相似，每一位在那裡的老人也都成了

好朋友，所以每次看到我們這群義工，他們總是很高興的要我們幫忙量血壓，跟我們聊天，把我們當孫子看待，甚至還有婆婆很熱心的拿出剛買的水果請大家吃，這裡的老人家都非常健談，當我和一位老婆婆談話的時候，才知道她有一位不肖的兒子，拿了她的全部儲蓄去做生意，誰知生意漸有起色的時候，他卻嫌媽媽沒讀過書丟他的臉，把她送到老人院。

半年了，也沒有來過見她一面，但婆婆卻為他辯護，說盡好話，我想來也覺心酸，上一代為社會建設及貢獻了這麼多，用盡心血去培育了下一代，到頭來竟換得如此下場，真令人心疼嘆惜；當然也有溫馨的一面，有的老人家則是因為家裡的生活環境不好，擔心自己會造成家裡的負擔，所以自願向社會局申請來這裡居住，每到假日，孩子也會來探望，陪陪媽媽，帶她出去走走。

其實老人家的心裡是很需要陪伴的，常常只要一個小動作，他就會倍感溫馨，覺得自己有受重視的感覺，記得有一位老人家跟我說到，他的小孩工作繁忙，所以每次都是孫子來看他，孫子要離開前都會拿錢給奶奶，說是爸爸交待要給奶奶自己買東西吃，老人家說：「金錢算什麼，我把最寶貴的青春給了他，他確連一點時間也不願意分我，心才是最重要的，有心就算要我吃麵包配白開水，我也願意。」人生走到生命的末段，有時候一顆原始的心，比什麼都來得實際。

每每和老人家談話，學到的是他用一輩子所換來的經驗，及對人生的觀感，不管是否認同都是一種收穫，一種無法用物質衡量的獲得，也使我更瞭解到「樹欲靜而風不止，子欲養而親不待」，珍惜所擁有的才是最實在。

三、急診室生死學

走進急診室正看到由救護車送來一位年輕人，年輕人不醒人事，爸媽面色凝重急忙向護士說明事件發生經過。

　　年輕人做完檢傷分類後立即被送入重症區，醫師診視後立即安排做電腦斷層檢查，送往檢查室途中媽媽一直喊著「阿華、阿華你不要嚇媽媽」，年輕人毫無回應，檢查後等待結果，爸媽走來走去很緊張，不時詢問護士報告是否出來，並不停呼叫阿華，醫師拿著X光片走過來，解釋電腦斷層結果顱內出血需立即開刀但有生命危險且開刀後可能成為植物人，請爸媽決定是否要手術，爸爸眉頭深鎖略有所思一會兒而後立即同意，簽同意書時手不斷的發抖，媽媽哭泣著頻頻向醫師說「醫師拜託幫幫忙」，沒有多久後被送入手術室。

　　結果會如何我不曉得！此位年輕人若從此再也沒有醒過來，不知他會有何種感受呢？我卻好難過。讓我想起已往生的弟弟，我想弟弟若在第三世界有感覺，一定會對於他已離開人世間感到莫名其妙、憤怒、不甘心，它盡然是在他毫無心理準備下就結束他的生命。真的！人的生命如此無常及脆弱，說結束就結束，沒有協商空間，無法掌握在自己手中。我願意、我可以接受嗎？我甘心如此嗎？我能掌握什麼？想想著害怕及哭了。生命長短與何時結束我無法控制，但我可以為自己的結束做準備及規劃。真的生活需要如此汲汲營營嗎？我獲得什麼？我失去什麼？真的很快樂嗎？需要如此生活嗎？

　　每次經過急診室的時候，都會給人一種痛苦、哀傷、害怕、緊急的壓迫感。每個人的臉上似乎都帶著一張面具，和一種不安的情緒，大多數的人對急診室的感覺大概都不會太好，也許是那種場合似乎不會有什麼好事情，也許是因為中國人對這種和死亡有相關性的形象代表有著極大忌諱和逃避，就像看見了靈柩大家會唸聲「阿彌陀佛」，然後快步走過一樣，大家對於急診室也是抱著能不接觸是最好的。

　　生死一瞬間，這大概是在急診室待過的人都能深深體悟吧！有多少的恩怨情仇在這裡上演，在這生死交關的場所，大家似乎在一瞬間回歸到了最原始的自己。有哀哀的哭泣，有憤怒的咆哮，有無奈的嘆息，當然也可能有狂喜的歡笑。在面對死亡降臨，人們開始醒覺，忽然我們聽見了心的聲音，但也許我們不一定非得等到來不及才開始後悔。

四、殯儀館生死學

台北市立殯儀館，是我這次參觀的地方。

因為教會裡又有人去世了，這是這一個月來，死的第五個人，幾乎都是壯年的男性，並且死於意外。我也不知道為什麼這麼巧，而這其中的一個是朋友的爸爸，他是因為感冒的前兆，以為只是輕微的感冒，所以沒有去就醫，沒想到過了幾天卻突然昏倒，到醫院已經回天乏術了。一個家庭的重擔頓時落到兩個女兒及寡婦的身上，面對這突如期來的噩耗，我也感到很難過，在整個喪禮上都充滿著哀悽的氣氛。

那是一個蠻小的廳，叫福壽廳。所有的人都坐在靈堂的前面，靈堂的布置是用白色的紗及許多的百合所鋪成的，正中間擺著往生者的大頭照，除了一個大台子在靈堂的正中間外，在台子的後面則是往生者躺在棺材裡面，供大家瞻仰遺容，不過擺設較簡陋，來的人也不多，可能事出突然，還來不及通知其他的家屬。整個儀式的過程是以基督教的追思禮拜為主，首先是唱詩歌及慰歌給家屬，再來是牧師的證道，其內容大部分是安慰家屬，並強調短暫的生命並不代表永恆，之後，則是往生者的摯友來講述故人略歷，直到整個儀式都結束了以後就是瞻仰遺容的時間，許多人在那時都不禁淚流滿面，尤其是家屬們幾乎哭到昏眩過去。

那時深深的感受到，與往生者只能再見最後一面的憂傷，看他安詳的躺在棺材裡，但鼻孔仍然留出血水，令人覺得心酸。殯儀館就是這樣一個充滿憂傷的地方，等這一批結束了以後，我看到他們的工作人員，以最迅速的速度拆掉現在的靈堂，趕忙布置下一場，雖然感到這個冰冷的建築似乎毫無情感，但也提供了我們最需要的空間，一個可以追思故人的場所。

附錄二　病人自主權利法

中華民國一百零五年一月六日總統華總一義字第10400154061

第1條　為尊重病人醫療自主、保障其善終權益，促進醫病關係和諧，特制定本法。

第2條　本法所稱主管機關：在中央為衛生福利部；在直轄市為直轄市政府；在縣（市）為縣（市）政府。

第3條　本法名詞定義如下：

一、維持生命治療：指心肺復甦術、機械式維生系統、血液製品、為特定疾病而設之專門治療、重度感染時所給予之抗生素等任何有可能延長病人生命之必要醫療措施。

二、人工營養及流體餵養：指透過導管或其他侵入性措施餵養食物與水分。

三、預立醫療決定：指事先立下之書面意思表示，指明處於特定臨床條件時，希望接受或拒絕之維持生命治療、人工營養及流體餵養或其他與醫療照護、善終等相關意願之決定。

四、意願人：指以書面方式為預立醫療決定之人。

五、醫療委任代理人：指接受意願人書面委任，於意願人意識昏迷或無法清楚表達意願時，代理意願人表達意願之人。

六、預立醫療照護諮商：指病人與醫療服務提供者、親屬或其他相關人士所進行之溝通過程，商討當病人處於特定臨床條件、意識昏迷或無法清楚表達意願時，對病人應提供之適當照護方式以及病人得接受或拒絕之維持生命治療與人工營養及流體餵養。

七、緩和醫療：指為減輕或免除病人之生理、心理及靈性痛

苦，施予緩解性、支持性之醫療照護，以增進其生活品質。

第4條　病人對於病情、醫療選項及各選項之可能成效與風險預後，有知情之權利。對於醫師提供之醫療選項有選擇與決定之權利。

病人之法定代理人、配偶、親屬、醫療委任代理人或與病人有特別密切關係之人（以下統稱關係人），不得妨礙醫療機構或醫師依病人就醫療選項決定之作為。

第5條　病人就診時，醫療機構或醫師應以其所判斷之適當時機及方式，將病人之病情、治療方針、處置、用藥、預後情形及可能之不良反應等相關事項告知本人。病人未明示反對時，亦得告知其關係人。

病人為無行為能力人、限制行為能力人、受輔助宣告之人或不能為意思表示或受意思表示時，醫療機構或醫師應以適當方式告知本人及其關係人。

第6條　病人接受手術、中央主管機關規定之侵入性檢查或治療前，醫療機構應經病人或關係人同意，簽具同意書，始得為之。但情況緊急者，不在此限。

第7條　醫療機構或醫師遇有危急病人，除符合第十四條第一項、第二項及安寧緩和醫療條例相關規定者外，應先予適當急救或採取必要措施，不得無故拖延。

第8條　具完全行為能力之人，得為預立醫療決定，並得隨時以書面撤回或變更之。

前項預立醫療決定應包括意願人於第十四條特定臨床條件時，接受或拒絕維持生命治療或人工營養及流體餵養之全部或一部。

預立醫療決定之內容、範圍及格式，由中央主管機關定之。

第9條　意願人為預立醫療決定，應符合下列規定：

一、經醫療機構提供預立醫療照護諮商，並經其於預立醫療決

定上核章證明。

二、經公證人公證或有具完全行爲能力者二人以上在場見證。

三、經註記於全民健康保險憑證。

意願人、二親等內之親屬至少一人及醫療委任代理人應參與前項第一款預立醫療照護諮商。經意願人同意之親屬亦得參與。但二親等內之親屬死亡、失蹤或具特殊事由時，得不參與。

第一項第一款提供預立醫療照護諮商之醫療機構，有事實足認意願人具心智缺陷或非出於自願者，不得爲核章證明。

意願人之醫療委任代理人、主責照護醫療團隊成員及第十條第二項各款之人不得爲第一項第二款之見證人。

提供預立醫療照護諮商之醫療機構，其資格、應組成之諮商團隊成員與條件、程序及其他應遵循事項之辦法，由中央主管機關定之。

第10條　意願人指定之醫療委任代理人，應以二十歲以上具完全行爲能力之人爲限，並經其書面同意。

下列之人，除意願人之繼承人外，不得爲醫療委任代理人：

一、意願人之受遺贈人。

二、意願人遺體或器官指定之受贈人。

三、其他因意願人死亡而獲得利益之人。

醫療委任代理人於意願人意識昏迷或無法清楚表達意願時，代理意願人表達醫療意願，其權限如下：

一、聽取第五條之告知。

二、簽具第六條之同意書。

三、依病人預立醫療決定內容，代理病人表達醫療意願。

醫療委任代理人有二人以上者，均得單獨代理意願人。

醫療委任代理人處理委任事務，應向醫療機構或醫師出具身分證明。

第11條　醫療委任代理人得隨時以書面終止委任。

醫療委任代理人有下列情事之一者,當然解任:

一、因疾病或意外,經相關醫學或精神鑑定,認定心智能力
　　受損。

二、受輔助宣告或監護宣告。

第12條　中央主管機關應將預立醫療決定註記於全民健康保險憑證。

意願人之預立醫療決定,於全民健康保險憑證註記前,應先
由醫療機構以掃描電子檔存記於中央主管機關之資料庫。

經註記於全民健康保險憑證之預立醫療決定,與意願人臨床
醫療過程中書面明示之意思表示不一致時,應完成變更預立
醫療決定。

前項變更預立醫療決定之程序,由中央主管機關公告之。

第13條　意願人有下列情形之一者,應向中央主管機關申請更新註
記:

一、撤回或變更預立醫療決定。

二、指定、終止委任或變更醫療委任代理人。

第14條　病人符合下列臨床條件之一,且有預立醫療決定者,醫療機
構或醫師得依其預立醫療決定終止、撤除或不施行維持生命
治療或人工營養及流體餵養之全部或一部:

一、末期病人。

二、處於不可逆轉之昏迷狀況。

三、永久植物人狀態。

四、極重度失智。

五、其他經中央主管機關公告之病人疾病狀況或痛苦難以忍
　　受、疾病無法治癒且依當時醫療水準無其他合適解決方
　　法之情形。

前項各款應由二位具相關專科醫師資格之醫師確診,並經緩
和醫療團隊至少二次照會確認。

醫療機構或醫師依其專業或意願,無法執行病人預立醫療決

定時，得不施行之。

前項情形，醫療機構或醫師應告知病人或關係人。

醫療機構或醫師依本條規定終止、撤除或不施行維持生命治療或人工營養及流體餵養之全部或一部，不負刑事與行政責任；因此所生之損害，除有故意或重大過失，且違反病人預立醫療決定者外，不負賠償責任。

第15條　醫療機構或醫師對前條第一項第五款之病人，於開始執行預立醫療決定前，應向有意思能力之意願人確認該決定之內容及範圍。

第16條　醫療機構或醫師終止、撤除或不施行維持生命治療或人工營養及流體餵養時，應提供病人緩和醫療及其他適當處置。醫療機構依其人員、設備及專長能力無法提供時，應建議病人轉診，並提供協助。

第17條　醫療機構或醫師應將其所執行第十二條第三項、第十四條及第十五條規定之事項，詳細記載於病歷；同意書、病人之書面意思表示及預立醫療決定應連同病歷保存。

第18條　本法施行細則，由中央主管機關定之。

第19條　本法自公布後三年施行。

參考文獻

一、中文

中華生死學（2000）。《中華生死學會會刊》，1-3。中華生死學會。

內政部（1983）。墳墓設置管理條例。

內政部（1996）。墳墓設置管理條例施行細則。

內政部（2002）。殯葬管埋條例。

王念慈（2000）。《人生四季之歌》。安寧照顧基金會。

王明波譯（1994）。瑪姬‧克拉蘭、派翠西亞‧克麗著。《最後的禮物》。
　　台北：正中書局。

王浴（2004）。《安寧療護現況與發展》。安寧照護研討會，2004年10月。

台北市政府社會局（2002）。台北市殯葬管理自治條例。

白裕承譯（1998）。《最後14堂星期二的課》。台北：大塊文化。

石世明（2001）。《伴你最後一程》。台北：天下文化。

石世明（2004）。〈臨終陪伴的基本觀念〉。《安寧照顧會訊》，53（6），
　　17-23。

石世明譯（2001）。《病床邊的溫柔》。台北：心靈工坊。

同仁集團（2002）。〈金典品牌曠世鉅作，讓您擔心變安心〉。同仁集團文
　　宣品。

安寧療護雜誌（2001）。〈安寧緩和醫療條例〉。《安寧療護雜誌》，6
　　（3），42-44。

行政院消費者保護委員會（1994a）。消費者保護法。

行政院消費者保護委員會（1994b）。消費者保護法施行細則。

行政院衛生署國民健康局（現衛福部國民健康署）（2011）。《第十次家庭
　　與生育力調查報告》，第14頁。

吳紅鑾（2001）。《死亡與喪慟——青少年輔導手冊》。台北：心理出版
　　社。

吳庶深（1988）。《對臨終病人及家屬提供專業善終服務之探討》。台中：東海大學社會工作研究所碩士論文。

呂應鐘（2002）。〈生命事業管理設立芻議〉。《生命教育與生死管理論叢第一輯：殯葬教育與管理》，頁189。

李永平譯（1998）。Elisabeth Kübler-Ross著。《天使走過人間——生與死的回憶錄》。台北：天下文化。

李佩怡（1996）。〈台灣地區大學生失落事件、失落反應與調適行為之描述性研究——以北部四所大學為例〉。《中華心理衛生學刊》，9(1)，27-54。

李宗派（1999）。〈臨終關懷與社會工作〉。《社區發展季刊》，78，15-224。

李淑珺譯（2004）。Ted Menten著。《道別之後》。台北：張老師文化。

李復惠（1999）。《某大學學生對死亡及瀕死態度之研究》。台北：國立台灣師範大學衛生教育研究所碩士論文。

李開敏、林方皓、張玉仕、葛書倫譯（1995）。J. William Worden著。《悲傷輔導與悲傷治療》。台北：心理出版社。

李開敏總校閱（2001）。《死亡與喪慟——兒童輔導手冊》。台北：心理出版社。

李慧仁（1999）。《殯葬業應用ISO 9000品質保證制度之個案研究》。嘉義：南華大學碩士論文。

李潤華（1997）。〈瀕死病人的社會心理照顧〉。《安寧療護雜誌》，3，8-11。

李麗華（2001）。〈生命的價值〉。《學生輔導通訊》，76，26-31。

卓怡君（1994）。〈安寧護理與舒適的死亡〉。《護理雜誌》，40（1），29-33。

林明慧（1995）。〈癌末病患臨終期之安寧照護〉。《臨床醫學》，43（2），120-125。

林金生（2004）。〈校園自殺防治——社區諮商模式〉。《諮商與輔導》，221，22-27。

林綺雲（2000）。〈安樂死、協助自殺與自殺〉。《生死學》，443-444。

林綺雲（2002）。《殯葬禮儀師專業能力指標之建構》。未獲通過的國科會
　　研究計畫書。

林綺雲（2004）。〈走出青少年自殺與防治的迷思〉。《技專院校校園自殺
　　防治融入通識課程之規劃與教學活動設計》，35-40。

林綺雲、曾煥棠等著（2000）。《生死學》。台北：洪葉文化。

邱宗傑（1996）。〈末期癌症病人的臨終照顧〉。《臨床醫學》，37（6），
　　378-383。

邱麗芬（2002）。《當前美國殯葬教育課程設計初探──兼論國內殯葬相關
　　教育的實施現況》。嘉義：南華大學生死學研究所碩士論文。

柯慶明（1991）。「生命的意義」前言。引自曾煥棠（2003），《生命意義
　　探索的建構》，第三屆現代生死學理論建構學術研討會。

洪瑜堅譯（2004）。Eric E. Rofes著。《與孩子談死亡》。台北：五南。

紀惠馨（2000）。〈護理校院生死學課程內容的需求差異探討──以一個學
　　校為例〉。嘉義：南華大學生死學研究所碩士論文（未出版）。

紀潔芳（2002a）。《生命回顧、生命回饋與心靈成長教育》。彰化師範大學
　　全國大專校院心靈成長教育研討會論文集。

紀潔芳（2002b）。〈童繪本在生死教育教學中之運用〉。第二屆現代生死學
　　理論建構學術研討會。嘉義：南華大學。

胡文郁（2004）。《癌末病患的心理社會照護》。安寧照護研討會，2004年
　　10月。

胡文郁、釋惠敏、邱泰源、陳慶餘、陳月枝（1999）。〈從醫護人員角度探
　　討癌末病人之靈性需求〉。《台灣醫學》，3（1），8-19。

胡月娟（1992）。〈瀕死病人與其家屬需要更多的關懷〉。《護理雜誌》，
　　39（2），131-138。

胡維敏（2004）。〈黑格爾生命意義之探析及其對現代教育的啟示〉。《教
　　育研究》，12，12，189-199。

胡慧嫈（1998）。〈青少年自殺的環境因素與防治〉。人本教育基金會「人
　　本電子報」。

夏忠堅（1995）。《喜樂生活》。中華基督教福音協進會。

孫效智（2000）。〈生命教育的內涵與哲學基礎〉。《生命教育的理論與實

務》。寰宇出版公司，1-22。

孫得雄等主編（1997）。《人口老化與老年照護》。台北：巨流圖書。

徐明達、黃國清譯（1997）。田代俊孝著。《從癌症體驗的人生觀》。台北：東大發行。

徐福全（1992）。《台北縣因應都市生活改進喪葬禮儀研究》，1-93。台北縣政府。

紐則誠（2002）。〈殯葬管理學：理論與實務〉。《生命教育與生死管理論叢第一輯：殯葬教育與管理》，頁8。

財政部（1996）。信託法。

財政部（2000）。信託業法。

高惠敏、周玉靜、葉玫玲、于樹剛、陳玉襄（2000）。〈淺談青少年自我傷害〉。《學生輔導》，70，58-75。

高雄市政府社會局殯葬管理所（2001）。高雄市殯葬法規彙編。

國寶集團（2001）。〈生前契約——生涯規劃中最重要的一份尊嚴契約〉。國寶集團文宣品。

尉遲淦（1999）。《發展中的殯葬教育》。台灣殯葬21世紀——生命禮儀學術研社會。宜蘭縣政府。

尉遲淦（2002a）。〈台灣殯葬禮儀師的新作法〉。《殯葬教育與管理》，頁83-84。

尉遲淦（2002b）。〈生命事業管理設系構想〉。《殯葬教育與管理》，頁102-103。

崔國瑜（1997）。《生死學初探：一個臨終照顧領域的現象學考察》。台北：國立台灣大學心理學研究所碩士論文。

張立青（2017）。《瑞士台灣新住民身心健康、死亡與安樂死態度之相關性研究》。台北：國立台北護理健康大學生死與健康心理諮商系碩士論文（未出版）。

張光甫（1995）。〈談生命教育〉。《輔導通訊》，44：3-4。台灣省教育廳。

張利中（2001）。〈「尋獲生命意義」的時態與心理歷程〉。《生死學研究通訊》，5，嘉義：南華大學生死學研究所。

張淑美（1989）。《兒童死亡概念之發展研究與其教育應用》。高雄：高雄師範大學碩士論文（未發表）。

張淑美（1993）。〈國中生死亡概念與死亡態度之研究、質的分析〉。《高雄師大學報》，4，141-193。

張淑美（1998a）。〈兒童面對死亡的情緒反應及其處理：兼談死亡的準備〉。《輔導通訊》，54，56-59。台灣省教育廳。

張淑美（1998b）。〈從美國死亡教育的發展論我國實施死亡教育的準備〉。《學生輔導》，54，32-42。

張淑美（1999）。〈中小學「生死教育」之實施〉。《安寧療護雜誌》，14，44-57。

張淑美（2001）。〈國中生的生命教育—— 從死亡概念與態度論國中階段生死教育之實施〉。《教育資料集刊》，26，355-375。

張博雅（2001）。〈超越死亡禁忌，打造不害生的殯葬文化──部長序〉。20e紀殯葬改革研討會。內政部。

張靜玉、顏素卿、徐有進、徐彬、黃慧玲、章薇卿、徐慧娟譯，曾煥棠校閱（2004）。Corr, C. A., & Corr, D. M.著。《死亡教育與輔導》。台北：洪葉文化。

曹玉人譯（2000）。《用最好的方式向生命揮別》。台北：方智。

許文耀（1999）。〈從悲傷的心理形成機制論悲傷治療〉。中國輔導學會主編，《輔導學大趨勢》，頁371-385。台北：心理出版社。

許町子、杜異珍（1997）。〈癌症病患和家屬對安寧照顧需求〉。《榮總護理》，14（1），11-22。

許智香（2003）。〈論生命意義與生命教育的可能性〉。《教育資料與研究》，53，61-67。

許禮安（2003）。〈安寧療護工作人員的人格特質〉。《安寧照顧會訊》，48（3），43-48。

許禮安（2004）。〈安寧緩和醫療的本土模式探討之我見〉。《安寧照顧會訊》，53（6），11-16。

陳川青（2001）。《台北市殯葬設施及其管理服務所面臨的困境久探討與因應對策之研究》。嘉義：南華大學碩士論文。

陳世芬（2000）。《兒童及青少年死亡概念內涵與發展之研究》。高雄：中
　　山大學碩士論文（未發表）。

陳玉婷合譯（2003）。《臨終護理的角色》。台北：五南。

陳仰芳（1988）。〈死之況味——中國古典中的「自殺」與「自殺論」〉。
　　《歷史月刊》，11，146。

陳秀蓉（1993）。〈追尋生命意義使人活得更好〉。《輔導季刊》，12，29
　　（5），26-27。

陳芳玲（2000）。〈死亡教育〉。載於尉遲淦主編，《生死學概論》。台
　　北：五南。

陳芳智譯（1994）。David Carroll著。《生死大事：如何幫助所愛的人走完人
　　生旅程》。台北：遠流出版社。

陳姿吟（2001）。《最後的儀容——遺體修復人員之專業養成》。嘉義：南
　　華大學碩士論文。

陳珍德、程小蘋（2002）。〈癌症病人生命意義之研究〉。《彰化師大輔導
　　學報》，23，1-48。

陳敏銘、姜安波、余玉潔（1996）。〈癌症病情披露之臨床個案探討〉。
　　《台灣醫界》，39（3），45-49。

陳琴富譯（1999）。Christine Longaker著。《假如我死時，你不在我身旁》。
　　台北：張老師文化。

陳意平譯（1997）。《失落也是一種生活》。台北：海鴿。

陳福濱（2000）。〈生命教育的倫理基礎〉。摘自生命教育全球資訊網。

陳錫琦（2002）。〈生死教育與心靈平靜〉。《生與死研究室通訊》，6期。
　　台北護理學院。

陳錫琦、曾煥棠（1999）。〈不同的生死學教學方法對護生生命最後規劃的
　　影響之前實驗研究〉。《醫護科技學刊》，1（1），93-105。

陳寶蓮譯（2003）。自殺遺孤編輯委員會、長腿育英會著。《說不出是自
　　殺》。台北：先覺出版社。

陳繼成（2003）。《台灣現代殯葬禮儀師角色之研究》。嘉義：南華大學生
　　死學研究所碩士論文。

傅佩榮（2002）。〈關於青年價值觀的省思〉。《國家政策論壇》，2

（4）。國家政策研究基金會。

傅偉勳（1993）。《死亡的尊嚴與生命的尊嚴》。台北：正中。

曾煥棠（1999a）。〈護理學生生死態度之信念探討〉。《醫護科技學刊》，1（2），162-178。

曾煥棠（1999b）。〈生死學課程對護生某些臨終照護行為影響之探討〉。《中華心理衛生學刊》，12（2），1-21。

曾煥棠（2000a）。〈死亡教育〉。林綺雲主編。《生死學》。台北：洪葉文化。

曾煥棠（2000b）。〈青少年的自殺防治〉。台灣地區國中生生死教育研討會。

曾煥棠（2000c）。〈信仰與喪葬的角色功能〉。林綺雲主編。《生死學》。台北：洪葉。

曾煥棠（2000d）。《生死學探索入門》。台北：華騰文化。

曾煥棠（2001a）。〈生死學非同步虛擬教室的室外延伸教學效果初探〉。彰化師範大學青少年生死教育研討會。

曾煥棠（2001b）。〈殯葬從業人員對生死關懷應有的認識與作為〉。《社區發展季刊》，96，134-138。

曾煥棠（2002）。〈不同宗教文化的喪葬禮俗〉。《安寧緩和護理學》。台中：華格那。

曾煥棠（2003）。〈生命意義探索的建構〉。第三屆「現代生死學理論建構」學術研討會。

曾煥棠（2004a）。《認識生死學》。台北：大屯。

曾煥棠（2004b）。〈安寧療護——生命回顧的應用〉。演講的講義。

曾煥棠（2004c）。〈生命發展階段的死亡關注〉。萬能大學第三屆生命教育研討會。

曾煥棠（2004d）。《生死學》。台北：洪葉。

曾煥棠（2004e）。〈生命回顧於安寧療護之應用〉。安寧照護研討會。

曾煥棠、林綺雲、林慧珍、傅綢妹（1998）。〈生死學教學對護理學生生死態度的影響〉。《中華心理衛生學刊》，11（3），49-68。

曾煥棠、林慧珍、陳錫琦、李佩怡、方蕙玲著，林綺雲主編（2007）。《生

死學》。台北：洪葉文化。

曾煥棠、紀惠馨（2000）。〈生死學教學內容需求的評估與改進之初探〉。《師大學報》，45（1），1-24。

曾煥棠、陳錫琦、林綺雲等（2001）。〈從青少年自殺防治教育來探索青少年生命教育〉。華梵大學第五屆中小學教師人文教育研習會。

鈕則誠（2002）。〈殯葬管理學：理論與實務〉。《殯葬教育與管理》，頁8。

黃丘隆譯（1990）。涂爾幹著。《自殺論》。台北：結構群。

黃有志（2000）。〈析論當前殯葬法規的修訂〉。《政策月刊》，53，53-56。

黃有志（2002a）。〈高齡化社會與死亡〉，《政策月刊》，53。

黃有志（2002b）。《殯葬改革概論》。高雄：貴族出版社。

黃有志、尉遲淦（1998）。《殯葬設施公辦民營化可行性之研究》。內政部委託，高雄師範大學。

黃有志、鄧文龍（2001）。《往生契約概論》。高雄：貴族出版社。

黃有志、鄧文龍、尤銘煌（2002）。《往生契約經營概論》。高雄：貴族出版社。

黃有志等人（2001）。《殯葬業證照制度可行性之研究摘要》。內政部委託研究。

黃松元（1988）。〈我國台灣地區中小學課程之發展〉。《衛生教育論文集刊》，2，136-149。

黃昭燕（2002）。《國內生前契約研究──從殯葬業者與消費行為談起》。嘉義：南華大學生死學研究所碩士論文。

黃雅琪（2004）。《兒童繪本內容之死亡概念分析研究》。台北：中國文化大學碩士論文（未發表）。

黃慈惠（2003）。〈讓返家之路不在遙遠〉。《安寧照顧會訊》，50，946-48。

黃筱伶（2003）。《從社會變遷看殯葬紅包文化之現代轉折──一個新制度主義的理論分析》。台北：東吳大學社會學研究所碩士論文。

黃德祥（1995）。〈青少年自殺的預防〉。《台灣省中等學校輔導通訊》，

42，4-8。

黃德祥（2000）。〈青少年的自殺防治與生命教育〉。台灣地區國中生生死教育研討會。

黃慧玲（2004）。〈台灣殯葬禮儀師之悲傷輔導能力指標初探〉。第四屆現代生死學理論建構學術研討會。

楊淑智譯（2004）。Charles A. Corr、Clyde M. Nabe、Donna M. Corr著。《當代生死學》。台北：洪葉文化。

楊詠晴（2003）。〈自殺找伴兒，現代心靈的孤獨碑銘〉。《張老師月刊》，308，24-25。

楊慧琪（2003）。《癌症臨終照護之指引》。台北：合記。

董力華（2003）。〈生命意義之輔導：簡介意義治療法〉。《學生事務》，6，（42）2，2-3。

董氏基金會（2004）。〈不同宗教觀點看自殺〉。《自殺暨憂鬱症防治手冊》，17-18。

詹火生、林建成（2011）。〈提升生育率的對策建議〉。國家政策研究基金會，2011/8/24。

賈卓穎（2003）。《死前要做的99件事》。台北：好讀出版。

趙可式（1996）。〈臨終病人的病情告知〉。《安寧療護雜誌》，1，20-24。

趙可式（1998）。〈生死教育〉。《學生輔導雙月刊》，1，54，44-51。

趙可式（2001）。〈生命回顧〉。一如精舍人間淨土臨終關懷講座。

趙可式、沈錦惠譯（1998）。Viktor E. Frankl著。《活出意義來：從集中營說到存在主義》。台北：光啓文化。

劉仁薈譯（1996）。桑德斯・史都達著。《情深到來生：安寧照顧》。台北：正中書局。

劉文仕（2001）。〈殯葬改革的挑戰與思維〉。20e世紀殯葬改革研討會。內政部。

劉育林譯（2002）。June Cerza Kolf著。《此刻有你真好》。台北：張老師文化。

劉明松（1997）。《死亡教育對國中生死亡概念、死亡態度影響之研究》。高雄：高雄師範大學碩士論文（未發表）。

劉金純譯（1986a）。〈瀕死病人及其家屬（上）〉。《當代醫學》，13
　　（8），688-689。

劉金純譯（1986b）。〈瀕死病人及其家屬（中）〉。《當代醫學》，13
　　（9），771-775。

劉金純譯（1986c）。〈瀕死病人及其家屬（下）〉。《當代醫學》，13
　　（10），819-822。

劉景萍（2004）。〈末期病患常見的問題之治療與護理〉。安寧照護研討
　　會。

劉焜輝、汪慧瑜編（1988）。《輔導論文精選》（下）。台北：天馬。

劉震鐘、鄧博仁譯（1996）。《死亡心理學》。台北：五南。

滕淑芬（2004）。〈與死神拔河〉。《光華》，29（1），82-91。

潘淑滿（2003）。《質性研究：理論與應用》，頁33。台北：心理出版社。

潘湘如、杜明勳（2000）。〈癌症病情告知〉。《基層醫學》，15（7），
　　145-148。

蔡文婷（2001）。〈幽幽身後誰堪問〉。《光華雜誌》，26（8），62-75。

鄧文龍（1997）。《往生服務手冊》。高雄市政府社會局殯葬管理所。

鄧文龍（2001）。〈為亡友服務業也要證照嗎〉。20e世紀殯葬改革研討會。
　　內政部。

鄧運林（2001）。〈國中小死亡教育課程建構〉。載於何福田主編，《生命
　　教育論叢》。台北：心理出版社。

鄭振煌譯（1996）。索甲仁波切著。《西藏生死書》。台北：張老師文化。

龍巖集團（2001）。《預約今生》。龍巖集團文宣品。

戴銘怡（2001）。〈意義治療法應用於輔導後天失明者之意涵〉。《永達學
　　報》，12，22-34。

鍾思嘉（1995）。〈老人的生命意義與輔導原則〉。《測驗與輔導》，4，
　　129，2645-2647。

羅列、葉小蘭譯（2001）。Kate Willisns著。《找理由活下去，孩子》。台
　　北：新苗文化。

羅素如（1999）。《殯葬人員對死亡的態度與生死學課程需求初探》。嘉
　　義：南華大學碩士論文。

蘇完女（1991）。《死亡教育對國小中年級兒童死亡態度的影響》。彰化：
　　彰化師範大學碩士論文（未發表）。

蘇絢慧（2003）。《請容許我悲傷》。台北：張老師文化。

蘇絢慧（2004）。《這人生》。台北：張老師文化。

釋天琳（2005）。《如何與病人談善終》。

二、外文

Balk, D. E. (1990). The self-concept of bereaved adplescents: Sibling death and its aftermath. *Journal of Adolescent Resarch, 5*, 112-32.

Bek, V. & Todd, W. (1999). *Winning Ways*. Cunnecticut: Appleton & Lange.

Benedek, E. P. (2005). Out of options: A cognitive model of adolescent suicide and risk-taking. *American Journal of Psychiatry, 162*, 1233-1234.

Bolton, I. (1995). *My Son⋯ My Son⋯: A Guide to Healing after a Suicide in the Family.* Atlanta: Bolton Press.

Butler, R. N. (1974). Successful aging and the role of the life review. *Journai of the American Geriatrics Society*.

Chance, S. (1992). *Stronger than Death: When Suicide Touches Your Life*. W. W. Norton & Company.

Conner, K. R. & Duberstein, P. R. (2004). *Alcoholism: Clinical and Experimental Research, 28*(1), 1-17, May 2004.

Cook, A. S., & Oltjenbruns, K. A. (1998). *Dying and Grieving: Lifespan and J Family Perspectives* (2nd ed.). Fort Worth, TX: Harcourt Brace.

Corr, C. A. (1995). *Children and Death: Where Have We Been? Where Are We Now?* New York: Baywood.

Corr, C. A., Nabe, C. M., & Corr, D. M. (2003). *Death and Dying, Life and Living* (4th). Published by Wadsworth Publishing.

Crase, D. (1978). The Need to assess the impact of death education. *Death Education, 1*, 423-431.

Davis, D. L. (1991). *Empty Cradle, Broken Heart: Surviving the Death of Your Baby.* Golden, CO: Fulcrum.

Degner, L. F. & Gow, C. M. (1988). Evaluation of death education in nursing. *Cancer Nursing, 11*(3), 151-159.

DiGiulio, R. C. (1989). *Beyond Widowbood: From Bereavement to Eemergence and Hope*. New York: Free Press.

Durlak, J. A. (1994). Changing death attitudes through death education. In R. A. Neimeyer (Ed.), *Death Anxiety Handbook: Research, Instrumention, and Application*, 243-260. Washington, DC: Taylor & Francis.

Gary, L. (2003). *Rest in Peace*. New York: Oxford University Press.

Goldsmith, M. Q. (1978). *Future Health Educations and Death Education*. Unpublished doctoral dissertation.

Highfield, M. F. (1992). Spiritual health of oncology patients. *Cancer Nursing, 15*(1), 1-8.

Howarth, G. (1996). *Last Rites*. New York: Baywood Publishing Com.

Hurtig, W. A., & Stewin, L. (1990). The effect of death education and experience on nursing student's attitude towards death. *Journal of Advanced Nursing, 15*(1), 29-34.

Kane, B. (1979). Children's concept of death. Unpublished doctoral dissertation, University of Cincinnati.

Kastenbaum, R. (1977). Death and development through the lifespan. In H. Feifel (Ed.), *New Meanings of Death* (pp. 17-45). New York: McGraw-Hill.

Kaufman, K. R. & Kaufman, N. D. (2006). And then the dog died. *Death Studies* 30(1), 61-76.

Klass, D. (1999). *The Spiritual Lives of Bereaved Parents*. Philadelphia: Taylor & Francis.

Kübler-Ross, E. (1991). *On Life After Death*. CA: Celestial Arts.

Kübler-Ross, E. (1997). *The Wheel of Life: A Memoir of Living and Dying*. N.Y.: Simon Schuster.

Lamb, M. (2001). Sexuality. In B. R. Ferrell & N. Coyle (Eds.), *Textbook of Palliative Nursing* (pp. 309-15). New York: Oxford University Press.

Landerman, G. (2003). *Rest in Peace*. New York: Oxford University Press.

Lockard, B. E. (1989). Immediate, residual, and longterm effects of a death education instructional unit on the death anxiety level of nursing students. *Death Studies, 13*, 137-159.

Mahon, M. M., Goldberg, E. Z., & Washington, S. K. (1999). Concept of death in a sample of Israeli Kibbutz children. *Death Studies, 23*, 43-59.

Maurer, A. (1970). Maturation of concepts of life. *The Journal of Genetic Psychology, 116*, 101-111.

McCue, K. & Bonn, R. (1996). *How to Help Children Through a Parent's Serious Illness*. New York: St. Martin's.

Murphy, P. A. (1986). Reduction in nurses' death anxiety following a death awareness workshop. *The Journal of Countinuing Education in Nursing, 17*(4), 115-118.

NAFD (1996). *Funerals: A Consumer Guide*. NAFD.

Nagy, M. (1959). *The Child's Theories Concerning Death*. New York: Mc Graw-Hill.

Nagy, M. (1948) The child's theories concerning death. *The Journal of Genetic Psychology, 73*, 3-27.

Neimeyer, R. A. (2000). *Lessons of Loss: A Guide to Coping*. PsychoEducational Resources, Inc.

Nussbaum, K. (1998). *Preparing the Children: Information and Ideas for Families Facing Terminal Illness and Death*. Kodiak, AK: Gifts of Hope Trust.

Papadatou, D. (1989). Caring for dying adolescents. *Nursing Times, 85*(18), 28-31.

Quint, J. B. (1982). *Death Education for the Health Professional*. Hemisphere Publishing Corporation.

Rickgarn, L. V. R. (1994). *Perspectives on College Student Suicide*. Baywood Pub. Com., Inc.

Rosof, B. D. (1994). *The Worst Loss: How Families Heal from the Death of a Child*. New York: Henry Holt.

Sacks, T. J. (1997). *Opportunities in Funeral Services Careers*. Illinois: VGM Career Horizons.

認識生死學——生死有涯

Shamoo, K. T., & Patros, P. G. (1997). *Helping Your Child Cope with Depression and Suicidal Thoughts.* San Francisco: Jossey-Bass Publishers.

Speece, M. & Brent, S. (1984). Children's understanding of death: A review of three components of death concept. *Child Development, 55*, 1671-86.

Stevens, M. M. (1998). Psychological adaptation of the dying child. In Doyle, D., Hanks, G. W. C., & MacDonald, N. (Eds.), *Oxford Textbook of Palliative Medicine* (2nd ed.), pp.1046-55. New York: Oxford University Press.

Taylor, E. J., Highfield, M., & Amenta, M. (1994). Attitudes and beliefs regarding spiritual care. *Cancer Nursing, 17*(6), 479-87.

Van Bek, T. W. (1999). *Winning Ways*. Cunnecticut: Appleton & Lange.

Waechter, E. H. (1971). Children's awareness of fatal illness. *American Journal Nursing, 71*, 1168-72.

Weenolsen, P. (1988). *Transcendence of Loss Over the Life Span*. N.Y.: Hemisphere. Pub. Cor.

Welford, J. M. (1992). *American Death and Burial Custom Derivation from Medieval European Cultures*. The Forum, September.

White, P. D., Gilner, F. H., Handel, P. J. & Napoli, J. G. (1983-84). A behavioral intervention for death anxiety in nurses. *Omega, 14*(1), 33-41.

Wolfe, J., Grier, H. E., Klar, N., Levin, S. B., Ellenbogen, J. M., Salem-Schatz, E., Emanuel, E. J., & Weeks, J. C. (2000). Symptoms and suffering at the end of life in children with cancer. *New England Journal of Medicine, 342*, 326-33.

Wong, P. T., Reker G. T. & Gesser, G. (1994). Death Attitude Profile-Revised: A. Multidimensional Measure of Attitudes Toward Death. *Death Anxiety Handbook*, edited by Neimeyer R. A. Washington DC: Taylor & Francis.

Worden, J. W. (1991). *Grief Counseling and Grief Therapy*. N.Y.: Springer Pub. Com.

364

三、網路

〈105年國人死因統計結果〉，衛生福利部統計處，2017/6/19，https://www.mohw.gov.tw/fp-16-33598-1.html

〈Health News健康資訊集錦〉，桃花源生機美食，http://www.energy-food.idv.tw/NewDesign/HealthNews.htm

〈人口結構轉型──台灣是葫蘆型〉。《民生報》，2001/12/6，休閒生活版。

〈十大死因 癌症連續21年蟬連第一〉，哈佛健診網站，http://www.hvc.com.tw/HvcAcl/Detail.asp?HvcAclDBID=317

〈中大研究發現早發性糖尿病多屬遺傳〉，PRESS RELEASE新聞發報，http://www.cuhk.edu.hk/ipro/pressrelease/990120c.htm

〈中華民國92年臺北地區死因統計結果摘要〉，行政院衛生署，http://www.doh.gov.tw/statistic/data/死因摘要/92年/92.htm

〈公務員退撫變革109年新進人員另訂新制〉，TVBS NEWS，2017/3/30，https://news.tvbs.com.tw/tech/717137

〈少子化時代提高生育率的方法〉，李建興，國政評論，2010/9/14，https://www.npf.org.tw/1/8091

〈另類削凱子事件，不肖殯葬業者漫天喊價〉。《聯合報》，2002/12/25，35版。

〈台灣十大死因 癌症連續22年居首〉，《大紀元》，2004/6/14，http://www.epochtimes.com/b5/4/6/14/n568278.htm

〈生命教育的內涵〉，節錄自孫效智〈生命教育的內涵與實施〉，http://home.kimo.com.tw/mylifelesson/Articles/LifeEduc.htm

〈生命教育的倫理基礎〉，陳福濱，摘自生命教育全球資訊網，http://210.60.194.100/life2000/net_university/paper/net_uni_paper_B1.htm

〈生前契約──生涯規劃中最重要的一份尊嚴契約〉（2001）。國寶集團文宣品。

〈生前契約的糾紛一籮筐〉。《聯合晚報》，2003/4/21，B3版。

〈生前契約專利〉。《工商時報》，2001/8/28，2版。

〈生前契約熱——殯葬業年產值28億〉。《聯合晚報》，2003/3/31，19版。

〈年輕人的血膽固醇值關係將來壽命〉，崴達健康網，http://www.wedar.com/library4/young_cholesterol.htm

〈老年人偶爾運動能活得更久〉，國際厚生健康園區，http://www.24drs.com/webmd/chinese_t.asp?who=100848

〈老鼠會擬加重刑〉。《聯合晚報》，2003/4/24，6版。

〈求闕集第六冊(1)〉，http://home.kimo.com.tw/mylifelesson/Articles/Books/Book06_1.htm

〈往生互助會傳有人趁機A錢〉。《聯合晚報》，2003/4/4，23版。

〈抽煙減壽10年！〉，博醫網，http://www.chinomd.com/mednew/p1.asp?msn=870

〈金典品牌曠世鉅作，讓您擔心變安心〉（2002）。同仁集團文宣品。

〈長照2.0，照顧的長路上更安心〉，行政院新聞傳播處，2018/03/06，https://www.ey.gov.tw/hot_topic.aspx?n=A1C2B2C174E64DE7

〈為什麼女性的預期壽命比男性長？〉，科學人雜誌網站，http://www.sciam.com.tw/circus/circusshow.asp?FDocNo=612&CL=8

〈突破生命極限一書內容簡介〉，博客來書籍網，http://www.books.com.tw/exep/prod/booksfile.php?item=0010120334

〈送走親朋，沒放走財神，將近500億的殯葬商機，業者如何接招〉（2003）。《新新聞》，826，44-58。

〈酗酒、飲酒過量平均減少30年壽命〉，國際厚生健康園區，http://www.24drs.com/webmd/chinese_t.asp?who=102873

〈陳建仁：原住民健康落差情形值得重視〉，PChome Online新聞，http://news.pchome.com.tw/life/cna/20031108/index-20031108141929180112.html

〈喪禮如何辦？台內政部鼓勵殯葬自主〉，大紀元，2016/3/22，http://www.epochtimes.com/b5/16/3/22/n4668807.htm

〈給家長的一封信〉，釋慧開，http://mail.nhu.edu.tw/~lifedeath.u.g./letter.htm

〈預約今生〉（2001）。龍巖集團文宣品。

〈睡眠少一點，壽命會長一點〉，警正時報社網站，http://www.pnews.com.

tw/sleep01.htm

〈認識癌症〉，財團法人彰化基督教醫院腫瘤中心網站，http://www2.cch.
org.tw/tumor/booklet/booklet01.htm

〈環境和長壽有什麼關係〉，國際厚生健康園區，http://www.24drs.com/
health_encyclopedia/article.asp?x_no=0000002149

〈癌症到底會不會遺傳〉，中國網際網路新聞中心，http://big5.china.com.cn/
chinese/health/615547.htm

〈讓死人活人都有尊嚴〉，《東森新聞報》，2002/10/22，http://www.ettoday.
com

中華民國長期照護專業協會，http://www.ltcpa.org.tw/search_data.php3

生命教育全球資訊網，http://210.60.194.100/life2000/indexhome1.asp

自殺的警訊，http://www.jtf.org.tw/suicide_prevention/page02_3_1.asp

高雄榮民總醫院家醫科，http://www.vghks.gov.tw/fm/print88/nurse5.htm

國際厚生健康園區，http://www.24drs.com/webmd/chinese_t.asp?who=102873

教育部「校園學生憂鬱與自我傷害三級預防工作計劃」報導，http://big5.
xinhuanet.com/gate/big5/news.xinhuanet.com/tai_gang_ao/2007-03/15/
content_5848802.htm

華梵大學生命事業管理學二專學程，http://www.hfu.com.tw/系所介紹/生管學
程.htm

黃惠靜等（2014）。〈政府處理少子化問題應有之策略與作法──提高生
育率之探討〉。國家文官學院，《T&D飛訊》，第201期，2014/12/1，
http://www.nacs.gov.tw/NcsiWebFileDocuments/b5bcfc8e49e41a782792c
fb833197174.pdf

維護健康24小時網站，http://www.health24.com/mind/Developmental_and_
learning_problems/1284-1298,13163.asp

龍巖人本資訊網，http://www.lungyengroup.com.tw/01infonet/service_1.
asp?Page=1

生命、死亡教育叢書

認識生死學——生死有涯

著　　者／曾煥棠
出 版 者／揚智文化事業股份有限公司
發 行 人／葉忠賢
總 編 輯／閻富萍
特約執編／鄭美珠
地　　址／新北市深坑區北深路三段 260 號 8 樓
電　　話／02-2664-7780
傳　　真／02-2664-7633
　E-mail ／ service@ycrc.com.tw
　I S B N ／ 978-986-298-298-3
初版一刷／2005 年 8 月
二版一刷／2018 年 9 月
定　　價／新台幣 450 元

國家圖書館出版品預行編目（CIP）資料

認識生死學：生死有涯 / 曾煥棠著. -- 二
版. -- 新北市：揚智文化, 2018.09
面；　公分 . --(生命.死亡教育叢書)

ISBN 978-986-298-298-3 (平裝)

1.生死學　2.生命教育

197　　　　　　　　　　　　107013950